新时代青年学者经济文库
Economic Library for Young Scholars in the New Era

产业政策对企业协调创新的影响研究

Research on the Impact of Industrial Policy on Enterprise Coordinating Innovation

张燕 张记元 穆晓央 著

东北财经大学出版社
Dongbei University of Finance & Economics Press
大连

图书在版编目（CIP）数据

产业政策对企业协调创新的影响研究 / 张燕，张记元，穆晓央著. —大连：
东北财经大学出版社，2024.10. —（新时代青年学者经济文库）. —ISBN
978-7-5654-5424-0

Ⅰ.F279.23

中国国家版本馆CIP数据核字第2024ZB1160号

东北财经大学出版社出版发行

大连市黑石礁尖山街217号　邮政编码　116025

网　　　址：http://www.dufep.cn

读者信箱：dufep@dufe.edu.cn

大连图腾彩色印刷有限公司印刷

幅面尺寸：170mm×240mm　字数：201千字　印张：16.5　插页：1
2024年10月第1版　　　　　2024年10月第1次印刷
责任编辑：石真珍　周　晗　责任校对：赵　楠
封面设计：张智波　　　　　版式设计：原　皓
定价：85.00元

前言

当前中国经济已由高速增长阶段转向高质量发展阶段,依靠科技创新解决我国经济循环中的"卡脖子"问题,对于构建双循环新发展格局至关重要。创新是应该交给市场这一"无形之手"来决定如何优胜劣汰,还是需要政府这一"有形之手"来引导和支持?产业政策作为一种重要的政府干预手段,对创新的影响一直是学界关注的热点。关于产业政策的实施,一方面,从理论角度看,由于市场本身存在的信息外部性和失灵问题,政府需要通过产业政策等干预手段,克服市场失灵导致的效率损失问题,推动技术创新和产业升级;另一方面,在现实经济中,产业政策的实施效果又可能背离政府制定政策的初衷,导致资源错配、企业寻租及产能过剩等问题,引发理论和实务界关于产业政策有效抑或无效的争议与讨论。

本书试图在中国当前存在的微观层面"策略性创新"和宏观层面"数量长足、质量跛脚"的创新困境局面,以及政府广泛实施产业政策的情境下思考,中国研发投入和专利数量的爆发式增长,是否与政府实施的创新驱动发展战略及产业政策有关?受到产业政策支持的企业，在创新数量增加的同时，其创新质量、创新速度是否也获得同等程度的提升？企业在技术创新过程中是否会出于"寻扶持""寻补贴"的目的过于追求创新数量而忽略创新质量，或过于追求创新速度而降低创新质量？在当前的创新困境及中央与地方政府广泛实施产业政策的情境下，如何通过"因地制宜"的产业政策措施和手段，引导和激励企业通过持续的研发创新活动，提高自主创新能力，在增加创新数量的同时，兼顾创新质量和创新速度的提升，以量变推动质变，以质变提升速度，实现协调创新，推动经济高质量发展？

为了回答上述问题，首先，本书在理论分析的基础上，利用国民经济和社会发展五年规划中政府鼓励支持的行业构造产业政策变量，基于2008—2017年中国A股上市公司的微观数据，从创新数量、创新质量和创新速度三者耦合互动、协调发展的研究视角，利用耦合协调度模型刻画企业协调创新水平，采用OLS回归、双重差分法、倾向得分匹配法及门槛回归等计量方法，系统考察了政府产业政策对企业协调创新的影响。然后，从政府推行产业政策过程中的直接干预手段出发，基于信号传递效应，沿着融资约束、市场竞争及人才集聚三条路径构建产业政策影响企业协调创新的机制分析框架。最后，本书将政府创新补贴、产业政策与企业协调创新放在一个研究框架中，探索政府创新补贴对产业政策支持下企业协调创新影响的非线性调节效应。本书的主要研究结论包括以下几个方面：

（1）2008—2017年这10年间，企业创新产出都在增加，其中创新数量增长幅度最大，其次是创新质量，最后是创新速度。与此同时，创新数量、创新质量及创新速度三者间的相互提升效果在增强，耦合协调度在持续提高，企业协调创新水平呈现出在波动中增长、逐年增强的趋势，但总体处于 [0, 0.3) 的低度耦合区间。受产业政策支持企业的各项创新产出和协调创新水平均显著高于不受产业政策支持的企业，且二者间的差距逐渐拉大。

（2）2008年以来，国有企业和民营企业的创新产出水平显著提升，创新耦合协调度也在稳步上升，总体表现趋于稳定。在处于不同生命周期的企业中，成长期企业的创新产出及协调创新表现最好。东部地区企业与中西部地区企业相比，前者的创新产出和协调创新水平均较好。2008年以来，东部和中西部地区各项创新产出显著提升，协调创新水平也在稳步上升，但地区间差距愈发凸显。三大经济带中，环渤海经济带企业创新表现最佳，珠三角经济带企业次之，长三角经济带企业稍显落后。三大经济带中受产业政策支持企业的协调创新水平均不断提升，逐渐向0.3靠近，但尚未达到中度耦合状态。

（3）产业政策对企业创新影响的检验结果表明，产业政策不仅能激励受扶持企业的创新数量，也能提高其创新质量和创新速度。受产业政策支持企业的创新并不只是一种追求"数量"的策略性创新行为，也是追求"质量"的实质性创新行为，企业在不断推进技术创新的过程中最终实现从量变到质变的技术飞跃。

（4）在利用耦合协调模型计算企业协调创新指标的基础上，本书进一步检验了产业政策对企业协调创新的影响，结果表明，产业政策支持能显著提高企业的协调创新水平。在进行稳健性检验和考虑内生性问题后，本书的结论依然可信。

（5）机制检验结果表明，产业政策支持会通过资源效应、竞争效应和集聚效应，缓解企业面临的融资约束、竞争不充分和人才缺乏等问题，促进企业提高协调创新水平。此外，企业特征、地区特征和制度环境的不同，使企业的协调创新水平呈现出非均衡性特征。

（6）通过对创新补贴的门槛回归检验，本书发现随着政府创新补贴力度的加大，其对受产业政策支持企业的协调创新水平的影响表现为显著正向且边际递增的非线性特征。

本书从企业协同创新的角度研究产业政策的实施效果，拓宽了产业政策的研究视角，相关结论既是对当前产业政策的检验和反思，也是对"如何让产业政策更有效""产业政策的可能性边界"问题的探索。本书为我国在新发展阶段科学实施产业政策、促进高质量发展提供了启示。

著　者

2024 年 8 月

目录

第 1 章

导论

1.1 选题背景与研究意义

1.1.1 选题背景

1）当前中国的创新驱动发展战略与经济高质量发展阶段

当前我国经济已由高速增长阶段转向高质量发展阶段，创新是引领经济高质量发展的第一动力。从党的十八大提出创新驱动发展战略以来，中国政府更加重视创新和新兴产业发展在经济发展进程中的作用，推出了《中国制造2025》，瞄准了一批兼具基础性和前沿性的高新技术产业。党的十九大以后，中国经济进入高质量发展阶段，进一步提高生产率、优化产业结构的政策目标导向更加凸显。加之随后发生的中美贸易摩擦升级、全球暴发新冠肺炎疫情等问题，中国对芯片、工业母机、5G、新信息技术、基础算法、高端装备制造业、医疗健康、战略性新兴产业等领域产业链的技术先进性和产业完整性提出了更高要求。2020年的政府工作报告中提出，"提高科技创新支撑能力。加快建设国家实验室，发展社会研发机构，加强关键核心技术攻关。改革科技成果转化机制，畅通创新链，营造鼓励创新、宽容失败的科研环境"①。依靠科技创新解决我国经济循环中的"卡脖子"问题，对于构建双循环新发展格局至关重要。中国"十四五"时期及以后更长时期的发展对创新提出了更为迫切的要求。

2）产业政策的有效性争论

企业创新是应该交给市场机制这一"无形之手"来决定如何优胜劣汰，还是需要政府这一"有形之手"来引导和支持？产业政策作为

---

① 见2020年5月22日李克强总理在第十三届全国人民代表大会第三次会议上做的政府工作报告。

一项重要的政策工具，其对企业创新的影响一直是学界关注的热点。中国作为一个推行产业政策较多的国家，政府掌握着大量的社会资源，并通过产业政策影响资源要素的配置。从中央到地方政府在不同程度上均实施了以推动技术创新、扶持特定产业发展、实现产业结构优化升级的各种产业政策，对产业形成和发展进行干预，以实现经济持续稳定和高质量发展（孙早、席建成，2015）。中国经济增长的奇迹，部分归功于中国政府推行的产业政策（林毅夫等，1999）。在中央及地方各级政府产业政策的扶持下，中国建立了较为全面的工业体系，"中国制造"逐渐走向世界。2019年，德国政府在《德国工业战略2030》中明确提出，中国通过国家制定积极主动的产业政策与市场经济发展相结合，已被证明是全球使用产业政策最成功的典范。

关于产业政策的实施，一方面，从理论角度看，由于市场本身存在的信息外部性和失灵问题阻碍了经济发展，需要政府通过产业政策等干预手段，克服市场失灵导致的效率损失问题，推动技术创新和产业升级（林毅夫，2012；Stiglitz，2015）。同时，基于幼稚产业保护论的观点，国家对于新兴产业应给予一定程度的扶持和保护，以应对其他国家因成熟产业体系产生的规模效应和竞争效应。另一方面，在现实经济中，产业政策的实施效果又可能会背离政府制定政策的初衷，导致资源错配、企业寻租和产能过剩等现象的发生，产业政策产生高昂的寻租成本，引发理论和实务界关于产业政策有效抑或无效的争议与讨论（Krueger等，1982）。2016年，林毅夫和张维迎关于产业政策的辩论更是将这一讨论引向高潮。进一步识别和检验产业政策的长期实施效果，分析梳理其作用机制，并探讨如何制定和实施有效的产业政策是一个具有现实意义的问题。

3）研发投入持续增长与创新数量长足、质量跛脚的创新困境局面

2020年，我国研究与试验发展（R&D）经费投入总量为2.44万亿元，比2019年增长10.3%，连续5年以两位数的速度增长。2006—

2020年间，我国政府研发经费投入占国内生产总值（GDP）比重从1.41%提升至2.4%，超过欧盟平均水平。国内年专利申请总量从47万件提升至501万件，专利申请量自2011年开始连续10年居全球首位。世界知识产权组织发布的《2020年全球创新指数报告》对131个经济体的创新能力进行了排名，中国排名第14位，与2019年持平，连续两年位居世界前15行列。中国在多个领域表现出领先优势，是跻身综合排名前30位的唯一中等收入经济体。

图1-1描绘了2006—2020年国内发明、实用新型和外观设计三类专利的各年申请数量。从图中可以看出，三项专利中，发明专利的申请数量增长较为均衡，由2006年的12万件增加到2020年的134万件，年均增长率为19.4%；外观设计专利增长幅度相对较小，由2006年的近19万件增加到2020年的75万件，年均增长率为11.2%；而实用新型专利数量在2006—2020年间快速增长，由2006年的近16万件增加到2020年的近292万件，年均增长率达到23.6%。[①]

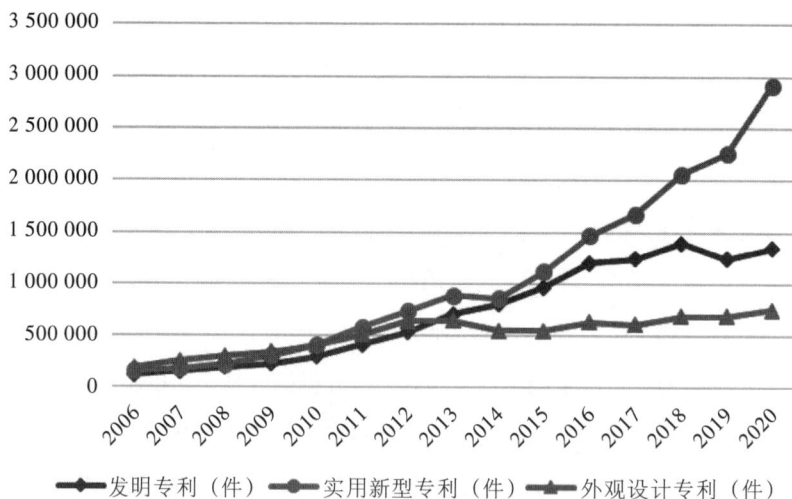

图1-1　2006—2020年国内专利的年申请数量

---

① 数据来源于2006—2020年《中国统计年鉴》。

图 1-2 描绘了中国与主要发达经济体研发经费支出强度（R&D /GDP）对比情况。由图中可以看出，2006—2018 年间，中国政府研发经费支出占 GDP 的比重由 2006 年的 1.37% 增加到 2018 年的 2.19%，年均增长率达到 5.9%，增长速度远高于美、日、德、法四国，但由于我国研发经费支出强度的基数较低，所以从数值上看目前仍低于美国、日本、德国等发达经济体。[①]

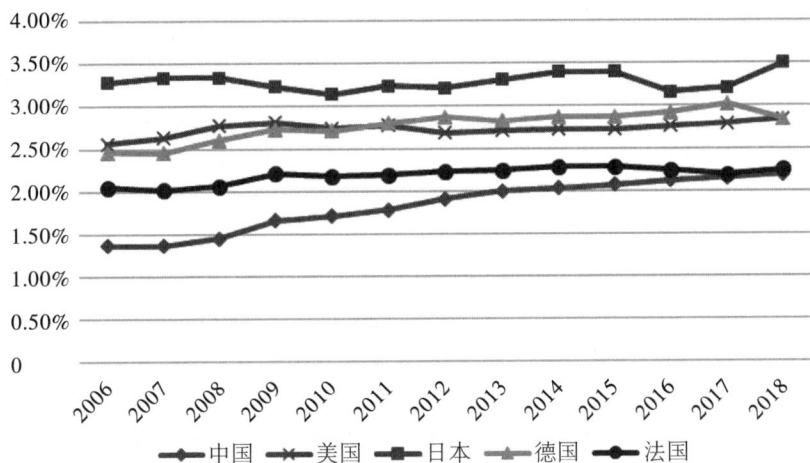

图 1-2　2006—2018 年中国与主要发达经济体研发经费支出强度（R&D/GDP）对比

由此，引发了本书的思考，中国 R&D 投入的持续增加和专利数量的爆发式增长，是否与政府推行的创新驱动发展战略和产业扶持政策有关？专利数量的增长是否同时带来了专利质量的跟进？是否意味着中国科技创新水平和自主创新能力也获得同等程度的提升？但是，黎文婧和郑曼妮（2016）研究发现，中国产业政策的创新激励效应更多体现在企业追求创新数量的策略性创新方面，而非追求创新质量的实质性创新方面。龙小宁和王俊（2015）、张杰和郑文

[①]　数据来源于世界银行网站。

平（2018）研究则发现，在中国专利数量激增的背后，专利的总体创新含量并未得到与之相称的提高，政策激励的作用主要体现在专利中占比最大的实用新型专利上，中国地方政府出台的各项资助政策可能造成专利"泡沫"或者专利"创新假象"的发生。专利作为重要的创新产出部分，高质量发明专利的取得和运用及专利所具有的知识溢出效应，是创新推动技术进步，进而促进经济增长的重要环节。

对此，本书拟进一步探究，在当前一定程度上存在的微观层面策略性创新和宏观层面"数量长足、质量跛脚"的创新困境局面，以及中央与地方政府广泛实施产业政策的情境下，企业在创新过程中是否会出于"寻扶持""寻补贴"的目的过于追求"创新数量"而忽略了"创新质量"，或者过于追求"创新速度"而降低了"创新质量"？受产业政策支持企业的创新数量、创新质量和创新速度是否高于不受产业政策支持的企业？中国的产业政策如何通过因地制宜的产业政策措施和手段，引导和激励企业在市场竞争环境下通过持续的研发创新活动，提高自主创新能力，在增加创新数量的同时，兼顾创新质量和创新速度的提升，以量变推动质变，以质变提升速度，实现协调创新，推动经济高质量发展。

1.1.2 研究意义

1）理论意义

第一，本书将创新数量、创新质量与创新速度的"协调提升"作为政策目标，从企业协调创新的研究视角考察产业政策的实施效果，不仅拓展了宏观经济政策与微观企业行为的研究，也为后续研究提供新的经验证据和数据支撑。

第二，本书在一定程度上弥补了仅关注企业单一创新活动可能导致的政策偏颇，为科学施策进而实现企业创新活动的"提质增效"提供经验证据。相关结论既是对当前产业政策的检验和反思，也是对"如何让产业政策更有效""产业政策的可能性边界"问题的探索，为推行和有效实施产业政策提供决策参考。

第三，本书对"政府产业政策—企业协调创新"之间的机制黑箱进行了研究，就二者间影响的渠道机制进行了识别检验，有助于我们理解宏观经济政策到微观企业行为之间的传导机制。

2）现实意义

第一，本书采用耦合协调度模型，从创新数量、创新质量和创新速度之间的耦合互动、协调发展出发，对三者间的协调创新水平进行测度，构建企业协调创新指标体系。

第二，本书从企业总体、不同所有制、不同生命周期、东中西部不同地区，以及长三角、珠三角和环渤海不同经济带企业等角度，对企业创新与协调创新水平的特征事实及演化趋势进行描述分析。同时考察和检验产业政策支持下，不同性质、不同地区和不同制度环境中企业创新与协调创新所表现出的非均衡性特征。

第三，本书从中央和各级地方政府这些政策制定者在恰当运用政府创新补贴这一普惠性工具，有效促进企业协调创新等问题中，得到了一些经验证据与数据支撑，研究结论能够为我国在新发展阶段科学实施产业政策，进而推动高质量发展提供启示。

1.2 文献综述

1.2.1 产业政策的相关研究

关于产业政策的文献，目前主要从产业政策的有效性争论、产业政策的测度和产业政策的实施效应评估这三条主线展开。图1-3为本书梳理总结的产业政策研究框架图。

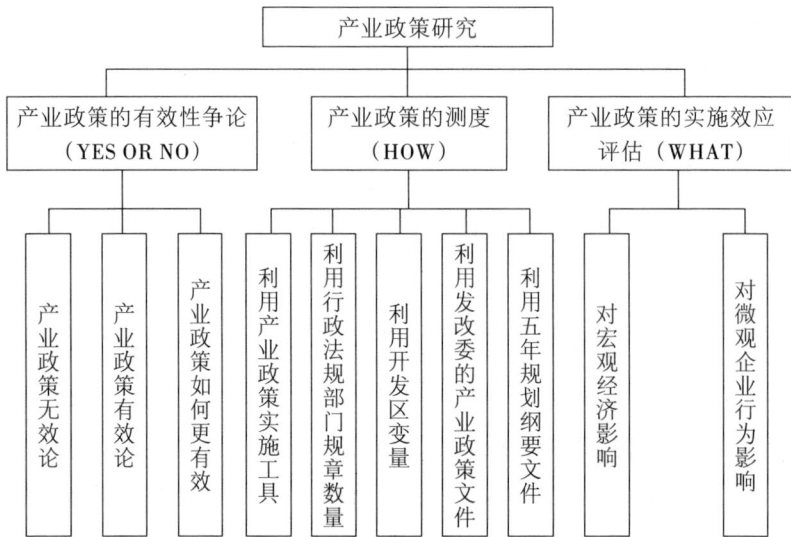

图1-3　产业政策研究框架图

1）产业政策的有效性争论

关于产业政策的争论，最早开始于经济合作与发展组织（OECD）国家。20世纪70年代的英国正处于经济转型过程中，去工业化使得制造业在经济总量中的比重不断降低，进而引发关于由政府干预抑或由市场决定经济结构转型的争论（Chang，1994）。更激烈的争论发生在20世纪80年代的美国，一些政治经济学的信奉者坚持认为，与日本、韩国、法国相比，美国在政府干预、监管保护等方面，几乎没有所谓的产业政策（Norton，1986）。但实际上美国很多州政府对国防科技、航天、生化、信息和制药等高新技术产业，一直存在数额巨大的补贴、政府公共投资、税收优惠和工业园区等各种扶持政策，其扶持力度之大，当属全球之最（Lerner，1999）。不管承认与否，大多数国家（包括美英等发达国家）都曾经或正在施行形式各异的产业政策，同时也出现了日韩等东亚国家产业政策实施成功的案例（张燕、邓峰，2021），从而使得学者们在10多年来逐渐改变研究方向，从"该不该实施"慢慢转向"该怎样实施"或"该实施怎样的产业政策"这样的研究角度。

关于产业政策"无效"抑或"有效"的争论归根结底主要源于对政府与市场的关系的不同认识。市场主义者认为，市场可以自发地实现资源的最优配置，政府干预导致市场的扭曲行为。布坎南（1989）强调，政府本质上也是追求利益最大化的"理性经济人"，政府干预只会造成价格机制的扭曲背离，降低市场配置效率。现实中，"政府失灵"更多来自于政府认知能力的局限性、激励不足、信息不对称及追求短期利益等（Maloney and Nayyar，2018；Hatta，2017），"政府失灵"现象的存在使得政府推行的产业政策不能达到预期效果，甚至会出现"政企合谋"的行为，继而使得政策沦为个别政府部门及企业寻租的工具（江小涓，1991；江飞涛、李晓萍，2010）。与市场主义者不同，政府主义者则认为政府干预可以弥补"市场失灵"。后发国家为实现经济赶超，在调整产业结构和实现规模经济等方面需要政府发挥作用，即所谓的"经济发展论"和"市场不足论"。当时欧洲一些主要国家认同并接受了李斯特关于国家干预的思想，处于工业化早期阶段的德国、法国、意大利等国家都曾对本国制造业的发展实施过高度的保护政策。Rodrik（2009）和Stiglitz（2017）也认为，如果能够正确实施产业政策，会改善市场失灵现象，并推动经济发展。Aghion等（2012）认为，政府实施的产业政策能促进行业竞争，提升企业全要素生产率（TFP），对产业发展和宏观经济运行产生积极作用。同时，政府实行产业政策对解决工业化进程中产生的市场失灵问题有一定帮助（Hoff，1997）。国内以林毅夫（2012）为代表的新结构经济学支持政府实施产业政策。他们认为，发达国家大多处于全球价值链（Global Value Chain，GVC）的发展前端，要想进一步获取高新技术，发展新兴产业，只有依靠自身研发创新活动，从市场出发，寻找和发现新的商业模式或者技术进步模式，推动产业转型发展；而大多数发展中国家一般处于价值链的中端或后端，企业发展过程中可以通过借鉴、学习并模仿先进技术，利用自身后发优势及知识溢出效应，实现模仿式、跟随式创新。发达国家和发展中国家由于在 GVC 中处于不同位置，各自所走的产业转型升级的道路也相应不同。因此，在发展中国家，从政府层面和企业层面很容易对战略上重要、同时有发展前景的新兴产业发展方向达成一致意见，政府利用自身总体信息数量方面的优势，制定实施相应的产业政策，指导并引领产业升级。同时，新结构经济学基于比较优势理论，提出对于发达国家和发展中国家来说都可以实施产业政策，但是要进行自身发展情况的区分。对于发达国家来说，更适合采取诱导性产业政策，这种政策下企业居于主体地位，通过市场自由竞争，企业以优胜劣汰的方式向前发展；对于大部分发展中国家来说，则更适宜采取强制性产业政策。产业政策的实施有利于国家产业结构转型升级，当一国市场化程度越高时，产业政策对其产业结构优化升级的促进作用就越强（韩永辉等，2017）。江飞涛和李晓萍（2010）提出，中国今后应逐步减少选择性产业政策，转向更能兼容市场竞争、更具普惠性的功能性产业政策，更好地发挥政府与市场的功能互补作用。对同一个行业来说，行业内企业的差异化程度越低，对提高行业市场竞争力越有利，与此相对应，产业政策实施效果越好（邵敏和包群，2012）。

现有研究中对于产业政策"有效"抑或"无效"的定量评估研究并不是很多，得到的结论也不一致。Krueger 等（1982）、Baldwin 等（1988）、Beason 等（1996）学者对产业政策研究后认为产业政策很少能产生积极效应；另外一些学者研究发现，产业政策是有效的或者在一定条件下是有效的（Criscuolo，2012）。Aghion等（2012）指出，"我们对产业政策的争论不应再继续集中于要不要实行产业政策的问题上，而是该转向应怎样设计和有效管理产业政策上，以促进经济增长"。对于该如何设计和实施合理有效的产业政策这个问题，学者们主要从补贴强度（Hoff，1997；Melitz，2005；毛其琳、许家云，2015）、补贴时机（Hausman and Rodrik，2003）、目标产业选择（林毅夫，2012；赵婷、陈钊，2019）等角度进行了研究。

总体来看，产业政策实施是通过政府补贴、税收优惠等不同类型的政策工具集合而成，不同政策工具的实施效果存在较大差异，从整体层面笼统地讨论产业政策是否有效，很可能是一个无法达成共识的问题。真正需要展开广泛讨论的应是产业政策的有效性边界（杨瑞龙、侯方宇，2019），即"产业政策什么时候更有效""产业政策如何更有效"等更具现实意义的问题（戴小勇、成力为，2019）。在新一轮科技革命推动下，新产品、新技术、新经济业态不断涌现，政府部门由于信息劣势很难准确识别哪些新技术、哪些新业态会发展成为市场主导，当前主导的选择性产业政策可能已不再具备实施的前提条件。因此，当前我国产业政策面临的关键问题不在于"存废"而在于"转型"问题（叶光亮等，2022）。

2）产业政策的测度

对于经验研究来说，如何对产业政策进行度量是计量检验和政策效应评估的必要前提条件。目前文献中关于产业政策的定量测度方法主要有五种：第一，利用政府补贴、银行信贷、税收优惠等产业政策工具来测度产业政策（孙早和席建成，2015；Aghion 等，2015；王克敏等，2017）。第二，从与产业政策相关的行政法规、部门规章数量的角度来刻画产业政策（韩永辉等，2017）。第三，通过构造重要产业区位的虚拟变量对产业政策进行测度，当企业符合对应区位的产业定位时，赋值为 1，否则为 0（沈鸿和顾乃华，2017）。第四，利用国家发改委公布的产业政策专项文件，通过"鼓励""发展"等关键词检索确定产业政策支持范围（黎文靖、郑曼妮，2016）。第五，通过整理政府五年规划纲要，根据五年规划纲要中相关章节提到的"鼓励""支持""重点发展"行业等具体内容作为受扶持行业，获取政府产业政策支持信息，确定产业政策支持行业（宋凌云、王贤彬，2013；杨继东、罗宝路，2018；蔡庆丰、田霖，2019）。

从作者掌握的目前对产业政策的五种主要测度方法来看，第五种测度方法所用的五年规划是政府通过"有形之手"影响资源配置、调整产业结构，并扶持相关产业发展的产业政策的重要实施办法（吴意云、朱希伟，2015）。相对来说，第五种测度方法更适合作为政府实施产业政策的测度依据（蔡庆丰、田霖，2019）。

3）产业政策的实施效应评估

关于产业政策实施效应评估的文献，主要是沿着宏观与微观两条路径展开研究的。产业政策对宏观经济层面的影响主要包括产业政策对资源配置（张莉等，2017；钱雪松等，2018）、产业结构的调整与优化升级（林毅夫，2012；孙早、席建成，2015；韩永辉等，2017）、产能过剩（黄先海等，2015）、经济增长（周叔莲等，2008）、产业生产效率（邵敏、包群，2012；宋凌云、王贤彬，2013）这些不同的视角进行研究。

产业政策对微观企业影响的文献主要聚焦于企业投融资（韩乾等，2014；张新民等，2017）、公司治理（祝继高等，2015；何熙琼等，2016）、生产经营（陈兴元等，2007；陆正飞等，2013；杨兴全等，2018）、企业进入与退出（梁琦等，2012；吴利华等，2013）、企业全要素生产率（任曙明、吕镯，2014；毛其淋、许家云，2015；李俊等，2017；钱雪松等，2018；张莉等，2019）、企业并购（蔡庆丰、田霖，2019；钟宁桦等，2019）及企业技术创新（黎文靖、郑曼妮，2016；余明桂等，2016；张杰和郑文平，2018；Feng，2019；张杰，2020）等方面进行研究。黎文靖和李耀淘（2014）研究发现，总体上产业政策并没有明显促进企业增加投资，不同产权性质的企业相比较，产业政策更能增加民营企业的投资，但同时会造成企业投资效率下降。祝继高等（2015）研究发现，产业政策支持行业与不支持行业相比，产业政策支持行业下的企业更愿意与银行建立关联关系。陆正飞等（2013）通过对产业政策支持下企业现金持有量的研究发现，受政策支持的企业，其现金持有量越多，成长性也越好。王克敏等（2017）通过对产业政策与公司投资效率的研究发现，受产业政策扶持的公司的政府补助、长期负债较多，投资水平相对也较高，但同时会带来投资效率下降的风险。杨兴全等（2018）研究发现，企业为了进入产业政策支持的行业而更趋多元化经营。钱雪松等（2018）以2009年十大产业振兴规划为自然实验，研究发现产业振兴规划这一产业政策通过资本配置效率渠道，导致企业全要素生产率下降。张莉等（2019）研究认为，产业政策对全要素生产率主要表现为抑制作用，重点产业政策会将资源从非重点行业配置到重点行业，从而产生企业过度投资、投资效率降低等现象，并最终使企业全要素生产率下降。

图1-4为根据本部分分析内容所做的产业政策对微观企业行为影响框架图。

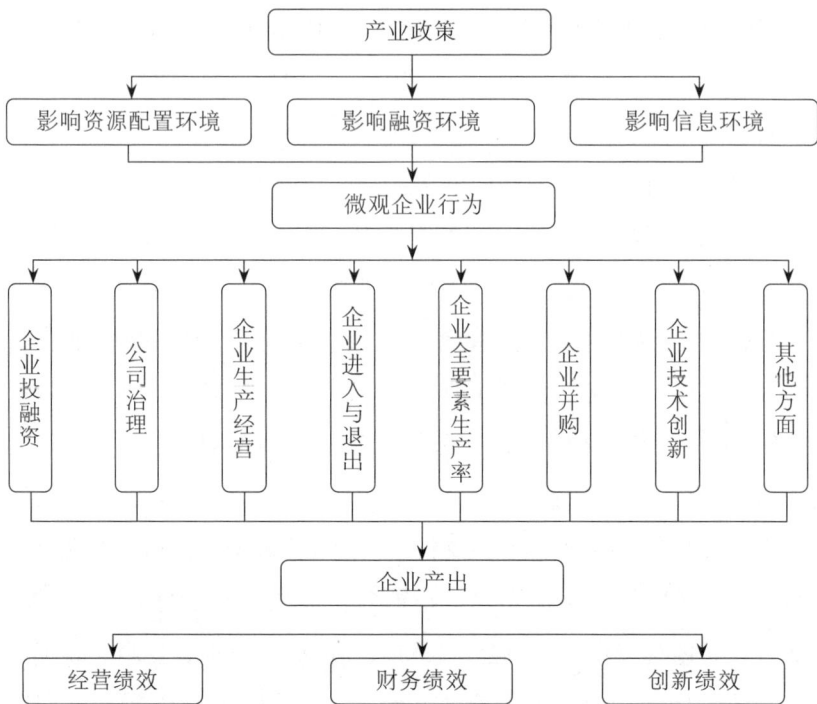

图1-4 产业政策对微观企业行为影响框架图

1.2.2 企业创新的相关研究

创新是企业面对激烈市场竞争时的一种自主应对措施，通过持续的研发创新投入和创新产出，一方面可以提升企业声誉，向市场传递企业发展良好的信息；另一方面可以将各项创新产出、技术优势转化为市场优势。企业的实质性创新行为由于技术的独占性和关键信息的隐藏可以为企业带来巨大收益（Arrow，1962）。

现有研究对企业创新的探讨主要集中在三个方面：第一是对企业创新的影响因素展开讨论；第二则集中在对企业创新的各种测度方法上；第三是对创新产生的经济效应展开研究。

1）企业创新的影响因素研究

学者们在研究中从多个维度探究哪些因素会对企业创新行为产生影响，对于这些因素的研究大多都基于资源获取假说和市场竞争假说。目前，关于企业创新的相关影响因素及影响路径，国内外学者主要从企业内部因素和企业外部因素展开研究。

（1）关于企业创新的内部影响因素。国内外文献主要关注企业融资方式与资本结构、企业自身特征（如规模、所有权性质、所处生命周期等），同时也涉及公司治理、管理层特质、管理层激励和企业面临的融资约束等方面因素。

① 企业融资方式与资本结构。融资能为企业创新提供资金来源，不同的融资方式和资本结构会对企业研发创新带来差异性影响。李汇东等（2013）研究发现，外源融资对企业研发创新的促进效应大于内源融资，股权融资与债权融资相比，股权融资能显著促进企业创新，而债权融资不显著。银行借款作为企业债务融资的重要来源之一，会对企业研发创新产生积极影响（张璇等，2017）。有学者从高管激励角度出发，提出高负债率会激发企业为获取新技术而增加对核心技术的研发投入，进而增加企业利润的观点（Meyer，1998）。鞠晓生等（2013）利用世界银行对中国企业的调查数据进行研究，认为企业提高负债水平能显著提高企业创新产出。Bhagat and Welch（1995）利用跨国公司的数据对企业研发投入的影响因素进行分析，发现美国样本企业债务比例与研发支出显著负相关。王玉泽等（2019）发现，企业负债率与创新投入、创新产出之间均存在倒 U 形关系，对创新风险的影响则呈 U 形，与短期杠杆相比，长期杠杆能够有效促进创新产出。吴尧和沈坤荣（2020）研究认为，企业资本结构与创新投入、创新产出之间存在倒 U 形关系，与创新效率之间存在正向线性关系。

② 企业规模。企业所拥有的资源禀赋是创新的重要条件，大公司比小公司更具有创新积极性（熊彼特，1990）。Rothwell（1982）、Dodgson（1993）的研究表明，与大规模企业相比，小企业对新技术更为敏锐，转型更为灵活，在研发创新活动中表现相对更积极。小企业在创新模式上更倾向于跟随式创新，大企业创新基础相对较好，一定程度上会偏好原始创新或者颠覆式创新。企业规模大小对创新质量也存在影响，Akcigit（2009）研究发现，规模越大的企业，以专利引用次数为代表的创新质量越低，二者间呈负相关关系。周黎安和罗凯（2005）利用我国1985—1997年省级面板数据对企业规模与地区间创新差异问题进行研究，发现规模对企业创新有显著促进作用。冯根福等（2021）对不同规模的企业分组研究发现，规模大小是影响企业研发创新的重要因素，但是这一结果并不随企业产权性质或行业特征而发生变化。

③ 所有制性质。我国学者在研究中结合中国实际情况会较多考虑企业所有制性质与创新行为之间的关系。较多的研究发现，国有企业与民营企业相比，存在所有者缺位、产权不明晰、委托代理和激励机制缺乏等问题，国有企业的研发投入、创新产出均不如民营企业（吴延兵，2012），其创新效率相对更低（姚洋和章奇，2001；周黎安、罗凯，2005）。李文贵和余明桂（2015）针对民营企业股权结构对企业创新的影响进行研究，发现非国有股权对民营企业创新产生显著促进效应。Rong等（2017）的研究表明，相对于国有企业而言，民营企业的创新投入和创新产出更高，随着产品市场竞争程度的加强，这种促进效应愈发显著。与他们的观点不同的是，李春涛和宋敏（2010）通过对制造业企业数据研究发现，国有企业的创新投入和创新产出都显著高于民营企业，国有企业更具有创新性。

④ 企业所处生命周期。与初创期和成长期的企业相比，一方面，成熟期的企业在生产经营过程中积累了较丰富的创新活动经历，能有效降低创新活动的不确定性，同时有足够的现金流来支持企业研发创新，也更愿意承担创新的失败风险（Coad 等，2016）；但是，从另一方面来说，成熟企业更易于满足现状，缺乏动力和勇气进行变革创新，而成长期企业出于竞争考虑，为了获得更多的核心竞争力，相对更愿意进行研发创新（Huergo，2006）。刘诗源等（2020）基于企业生命周期不同阶段进行分析，研究表明，税收优惠的创新激励作用主要集中于成熟期企业，对处于成长期和衰退期企业的影响不显著。

⑤ 公司治理。公司治理本身不能直接产生创新活动，但是可以通过影响资金、人员、市场、经营管理权限和各类技术信息等的配置，从而作用于企业创新。不同特质股东具有不同的风险承担能力，其对企业创新的影响程度也不同（陈岩、张斌，2013）。Hill 和 Snell（2010）对企业股权集中度和研发强度研究后发现，二者之间呈正相关关系。Hirshleifer 等（2013）研究发现，在股权分散的情境下，中小股东由于持股比例过低，不能有效行使监督企业的权利，不利于企业创新。冯根福和温军（2008）则利用中国上市公司数据对公司治理和企业技术创新的关系进行了探讨，研究结果表明，股权集中度对企业研发创新存在倒 U 形影响关系，股权结构分散则不利于企业创新。学者们通过对董事会的规模、独立董事的比例等进行研究，发现董事会结构对企业创新活动也会产生影响，独立董事数量的增加有利于企业 R&D 投入和创新产出的增加（冯根福，2008；Hirshleifer 等，2013）。也有研究表明，独立董事比例与企业技术创新之间无相关或者呈负相关关系。此外，机构投资者的监督也是影响企业创新的重要机制。Aghion 等（2013）发现，机构所有

权对企业创新呈显著正向影响，当机构投资者所有权增加时，管理层风险降低，进而会加强对企业的创新激励。姜倩倩（2019）研究发现，公司治理水平的不同会影响产业政策对创新的作用大小。相对而言，公司治理水平较高的企业，产业政策对技术创新的促进效应更大。

⑥ 管理层特质。学者们研究发现，不同特征的管理层对企业创新绩效的影响也不同。变革型领导可以通过组织学习、文化创新及新产品开发等活动提高企业创新绩效，而交易型领导则会降低企业创新绩效（Sattayaraksa and Boonitt，2018；Jia 等，2018）。当高管有研发或发明家经历时，企业研发投入、创新产出和创新绩效会更好（Barker and Mueller，2002；虞义华等，2018）。同时，陈宝杰（2015）基于高管团队的性别比例进行研究，结果发现，高管团队中女性比例过高，则企业创新程度较低。Boone 等（2019）研究发现，高管团队的多民族和多文化背景会促进企业研发创新。何瑛等（2019）通过构建高管职业经历丰富度指数研究发现，CEO 职业经历越丰富，企业创新水平越高。

⑦ 管理层激励。在管理层激励方面，部分学者认为，高管股权激励对企业创新具有促进作用，基于委托代理理论的观点，对管理层实施股权激励能够降低代理成本，管理层具有股东和管理者的双重身份，有利于其站在股东角度进行经营决策。研究表明，管理层股权激励可以显著提高企业的R&D投入，增加企业创新产出与创新绩效（田轩、孟清扬，2018；赵息、林德林，2019），促进企业自主创新能力的提升（牛彦秀等，2016）；另外一些学者则认为，高管股权激励对企业创新并没有促进作用，股权激励更多是一种福利制度，并不能使管理者和股东利益保持一致（徐长生等，2018）；另外，徐宁等（2019）研究发现，管理层股权激励与企业创新之间

存在倒 U 形关系。

⑧融资约束。企业创新投资是一个长期的持续性活动，由于存在较为严重的信息不对称问题和较高的投资风险，企业创新会面临融资约束（Hall and Lerner，2010）。现有文献对融资约束影响企业创新的研究结论较为一致，普遍认为当企业面临较为严重的融资约束时，企业研发创新活动会受到抑制；反之，当融资约束得到缓解时，企业的研发投入强度随之上升（鞠晓生等，2013；谢家智等，2015；陈希敏、王小腾，2016；张璇等，2017）。在达成这一研究共识的基础上，部分学者从政府补贴、税收优惠、政治关联和营运资本管理等视角提出了缓解企业融资约束的路径（安同良等，2009；鞠晓生等，2013；谢家智等，2015；张璇等，2017）。Brown 等（2012）研究发现，企业融资额度对 R&D 投入产生显著正向影响。当企业获得银行授信额度，融资约束程度降低时，其研发投资强度提高 0.24%（马光荣等，2014）。张璇等（2017）利用世界银行对中国企业的调查数据进行研究，发现企业融资约束、信贷寻租二者具有显著的创新抑制效应。

（2）关于企业创新的外部影响因素。学者们认为，企业的研发创新意愿、创新投入、创新产出和创新能力等不仅与企业自身特征因素相关，企业所在行业的市场竞争程度、金融市场与金融科技发展状况、政府的知识产权保护制度、专利资助和创新激励政策、环境规制等外部制度环境，政府补贴与税收优惠，产业政策，经济政策、政策环境等带来的外部不确定性等因素均会对企业创新产生影响。这些外部市场、制度环境或者政府支持的变化或者改变企业对创新活动的预期收益，或者增加企业研发投入的风险，进而影响企业的创新选择。

①市场竞争。面对激烈的市场竞争，企业出于推动自身技术进步

和获取竞争优势的目的，会通过扩大规模、降本增效，增加研发投入等手段，改进技术，提高效率，增强产品的技术含量和企业研发创新水平。研发创新活动给企业带来的差异化资源能使企业保持竞争优势，因而，提高自身竞争力是企业持续进行研发创新活动的根本目的。正如 Arrow（1962）的研究发现，与垄断市场相比，完全竞争市场更能够激励企业创新。何玉润等（2015）从行业内市场实力与行业间市场竞争两个维度刻画产品市场竞争程度，也发现市场竞争能显著促进企业研发创新。另外，部分学者认为，竞争降低了企业的利润水平，不利于提升企业研发创新水平。聂辉华等（2008）对行业市场竞争度与企业创新之间的关系进行了研究，发现二者之间存在倒 U 形关系。

②金融市场与金融科技发展。金融市场和金融科技发展对于拓宽企业融资渠道和增加融资方式，为企业提供研发资金支持，缓解企业融资约束，促进企业加大研发投入，促进创新产出具有重要影响。Meierriek（2014）利用 1993—2008 年间多个国家的数据进行研究，发现金融发展水平会对企业创新产生重要影响，对于外部融资依赖强的企业，地方金融机构的资金支持对企业创新的影响效应更为显著（解维敏和方红星，2011）。Brown 等（2013）发现，金融发展水平对企业创新活动的影响存在显著的地区差异性，在投资者保护更好和资本市场更发达的地区，金融发展能够带来更高的企业研发投入。Bernstein（2015）研究了公司上市对企业研发创新活动的影响，研究发现 IPO 后，企业创新质量显著下降。权小锋和尹红英（2017）、郝项超等（2018）以我国的融资融券制度为准自然实验，研究发现，卖空机制能促使股东关注企业长期价值，激励管理层加大 R&D 投入，增加企业创新数量和提高创新质量，但是融资会带来管理层短视行为，导致创新数量与创新质量下降。杨亭亭和段军山（2019）研究发现，资本市场上股票的流动性对企业创新质量的提升存在显著抑制效

应。此外，更多的文献研究发现，数字金融发展能有效降低企业债务融资成本，缓解企业融资约束，改善中小企业面临的"融资难""融资贵"等问题，促进企业创新产出增加（万佳彧等，2020；聂秀华、吴青，2021；贾俊生、刘玉婷，2021；谢雪燕、朱晓阳，2021）。

③ 知识产权保护。知识产权保护制度的强化和完善对企业研发创新活动具有正向积极效应。Aloini 等（2017）基于芬兰、意大利、瑞典和英国的企业调查数据进行研究，发现国家对知识产权保护制度的增强有利于企业创新绩效的提高。与之相反的是，也有研究认为，随着知识产权保护力度的加强，企业创新绩效下降，原因可能在于知识产权保护力度的增强降低了技术溢出效应，导致政府失灵（Engel and Kleine，2015）。吴超鹏和唐菂（2016）对我国省级知识产权保护执法力度进行了研究，结果发现，随着政府对知识产权保护执法力度的加强，企业研发投入和创新产出数量显著增加。此外，还有一种观点认为，知识产权保护水平与企业创新之间存在倒 U 形关系（Im and Shon，2019）。

④ 专利资助和创新激励政策。Li（2012）研究发现，专利补贴数额与企业创新质量之间不存在显著因果关系。张杰和郑文平（2018）研究发现，专利资助政策对企业创新质量的提高产生抑制效应，其背后的原因是企业为获取更多的专利资助经费，会扭曲专利申请动机，进而导致大量较低质量的非发明专利的申请授权。从另一个角度来说，国家的专利审查和批准制度对这种负向激励效应可以产生调节作用。龙小宁和王俊（2018）则认为，地方政府推出的专利资助政策，在使得我国专利数量高速增长的同时，专利质量并没有获得相应提升。冯泽等（2019）利用中关村科技型企业数据，从投入—产出—收益的创新链视角，探究研发费用加计扣除政策对企业创新能力的影响，研究发现，该政策对收益端的研发投入规模与强度有显著促

进作用，对产出端的影响是仅提升了研发产出规模。陈强远等（2020）研究认为，以"研发费用加计扣除"为代表的普适性政策仅激励了企业创新数量，而以"高新技术企业认定"和"所得税减免"为代表的选择性政策，则同时激励了企业创新数量和创新质量。

⑤ 环境规制。环境保护与技术创新作为转变经济发展方式的重要战略，两者之间的关系一直是研究的热点问题。黄德春和刘志彪（2006）研究环境规制对企业创新的影响，结果发现环境规制在激发企业创新的同时会给企业带来额外费用。蒋伏心等（2013）利用2004—2011年江苏制造业面板数据，就环境规制对企业技术创新的影响效应进行检验，结果表明环境规制与企业创新之间呈现出先降后升的 U 形特征。陶锋等（2021）则运用双重差分法（DID）探究了环保目标责任制对企业绿色技术创新活动的影响，结果发现，环保目标责任制对企业绿色创新数量存在显著促进效应，但对企业绿色创新质量则存在抑制效应。

⑥ 政府补贴与税收优惠。安同良等（2009）通过建立动态博弈模型研究政府 R&D 补贴对企业创新的影响，结果发现在信息不对称状态下政府创新补贴对企业创新会产生逆向激励效应。杨洋等（2015）利用2003—2007年中国工业企业数据库的数据，研究发现政府补贴对民营企业创新绩效的促进作用更大。刘诗源等（2020）研究表明，税收优惠显著促进企业 R&D 投入，他进一步针对企业所处的不同生命周期阶段进行分析后发现，税收优惠的激励作用主要集中于成熟期企业。

⑦ 经济政策不确定性。经济政策不确定性对企业创新的影响研究主要有促进论和抑制论两类。持促进论观点的文献认为，企业研发投入与经济政策不确定性正相关（孟庆斌等，2017），经济政策不确定性对企业创新投入和创新产出数量具有激励效应和选择效应，会受

到企业产权性质、政府补贴、行业特征和融资约束等企业特征的影响（顾夏铭等，2018）。还有学者从企业社会责任的视角探究二者之间的内在机理，认为经济政策不确定性对企业发明专利也就是实质性创新的影响更为显著（阳镇等，2021）。杨昊昌等（2021）以家族企业为研究对象，研究发现随着经济政策不确定性程度的增加，企业创新投入与创新产出也在增加。持抑制论观点的文献则认为，经济政策不确定性程度增加会增加银行信贷风险，抑制企业技术创新（张倩肖等，2018），经济不确定性带来的资金受限会阻碍企业创新水平的提高（潘凌云、董竹，2021）。

⑧ 产业政策。产业政策对企业创新的影响也存在促进和抑制两种效应。一方面，产业政策出于"资源效应"帮助受扶持企业获得大量创新活动所需要的资源，促进了企业创新（徐子瑄，2018）；另一方面，产业政策也可能出于"资源诅咒效应"导致企业发生寻租活动、短期化行为，产生创新抑制作用（张燕、邓峰，2021）。关于产业政策对企业创新影响的相关文献，主要放在本节后面部分展开详细的梳理分析，这里就不再赘述①。

2）企业创新的测度

从现有研究看，学术界对于企业创新的定量分析从多个层面、采用多种测度方法进行，主要从企业研发投入、专利产出、新产品销售收入和科研人员数量等方面来衡量企业的创新能力。学术界很早就开始关注创新数量，最早对创新数量的研究就是对企业创新总量进行定量测度，后来随着创新质量概念的提出，学术界认为对企业创新能力的评价不仅要考察创新的数量，更应考虑创新的质量。

① 关于创新数量的测度。专利作为技术创新活动的最重要和最直接的产出成果之一，同时基于数据可得性及可靠性考虑，学者们多

---

① 见本书产业政策对企业技术创新影响的文献综述。

以专利申请数量和授权数量作为创新的评价指标。同时有部分学者以新产品销售收入等来刻画企业的创新程度（毛其淋、许家云，2015；俞立平等，2017）。张杰（2011、2018、2020）、余明桂等（2016）、郑曼妮和黎文靖（2016）、陈强远等（2020）、杨国超和芮萌（2020）等较多学者使用专利申请数量指标来衡量企业创新。

② 关于创新质量的测度。Schankerman 和 Pakes（1986）利用专利需要支付维持费这一特点，建立了专利维持模型来研究专利质量。Griliches（1990）指出，专利维持时间能很好反映专利技术和经济价值的质量特征。Cornelli 和 Schankerman（1999）认为，付费期代表了专利的价值，年费支付时间越长的专利则拥有越高的价值。学者汉纳（Haner，2002）提出了创新质量的概念框架，强调创新包括创新的潜能、过程和结果，同时将创新质量界定为创新绩效总和，包括企业提供的产品或服务质量及运营过程质量等内容。张古鹏和陈向东（2011a）从研发质量的角度以授权率和付费期长度衡量企业的创新质量。龙小宁和王俊（2015）用企业的专利授权率和续期率来衡量创新质量。康志勇（2018）则基于专利申请书的长度运用文本解读法和知识宽度法来测量专利的质量水平，他认为，专利主权项的字数越多，专利分类号（IPC分类号）的数量越多，意味着专利的技术特征越复杂，专利的知识宽度越宽，与之相应的是专利的质量也越高。张杰和郑文平（2018）则利用专利自身IPC分类号的相关信息，构造专利知识宽度指标，当专利涉及的知识种类越多时，专利质量就越高。此外，还有部分学者认为被授权的专利比未授权的专利具有更高的质量。陈强远等（2020）运用机器学习、文本分析等方法，采用原创性发明专利授权后3年内的总语义被引用量来测度专利质量。张古鹏等（2011）、袁胜军等（2020）和俞立平（2021）采用发明专利申请数量占专利申请总量的比重代表企业的创新质量。

③ 关于创新速度的测度。在微观产品层面，创新速度一般表现为产品从开始研发到投入市场的时间；对于企业、行业或者地区层面，创新速度主要表现为创新数量的增长率。Manisfield（1988）认为，创新速度是指从产品开始研发到投入市场之间的时间段。Stalk等（1988）提出，新产品开发速度是企业获得先发优势及在市场占有优势的重要基础。Kessler等（1996）进一步将产品创新速度表述为从发现潜在市场需求到实现产品销售之间的时间跨度。Wang（2012）和古继宝等（2017）采用李克特量表的方式，通过问卷调查的方法收集数据资料来测度企业创新质量和创新速度。俞立平和孙建红（2017）从行业发展视角提出了产业创新速度的概念，采用某个产业创新成果的增长率来表示。俞立平等（2018，2020）则采用本期专利申请数量与上期专利申请数量之比来衡量企业创新速度。

3）创新的经济效应研究

企业创新的经济效应主要基于两条路径展开研究：一条是企业创新——企业财务绩效（或经营绩效），即企业价值；另一条则是企业创新——全要素生产率（TFP），即经济增长。下面就沿着这两条路径对相关文献展开分析梳理。

① 创新与企业价值。关于创新对企业价值的影响，学者们已做了较多研究。Griiliches（1981）利用美国企业样本，研究发现企业R&D投入、专利数量与公司价值之间呈显著正向关系。还有部分学者利用美国、英国、日本等国的上市公司数据，研究认为企业研发创新投入、产出对企业价值具有促进作用（Meegna and Klock，1993；Lee et al.，1995）。李诗等（2012）研究发现，上市公司专利数量增加会带来公司市值的增加，发明、实用新型和外观设计三类专利对企业市值呈现边际递减的影响效应。杨中环（2013）利用我国上市公司数据，发现R&D强度对企业的主营业务利润率和托宾Q值均具有正

向影响。黎文靖和郑曼妮（2016）研究认为，中国上市公司存在"重数量、轻质量"的策略性创新行为。其进一步研究发现，企业只有通过实质性创新即发明专利数量的提高才能推动企业获取竞争优势，促进企业发展，提升市场价值。唐玮和崔也光（2017）从投资者信心的研究视角分析 R&D 投入对企业价值的影响，结果发现，企业的 R&D 投入通过投资者信心的信号传递效应对企业价值产生影响。从以上分析可以看到，多数学者的研究都支持了企业研发创新有利于提高企业价值的结论。但是我们不能回避的一个事实就是，从企业创新投入到获取专利、新产品和新技术等创新产出，再到将新产品、新技术、新发明推向市场并从中获取增值收益，中间需要经过较长的时间间隔，因而企业通过创新投入——创新产出——创新收益这一创新链条产生的价值增值不会立即反映到企业当前价值中去。杨中环（2013）、周铭山和张倩倩（2016）等学者的研究也证实了研发创新对企业的价值增加影响存在滞后效应。

② 创新与全要素生产率（TFP）、经济增长。熊彼特创新理论指出，创新对全要素生产率和经济增长具有推动作用。在一般动态均衡框架下，众多经济学家发展和推进了创新驱动的内生增长理论（Romer，1990；Grossman and Helpman，1991；Aghion and Howitt，1992），同时，实证方面也得到了较多学者相关研究的支持（Jefferson 等，2006；Vogel，2015）。然而，运用中国数据的相关实证研究结果却存在不一致的结论。李宾（2010）、黄阳华和夏良科（2013）、罗雨泽等（2016）等基于要素扭曲、投资结构不合理、研发投入错位等不同角度，对研发创新投入与全要素生产率之间存在负向影响关系进行了解释。进一步地，国内学者从创新补贴资金的不同来源，企业、高校和科研机构等不同研发主体，以及基础研究和应用研究等不同创新类型活动等众多视角来研究和检验 R&D 存在的作用差异（严成樑和

龚六堂，2013)。Romer（1990）、Audretsch and Feldman（1996）、Keller（2004）等学者提出创新的溢出效应是全要素生产率提高和经济增长的一项重要来源。对于研发创新的外部溢出效应，学者们分别从企业、高校和科研院所等不同研发机构间的协同创新视角，不同区域、不同行业和不同所有制企业间的溢出视角分别展开研究（Anselin，2000；王立平，2005；Eriksson，2011；余永泽，2013；赵增耀等，2015)。此外，白俊红等（2017）进一步分析了创新要素在区域间的流动对全要素生产率的作用。

1.2.3 产业政策对企业创新影响的相关研究

从理论角度分析，产业政策对企业技术创新存在促进和抑制两种不同效应。一方面，产业政策可能出于"资源效应"帮助受扶持企业获得大量创新活动所需的资源（如补贴、贷款、税收优惠等），改善企业创新投入不足状况，激励企业创新（徐子瑄，2018)。同时，由于"竞争效应"在加速支持产业发展的同时，提高了产业内部的竞争程度，进而刺激企业不断创新以提高自身竞争力（余明桂等，2016)。另一方面，产业政策也可能出于"资源诅咒效应"（Krueger，1982）导致企业产生寻租活动和短期化行为，产生创新抑制作用（张燕、邓峰，2021)。现有文献大多从促进论、抑制论和非线性效应三种角度进行研究，且尚未得出较为一致的研究结论。

持促进论观点的文献认为，政府实施研发补贴和税收减免政策可以引导企业研发方向，降低企业研发风险。政府补贴和税收激励有显著的创新激励效应，有利于企业增加研发投资，激励政府给受支持产业营造更好的发展环境，但同时也会导致行业内企业自由进出，企业出于竞争效应会增加自身研发创新活动，以争夺市场份额（Aghion and Howitt，1992)。Aghion等（2015）认为，促进企业间竞争的产业政策能提高公司技术水平、实现技术创新，否则公司会出于规模效应目的而扩张。针对不同产权性质的企业分组对比研究后发现，产业政策对民营企业研发创新有显著促进作用（郝凤霞等，2018），其作用机理主要通过政府补贴、信贷支持、税收优惠等产生作用（余明桂等，2016）。有学者对战略性新兴产业研究后发现，产业政策显著促进了新一代信息技术、新能源等战略性新兴企业的研发创新活动（逯东和朱丽，2018）。Feng（2019）以"十二五"时期A股上市公司为研究样本，研究发现产业政策能显著提高企业创新效率。张杰（2020）的研究则表明，政府补贴对企业创新同时存在"挤入效应"和"挤出效应"，只有超过一定临界值之后二者的合力才表现为挤入效应，促进企业创新。

持抑制论观点的文献则认为，政府补贴存在"适度区间"，高额度补贴对企业创新表现为抑制效应（毛其琳、许家云，2015）。陈文俊等（2020）就战略性新兴产业政策进行研究，发现随着战略性新兴产业政策的推行，企业创新绩效趋于下降，其中，信贷机制对企业创新呈正向显著影响，而补贴和税收机制影响不显著。王桂军等（2020）研究发现，政府补贴与税收优惠的组合实施对企业创新能力的提高会产生不利作用，会发生企业寻租行为和政企之间的逆向选择，对企业研发投入表现出双重"挤出效应"。

另外，还有文献认为产业政策对企业创新的影响呈现出"先升后降"的倒U形趋势。企业开始受到产业政策扶持时，税收优惠和政府补贴等措施对企业研发创新产生显著激励效应，随着产业政策的持续支持，会对企业自有研发资金投入产生挤出效应，进而表现出抑制企业创新的现象（孟庆玺等，2016；李凤梅等，2017；冯飞鹏，2018）。

同时，我们还关注到一些文献开始对产业政策与企业的创新质量问题进行探究。黎文靖和郑曼妮（2016）研究认为，中国上市公司存在"重数量、轻质量"的策略性创新行为，企业只有通过实质性创新即发明专利数量的提高才能推动企业获取竞争优势，提升市场价值。蔡绍洪和俞立平（2017）对中国高技术产业的研究表明，创新数量与创新质量具有协同作用机制，只有二者同时做好的企业才能取得较好的创新效果。白旭云等（2019）研究发现，税收优惠有利于促进企业提升创新质量，政府补贴却抑制了企业创新质量的提高。金宇等（2019）选取选择性产业政策中应用范围最广的"高新技术企业认定"作为研究对象，研究发现选择性产业政策能提升企业专利质量，表现出政策的促进作用。

总体来看，现有多数研究文献对于产业政策能否促进企业创新予以了肯定。但是也有文献认为，即便产业政策有必要实施，也应尽可能用于模仿型产业和竞争型产业，产业政策很难在创新型产业中有所作为，因为能够进行"探索式创新"或者"破坏式创新"的只能是市场和企业，而不是政府。

1.2.4　文献述评

从前文综述来看，产业政策的效果评估仍存在较大争议。现有研究除了研究周期、研究样本、变量测度等方面存在较大差异之外，造成产业政策效果评估差异的另外一个原因是产业政策本身具有异质性，即不存在完全一致的因果效应，只存在特定条件下的因果关系（杨继东、刘诚，2021）。因而，我们更应该探究的是"产业政策什么时候更有效"，即讨论产业政策的有效性边界问题（杨瑞龙等，2019）。

针对产业政策能否促进企业创新这个研究视角，学者们对二者间的关系尚未达成共识，现有文献也尚未得出较为一致的研究结论，主要原因可能有以下几方面：①对产业政策的着眼点和度量方式不同；②对产业政策类型未做区分；③不同政策工具的实施效果存在差异；

④对企业创新产出数量、创新产出质量的测度方法不同；⑤研究样本和研究周期不同。已有文献在政府补贴、税收优惠、信贷支持等不同政策工具的运用，产业政策对企业创新投入、创新产出、创新效率的影响等方面做出了许多有益探索。虽然已有研究成果颇丰，但鲜有文献利用耦合度和耦合协调度模型对企业创新数量、创新质量和创新速度间的协调创新问题进行测度与评价，亦尚未有文献将政府产业政策与企业协调创新置于同一分析框架内，直接考察产业政策对企业协调创新的影响。同时，现有文献对二者之间作用机制问题的研究仍然较少，仅有少量文献从政府补贴、税收优惠、市场竞争等视角进行机制研究，从融资约束、人才集聚等视角来检验产业政策对企业创新的影响机制的文献较为缺乏。此外，对处于不同特征、不同地区和不同制度环境的企业，在产业政策支持下表现出的不同创新行为及创新产出成果，现有文献并没有给出明确回答，这对于政府制定和实施产业政策过程中的因地制宜、因企施策无法提供经验指导。

有别于既有研究，本书将企业创新数量、创新质量与创新速度的"协调提升"作为政策目标，从企业的创新活动入手，分析产业政策对企业协调创新的影响。同时考察这一影响在不同特征企业、不同地区企业和不同制度环境的企业间所表现出的非均衡性特征。进一步地，本书拟从信号传递效应视角，基于融资约束、市场竞争和人才集聚路径来剖析和检验产业政策对企业协调创新的影响机制。最后，本书从政府补贴的项目分类开始，构建创新补贴变量，然后将其作为门槛变量引入产业政策与企业协调创新的基准模型，进行创新补贴的非线性调节效应检验。本书基于企业协调创新的视角来考察产业政策的实施效果，不仅弥补了以往研究只关注企业单一创新活动的偏颇，拓展了产业政策对企业创新影响的相关研究，也有助于我们理解宏观经济政策到微观企业行为之间的传导机制，为后续研究提供数据支撑和新的经验证据，以期能为政府合理把握干预市场的边界，因地制宜地制定和实施产业政策，为产业政策的优化设计与管理提供依据与经验支持。

1.3 研究内容与创新之处

1.3.1 研究内容

遵循本书的研究思路与研究逻辑，围绕需要解决的核心问题，拟从八个方面展开本书的研究内容：

第1章，导论。本章首先从我国的"创新驱动发展战略与经济高质量发展""产业政策的有效性争论""研发投入持续增长与创新数量长足、质量跛脚的创新困境局面"三个方面介绍了本书的研究背景，并阐述了本书的研究意义；其次，对与本书研究较为密切的相关文献进行了细致梳理；然后，概括、总结了本书的主要创新点；最后，阐述了本书的研究思路、研究方法和技术路线。

第2章，概念界定与基础理论。本章对创新、技术创新、协调创新和产业政策四个概念做了界定，同时对我国产业政策的演进发展过程进行了细致梳理，然后进一步阐述了本书所依赖的基础理论，分别是市场失灵理论、创新理论、耦合协调理论和信号传递理论。

第3章，理论框架与机理分析。本章内容主要从三方面展开：首先，从产业政策的创新激励效应和创新抑制效应，创新数量、创新质量与创新速度的互动协调，产业政策对企业协调创新的影响机理三个层面搭建本书的理论分析框架；其次，分别基于企业特征、地区特征和制度环境特征展开产业政策影响企业协调创新的非均衡性分析。最后，将政府创新补贴、产业政策与企业协调创新放在一个研究框架中，展开政府创新补贴对产业政策支持下企业协调创新水平影响的非线性调节效应分析，并提出研究假设。

第4章，现状分析：经验检验的变量测算与演化趋势。本章首先对经验分析选用的样本与数据来源进行介绍；然后，介绍了产业政策、创新数量、创新质量、创新速度和企业协调创新的测度方法，利用耦合度和耦合协调度模型构建企业协调创新指标体系；最后，对企业创新与协调创新的总体特征和演化趋势进行描述性统计分析，并进一步对产业政策支持和不支持企业在不同所有制、不同生命周期、不同地区、不同经济带特征的企业创新产出和协调创新水平进行组内和组间差异分析，以探究不同类别、不同特征企业之间创新产出与协调创新水平的特征事实和演化趋势。

第5章，经验检验Ⅰ：产业政策对企业协调创新影响的基本效应分析。本章首先设定产业政策影响企业协调创新的基本计量模型；然后，采用OLS回归、双重差分法、倾向得分匹配法（PSM）等方法，检验产业政策对企业协调创新水平的影响效应，同时运用多种方法进行稳健性检验和内生性问题处理。

第6章，经验检验Ⅱ：产业政策对企业协调创新影响的作用机制分析。为检验产业政策对企业协调创新的具体影响机制，本部分分别基于融资约束、市场竞争和人才集聚机制视角，运用中介效应模型就产业政策对企业协调创新的影响机制进行深入分析。

第7章，经验检验Ⅲ：政府创新补贴的非线性调节效应分析。本章从政府补贴的项目分类开始，构建创新补贴变量，然后将其作为调节变量引入产业政策对企业协调创新的基准模型，运用门槛回归法进一步检验政府创新补贴对产业政策支持下企业协调创新水平存在的非线性调节效应。

第8章，研究结论、政策建议与未来研究展望。本章结合本书的主要研究发现提出能有效提升企业创新质量、推动企业协调创新、实现企业创新活动"提质增效"的产业政策建议与措施，同时就本书研究过程中存在的不足提出未来研究展望。

1.3.2 创新之处

在我国当前一定程度上存在的微观层面策略性创新和宏观层面"数量长足、质量跛脚"的创新困境局面，以及中央与地方政府广泛实施产业政策的制度情境下，如何通过适宜的产业政策措施和手段，引导和激励企业在市场竞争环境下通过持续的研发创新活动，提高自主创新能力，在增加创新数量的同时，兼顾创新质量和创新速度的提升，以量变推动质变，以质变提升速度，实现协调创新，推动经济高质量发展是本书力图回答的问题。本书首先在对企业创新数量与创新质量、创新质量与创新速度，以及三者的耦合协调度进行测度与评价的基础上，就"政府产业政策—企业协调创新"问题进行了整体性刻画，旨在分析政府产业政策对企业协调创新的影响；其次，从融资约束、市场竞争和人才集聚视角对产业政策影响企业协调创新的机制黑箱进行识别检验；最后，通过考察政府创新补贴的实施效果差异，探究政府创新补贴对产业政策支持下企业协调创新影响的非线性调节效应。本书的创新点可能体现在以下四点：

第一，本书基于企业协调创新的角度来考察产业政策的实施效果，丰富和发展了产业政策与企业创新的研究视角。由于本书的研究区间横跨"十一五"、"十二五"和"十三五"这三个五年规划时期，因而能够充分识别产业政策对企业协调创新的持续影响，为产业政策的实施效果提供更为可靠的微观证据。

第二，本书在耦合协调模型的基础上丰富了企业创新的衡量方式。现有研究大多仅关注企业单一的创新活动，本书对创新的衡量从创新数量、创新质量和创新速度之间的耦合互动、协调发展出发，采用耦合协调度模型对三者间的耦合协调水平进行测度，构建企业的协调创新指标体系。

第三，本书对"政府产业政策—企业协调创新"之间的机制黑箱进行探究，就二者之间影响的渠道机制进行了识别检验，并从企业特征、地区特征和制度环境等视角考察了产业政策对企业协调创新的异质性影响，研究内容更为丰富、系统。本书将企业创新数量、创新质量与创新速度的"协调提升"作为政策目标，基于信号传递效应，沿着融资约束、市场竞争和人才集聚三条路径构建产业政策影响企业协调创新的机制分析框架，为后续研究提供理论支撑和新的经验证据，也有助于我们理解宏观经济政策到微观企业行为之间的传导机制。

第四，本书通过考察政府创新补贴的实施效果差异，探究政府创新补贴对产业政策支持下企业协调创新影响的非线性调节效应特征，为产业政策的有效性争论和我国产业政策的推进提供了经验证据和客观参考。本书的相关结论对于探索"产业政策的可能性边界"，以及为我国产业政策的优化设计与管理提供了经验证据，并进一步拓展现有从政府与市场功能互补性视角来研究产业政策有效性的文献。

1.4 研究方法与技术路线

1.4.1 研究方法

本书就"政府产业政策—企业协调创新"问题进行了整体性刻画，旨在分析政府产业政策对企业协调创新的影响，并对其中的机制黑箱进行识别检验。同时，本书对政府创新补贴的非线性调节效应进行了探究。为了使本书的研究过程更为细致扎实，研究结论更为可靠，本书采用如下研究方法：

1）文献研究法

通过对相关研究文献的细致梳理，从总体上理解和掌握本书的研究脉络，并寻找和发现其中的不足之处，进一步厘清本书的研究思路，总结和提炼本书的边际贡献。

2）规范分析与实证分析相结合

本书在梳理现有相关文献的基础上，对产业政策和企业创新的相关研究成果进行归纳总结，进而逐层搭建本书的理论分析框架，并提出相应的研究假设，然后以理论研究框架为基础，采用多种计量方法对本书的主要研究问题进行实证分析，并对相关研究假设进行验证。

3）多种计量方法的综合运用

为了提升研究质量，增强研究结论的信度和效度，本书采用了OLS回归、双重差分法、倾向得分匹配法和门槛回归等多种计量分析模型与方法。

4）对比分析法

为了更清晰地探究受产业政策支持与不受产业政策支持企业的创新产出与协调创新水平间的差异，本书运用对比分析法对受产业政策支持企业和不受产业政策支持企业的创新产出和协调创新水平，分别按照不同所有权性质、不同生命周期、东中西部不同地区，以及长三角、珠三角和环渤海等不同经济带企业分组进行组内和组间趋势分析，以发现其中的差异性影响。

1.4.2 技术路线

本书的技术路线如图1-5所示：

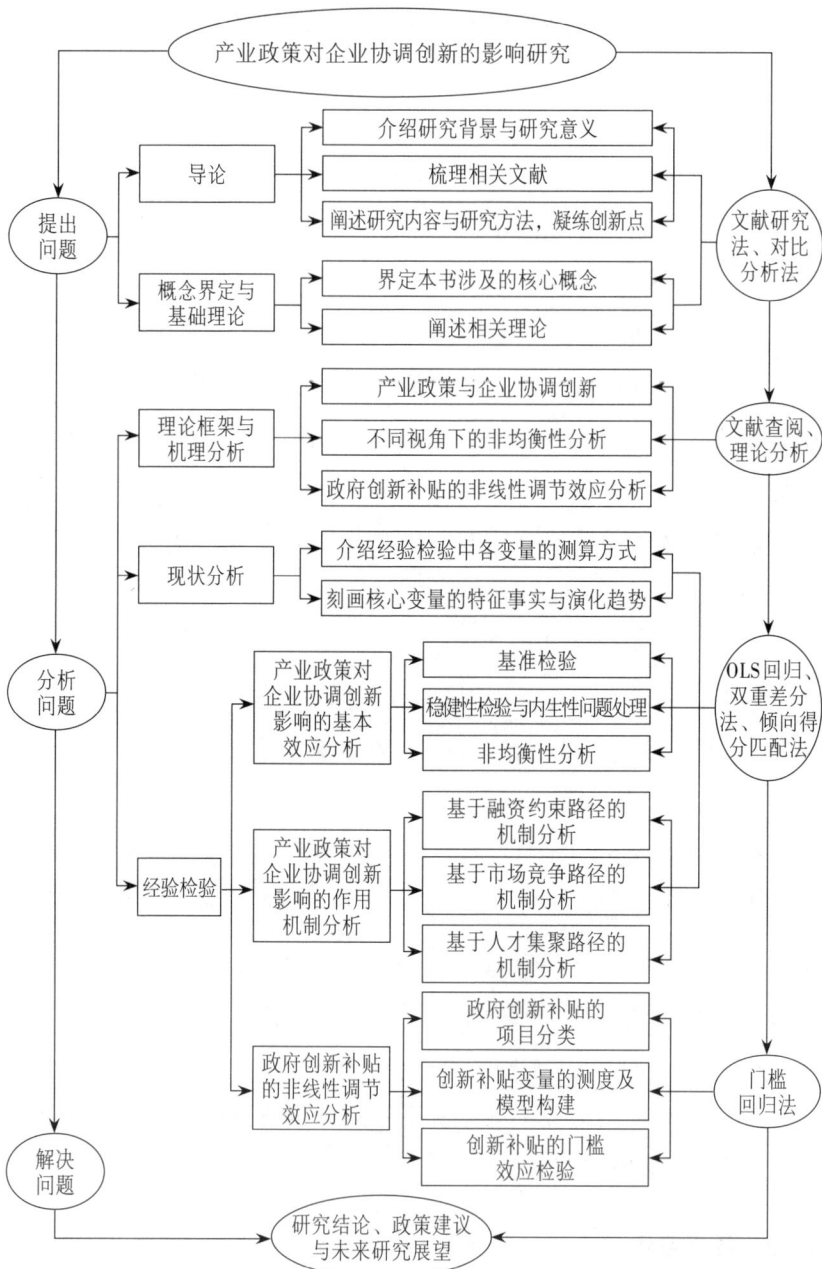

图 1-5　技术路线图

1.5 本章小结

本章首先从我国当前的"创新驱动发展战略与经济高质量发展阶段""产业政策的有效性争论""研发投入持续增长与创新数量长足、质量跛脚的创新困境局面"三个方面介绍了本书的研究背景；其次，阐述了本书的理论研究意义和现实研究意义，在对相关文献梳理的基础上，简要论述了现有研究的不足，突出了本书的主要研究视角与研究重点；再次，概述了本书的主要研究内容，并从"本书拓展了有关产业政策与企业协调创新的研究视角，相关结论既是对当前产业政策的检验和反思，也是对如何让产业政策更有效和产业政策的可能性边界问题的探索，为推行和有效实施产业政策提供经验证据和决策参考""利用耦合度和耦合协调度模型对创新数量、创新质量和创新速度三者间的协调创新水平进行测度，构建企业的协调创新指标体系，拓展了现有研究仅关注企业单一创新活动的研究现状""从政府在推行产业政策过程中的直接干预手段出发，基于信号传递效应的研究视角，沿着融资约束、市场竞争和人才集聚三条路径构建产业政策影响企业协调创新的机制分析框架，对产业政策影响企业创新的路径机制做了一定的拓展""探究了政府创新补贴对产业政策支持下企业协调创新影响的非线性调节效应特征"四个方面对本书的主要创新点进行了总结。最后，对本书的研究思路、研究方法和技术路线进行分析阐述。

第 2 章

概念界定与基础理论

2.1 概念界定

2.1.1 创新

熊彼特（Schumpeter，1912）最早提出经济学意义的创新概念，他将创新表述为：在生产体系中引入新的生产要素和生产条件相结合，具体包括五种创新模式：新产品或新特性、新生产方法、新市场、新供应来源、新组织，即产品创新、技术创新、市场创新、材料创新和组织创新。熊彼特（1934）将创新进一步表达为：为了实现潜在利润，需要企业家对不同生产要素进行重新组合。

以曼斯菲尔德和弗里德曼等为代表的学者们从20世纪50年代开始，从经济、技术、制度及管理等多方面开展创新研究，创新的范围也扩展到技术创新、制度创新等方面。到20世纪60年代，创新的概念逐渐被引入管理领域。德鲁克根据创新的具体应用领域和概念内涵将创新区分为技术创新和社会创新。技术创新强调从价值和使用价值的视角为某类事物添加新效能；社会创新则指的是为更好地配置资源，获取更高经济和社会价值，而创造出的新的管理模式或者管理机构。Freeman（1974）将创新定义为新发明、新产品、新工艺、新方法或新制度，强调创新的全过程包括发明、创新和创新的扩散。中国特色创新经济学研究则将创新描述为一个在"有为政府"引领下的发展变化过程，通过知识的更新溢出，对生产要素进行重新组合以研发新技术，或者改进已有产品及服务（安同良、姜妍，2021）。

概括来说，经济学意义的创新概念和内涵主要基于宏观和微观两种视角。从宏观角度看，创新包括一系列与知识创新和技术创新相关的组织机构体系和制度系统体系（洪银兴等，2017）。从微观角度看，创新也常常被理解为技术创新。本书对于创新的概念运用是基于微观角度研究企业的技术创新。

2.1.2 技术创新

技术创新中的技术是指人们在社会生产活动中总结得出的各种经验知识和技能的总称。1957年，索洛提出，"技术、劳动力、资本都是促进经济增长的因素，其中，技术创新是经济增长的重要内生变量"。1960年，Myers and Marquis（1969）将技术创新界定为："通过一系列过程将技术革新活动汇集在一起，产生新思想，解决各种复杂问题，最终使得具有经济社会价值的新项目获得成功。"Freeman（1987）认为，"技术创新是将新产品或新服务向商业化转变的最先过程"。经济合作与发展组织（OECD）则界定技术创新是"通过技术变化实现产品或工艺创新"，同时提出"技术创新和无形资产的增长、定制要素的增加、产品质量的变化及个性化产品的供给等内容构成了知识经济的总特征"。1999年8月，《中共中央、国务院关于加强技术创新、发展高科技、实现产业化的决定》中提出："技术创新是指企业为提高产品质量，开发新产品或提供新服务，应用新知识和新技术，采用新的生产方式或经营管理模式，占据市场并实现市场价值。"这一概念也是本书认可并采用的对企业技术创新的概念表述。

综合上述观点，学者们在定义技术创新时，都强调技术创新是将一项新技术、新产品、新工艺等运用到企业的生产销售过程中，其本质是一种新技术或者新工艺的首次商业化应用。

2.1.3 协调创新

在全球市场竞争环境日益激烈、科技革命高速发展的战略背景下，各国、各经济体持续加大科技支持力度，各领域研发创新活动不断取得突破，引发世界竞争格局的新布局和新调整。企业作为生产经营活动和创新活动的主体，仅仅追求创新数量的增长是远远不够的，还需要进一步从核心技术突破和新产品研发周期等方面追求创新质量和创新速度的发展。与此相应，我们在对企业创新产出的衡量过程中，除了要考虑创新数量之外，还需要考虑创新质量和创新速度。创新数量、创新质量和创新速度三者同为创新产出成果，是企业创新水平的集中体现。其中，创新数量代表了企业创新产出的总体规模，创新质量代表了创新产出的实质水平，创新速度则是对企业创新产出的时间要求。企业在研发创新过程中，不能只顾其一，而应兼顾三者，通过长期持续的创新投入，使企业创新数量、创新质量与创新速度三者齐头并进、协调发展。

根据系统论的观点，当一个系统到达临界区域时，后续将走向何种结构与方向，取决于系统内多个子系统之间的耦合作用及其协调程度（吴玉鸣、张燕，2006）。"耦合"（Coupling）一词源自物理学，是指两个或两个以上的系统或同一系统之下的子系统之间，通过要素的相互促进、相互影响，达到互动联合的现象。"协调"（Coordinating）则是指系统在演变发展过程中，内部各子系统或者各要素之间存在的各种质的差异部分，在组成一个统一整体时相互和谐一致的属性。随着"耦合协调"概念和理论的推广，耦合协调的相关研究也逐渐应用到人口、资源环境、产业结构、区域经济、科技创新、企业创新投入与产出、不同产业之间及经济发展等多个社会科学领域（吴文恒等，2006；徐玉莲等，2011；熊勇清，2013；逯进、周惠民，2013；唐晓华等，2018，葛鹏飞等，2020）。

现有研究中有文献关注到创新数量、创新质量和创新速度两两之间的关系，但少有文献将三者置于同一研究框架下，研究它们之间的耦合协调机制。从作者掌握的文献资料看，俞立平（2020）基于效率视角采用贝叶斯向量自回归模型对高技术产业进行研究，发现创新数量、创新质量和创新速度两两之间存在相互关系。在完全有效率的情况下，创新质量更为重要，创新速度和创新质量之间协调关系良好，创新数量和创新速度之间关系则更加趋于协调；在现实情况下，我国高技术产业创新正处在由创新数量增长向创新质量提升的转型期。根据耦合协调理论的观点，在企业长期的研发创新活动中，创新大系统下的创新数量、创新质量与创新速度这三个子系统之间并不是一种相互抵消、此消彼长的矛盾关系，更应是一种相互促进、相互影响、协调发展的关系。因此，将创新数量、创新质量和创新速度三者置于同一研究框架下，分析其两两之间及三者之间的互动协调极为必要。

基于耦合和协调的概念和耦合协调理论，本书将企业创新数量、创新质量和创新速度三个子系统通过各自的要素相互促进、相互影响，达到互动联合的状态定义为企业协调创新，并采用耦合度和耦合协调度模型来测度企业创新数量、创新质量和创新速度两两之间及三者之间耦合协调作用的强弱程度。

此外，还有一点需要说明的是，本书采用的协调创新概念与已有的协同创新的概念不同。协同创新一般指的是产学研协同创新，即以中央及各级政府为引导，大学、科研机构与企业协同研发，以培育具有自主知识产权的新技术为研究重点，以产业创新为落脚点的创新模式（洪银兴等，2017）。协同创新的主要目的是促进产（企业）、学（大学）、研（科研机构）发挥各自的能力优势，通过国家层面的总体制度安排和政策引导，对不同主体的互补性资源进行整合优化，加快先进技术的应用推广和产业化实施，各主体之间通过合作开展技术创新和科技成果的产业化转化等活动（陈劲、阳银娟，2012）。

2.1.4 产业政策

1）产业政策的内涵和概念界定

20世纪50年代到60年代，欧美一些国家开始运用政府扶持和关税等政策工具手段对本国的基础研究和相关产业实行保护，但是产业政策这个概念在当时并没有被提出，只是体现在财政政策、货币政策、贸易政策、反垄断政策等具体的经济政策中。明确提出"产业政策"这个概念并将产业政策推向世界的是第二次世界大战后的日本，战后日本经济的发展速度受到世界各国的瞩目。1970年，日本通产省代表在经济与合作发展组织（OECD）大会上所做的"日本的产业政策"报告中首次使用"产业政策"一词，产业政策由此正式进入大众视野，并受到包括美、英、法等发达经济体在内的世界各国的重视（苏东水，2010）。随后一些发展中经济体为尽快实现经济追赶，也纷纷将产业政策作为一项国家发展战略，并将其作为货币政策和财政政策的一个重要补充（Johnson，1982）。德国经济学家李斯特认为，对于经济发展相对落后的国家而言，由于其大部分产业都不具备同先进国家竞争的实力，在此情况下，政府有必要通过关税和各种扶持政策对本国弱势产业进行保护，当本国经济实力增强后，可以再推行积极的开放政策。

关于产业政策的内涵和概念界定，各国政府机构、学者、企业和社会公众有着不同的理解。

《现代经济辞典》认为，产业政策是出于形成合理产业结构的目的，政府推行和实施的有关技术政策、投资政策、货币政策及外贸等政策的总称。

《中华金融辞库》则将产业政策定义为，出于实现产业结构调整优化升级的目的，从宏观管理调控角度采取的各种政策。

表 2-1 梳理了中、日、美、英各国学者在不同时期提出的产业政策的概念，各国学者对产业政策的定义存在一定差异。

表 2-1 **各国学者提出的产业政策概念**

国家	学者	概念
中国	周振华 （1991）	产业政策是对产业发展有重大影响的制度和安排的总和
	刘鹤、 杨伟民 （1998）	产业政策是经济发展的核心政策，包括产业结构政策、产业组织政策、产业技术政策和进出口政策等内容
	林毅夫 （2016）	凡是中央或地方政府为了促进扶持产业发展而制定的政策措施就是产业政策，包括关税和贸易保护政策、税收优惠、信贷支持、政府补贴、土地划拨、工业园、出口加工区、特许经营权及政府采购等内容
	江飞涛、 沈梓鑫 （2019）	现代产业政策是指政府以知识创造、选择性学习及技术溢出为核心，将生产要素引向高质量经济活动部门，以创新驱动经济发展模式带动经济水平提高的各项政策措施
日本	下河边淳、 管家茂 （1982）	产业政策是政府通过对特定产业实施扶持和保护，参与扶持产业的生产经营活动，以实现干预生产要素、商品和金融市场的形成等经济或社会目的的政策总和
	依藤元重 （1988）	产业政策是指当自由竞争市场导致资源分配出现问题（即市场失灵）时，为了提高本国经济福利总水平而制定的各项政策措施
	小宫隆太郎 （1988）	产业政策是政府为了改变产业间的资源分配和产业中私营企业的某些经营活动而采取的政策

国家	学者	概念
美国	Johnson（1982）	产业政策是政府为提高竞争力而制定的鼓励或限制特定产业发展的政策及措施的总体概括
	Pack and Saggi（2006）	产业政策是指政府为实现经济增长、调整产业结构而制定实施的选择性干预措施
	Warwick（2013）	产业政策是指政府试图调整经济结构的手段和措施，包括通用产业政策和选择性产业政策两类
	Robinson（2009）	产业政策是政府有意识地促进工业发展的相关政策，包括税收优惠、补贴、出口加工区、关税和外贸保护政策等
	Lee等（2012）	产业政策包括三方面内容：一是为产业发展提供制度环境；二是配置资源到鼓励发展的产业或者区域；三是为促进产业技术进步提供相应的研发、教育、创新政策
	Noman and Stiglitz（2017）	现代产业政策重点应包括那些致力于促进知识学习和技术升级的活动，现代产业政策更适合被称为学习、产业与技术政策
英国	Meyer and Pinder（1982）	产业政策包括人力资源、财政、金融等方面的所有扶持产业发展的相关政策
	Chang（1994）	产业政策是指政府为扶持特定产业、实现更有效率的经济目标而制定的相关政策，包含加强政府监管、选择性地控制行业进入、建立超出市场机制的协调机制等
	Bailey等（2015）	其提出系统性产业政策概念，政策重点是支持基础教育，培训员工和激发企业家精神，促进追赶型经济体的外商直接投资、出口和创新，推行产业集群政策，以提高国家动态竞争力和国民收入水平

从上述观点可以看出，目前对于产业政策的定义有多种，概括来说，产业政策的概念和内涵主要包括四方面内容：第一，产业政策制定的主体是国家，代表的是政府对促进市场机制发育和引导产业发展的干预意图。第二，政府对产业的干预应以弥补和改善市场不足为主，绝不是排斥和否定市场机制。第三，产业政策是通过对某些特定产业或者行业的资源配置进行干预，进而促进行业发展和经济增长。第四，产业政策是一种中长期经济政策，一般具有较长的时效性。总体而言，产业政策作为政府干预经济的重要手段，其实施目的就是弥补市场失灵，促进经济发展。产业政策的实施效果更多体现在政府扶持特定产业、对产业结构的优化调整等方面（黎文靖，2014）。

尽管产业政策的研究文献浩如烟海，但目前学界对于产业政策的内涵和概念界定并不统一，对产业政策的理解也不尽一致。事实上，对于产业政策的内涵和外延，学界很难给出一个完全统一的界定标准。关于产业政策的分类，目前主要有以下两种分类方式：

第一，按照产业政策的内涵和范围，可以把产业政策分为广义产业政策和狭义产业政策。广义产业政策是指政府出于对经济的影响干预，为支持或限制特定产业发展而采取的相关政策措施，包括关税和贸易保护政策、政府补贴、税收优惠、信贷支持、工业园区、产业布局、经营特许权等（林毅夫，2018）。狭义产业政策指对产业结构、产业组织、产业技术和产业布局等进行调控和指引的政策措施，多以"规划""目录""纲要""决定"等形式出现，如《船舶工业调整和振兴规划》《国家产业指导目录》等。

第二，按照与市场的关系或者说按照政府作用的强度和方式，很多学者将产业政策分为选择性产业政策（也叫横向、软性产业政策）和功能性产业政策（也叫纵向、硬性产业政策）（小宫隆太郎等，1988；Lall，1994；江飞涛、李晓萍，2010）。选择性产业政策的重点是政府通过运用财政、金融、外贸等政策工具及"行政指导"等制度干预手段，有选择地促进某些产业的生产研发，或者抑制其他产业的产能等活动，以调整产业结构，促进经济发展。功能性产业政策的重点则是"最大限度地发挥市场机制的作用"，弥补市场失灵，以使用政策手段保护、扶植和加强重点产业的作用遭到削弱，向社会提供信息实现的诱导作用及制度环境建设的功能得到加强（小宫隆太郎等，1988）。相对而言，选择性产业政策更加强调政府在资源配置中的作用，有选择地扶持特定产业；而功能性产业政策更加注重市场机制的作用，一般不针对特定产业。我国当前实行的产业政策大都属于选择性产业政策。

本书在研究过程中主要采用狭义产业政策的概念范畴，以国民经济和社会发展五年规划作为产业政策的测度方式，以五年规划中政府鼓励和重点发展的产业作为产业政策支持对象进行研究。这也是目前较多文献采用的主流研究方法之一。

还有一点需要注意的是，部分学者将产业政策与财政政策、货币政策并列称为三大经济政策。这虽然在一定程度上反映了三种经济政策具有同等地位的事实，但实际上这样的表述并不能真正厘清三者之间的关系。也有学者认为，产业政策与财政政策、货币政策三者不是并列关系，不应当将它们相提并论。因为产业政策的作用对象和范围是产业全体，而财政政策和货币政策则是分别以财政手段和金融手段作为政策工具，其影响对象和范围是超越财政和金融部门本身的。产业政策在施行过程中往往需要财政政策和货币政策的配合才能行之有效，换句话说，就是财政政策和货币政策事实上充当了政府实现产业政策目标的政策工具，它们三者之间更应该看作是一种相互交叉的关系，而非并列关系。后一种观点也是本书作者赞同并推崇的观点。

2）我国产业政策的演进与发展

产业政策作为我国政府政策工具箱中处于中心地位的一项政策工具，对我国的经济发展具有重大影响。对我国产业政策的引入、演进与发展进程进行系统的梳理与分析，无论是对产业政策理论进展还是对产业政策实践研究都具有重要价值。

自20世纪70年代以来，产业政策的理念和实践内容逐渐发生改变，以政府直接干预、主导产业发展为特征的选择性产业政策正逐步被以鼓励竞争、支持创新、改善制度环境、强化市场功能为特征的功能性产业政策代替。这种转变发生在许多发达经济体和发达国家，其中欧盟明确提出开放与竞争环境下的"新"的产业政策，并系统阐述了市场开放性、横向性和辅助性的产业政策理念（李晓萍、罗俊，2017）。日本在第二次世界大战后的不同时期也执行了不同类型的产业政策，1950—1960年期间以选择性（纵向）产业政策为主，1970年之后则以功能性（横向）产业政策为主（小宫隆太郎等，1988）。美国早期的产业政策较为注重基础研究，到20世纪80年代，为应对后发国家的竞争，开始建立一整套以技术扩散和产业创新为目的，强化知识产权保护和科技创新服务的相关政策法规，到了21世纪初则以就业创造为目的，逐步健全产业技术人才培养体系，2008年金融危机爆发后，美国政府以推动先进制造业为战略目标，为提升其竞争力，促进制造业发展，将产业政策与竞争政策作为政府推行的同等重要的政策，对于基础技术与通用技术的创新研究不断加大保护和支持力度，逐渐发展出以创新政策为核心的现代产业政策体系（江飞涛、沈梓鑫，2019）。即使美国政界和部分学者坚持认为美国在经济崛起过程中和经济领先阶段并没有实施过产业政策，也不承认产业政策的必要性和重要性，但是无法否认的一点是，实际上美国很多州政府对国防科技、航天、生化、信息及制药等高新技术产业，一直存在数额巨大的补贴、政府公共投资、税收优惠及工业园区等各种扶持政策，其扶持力度之大，当属全球之最（Lerner，1999）。不管承认与否，大多数国家（包括美、英、法等发达国家）都曾经或正在施行形式各异的产业政策。

我国产业政策的引入、演进和发展，是在我国经历的一系列市场化改革和经济快速发展的背景下发生的。产业政策的演进主要沿着两条逻辑线展开，其中一条逻辑线是根据市场化改革的进程调整市场与政府间的关系展开，它对于产业政策的理念、方向及政策工具的选择运用产生重要影响；另一条逻辑线则是从经济发展进程中所面临的产业发展、产业结构转变及经济驱动方式变换等问题的变化展开，它对于产业政策的内容、扶持重点及实施方式等方面有较大程度的影响。20世纪80年代末，产业政策在中国开始逐步推行实施，社会经济发展的诸多领域均广泛存在产业政策的身影，产业政策逐渐成为中国宏观经济调控的一项重要政策工具。在过去的30多年时间里，随着中国的经济发展和市场化改革进程，中国的产业政策也经历了一个从引入到尝试再到发展的演进过程（江飞涛、李晓萍，2018）。

（1）改革开放初期产业政策理念的引入（1978—1988年）

1978年12月，党的十一届三中全会召开并做出重要决定，实行改革开放。随之而来的问题是原来实行的高度集中的计划经济体制已不能适应当时的新的经济形势，需要一种新的经济管理体制。1982年9月，党的十二大提出"计划经济为主，市场调节为辅"的改革目标，开始在一定范围内将市场机制逐步引入社会经济活动中。1984年，党的十二届三中全会提出社会主义经济是"在公有制基础上的有计划的商品经济"。在这个背景下，更多以市场为导向的非国有经济得到了一定程度的发展壮大。当时在政界和学界内部，有一部分人对于市场化改革的方向持怀疑和否定态度，他们认为中国应该在比较长的时期内保持计划与市场双轨运行的状态。在当时计划经济体系已不存在、市场化改革又不能顺利向前推进的情况下，到底由谁来充当国家经济的调节者就成了一个大难题。1986年9月，国家计委提出"我国应当实行计划与市场、竞争与干预相结合的体制，由国家调控市场、市场引导企业"的改革意见，随后成为1987年10月召开的党的十三大的主基调。

1985—1987年间，国务院发展研究中心围绕产业政策问题组织了一系列相关研究，并赴日本通产省（日本专门负责制定产业政策的政府机构）进行考察。1987年3月，国务院发展研究中心编写形成了《我国产业政策的初步研究》的报告。该报告提出："产业政策是许多国家实现工业化过程中执行的一整套政策的总称。一些在经济发展和国际竞争中成绩显著的国家都是产业政策措施相对得力的国家。产业政策的制定和实施，可以解决当时计划与市场之间的矛盾，最终实现计划与市场辩证统一的目标模式"。在该报告中，建议我国学习引进的是日本在第二次世界大战后初期即20世纪五六十年代实施的一套运用财政、金融、税收、外贸等调控手段的产业政策体系。Johnson（1982）所写的《通产省与日本奇迹——产业政策的成长》作为当时的畅销书，对中国产业政策的内容制定产生很大影响。

总体来说，改革开放后的最初10年这一时期，学术界与政府部门的经济工作者在思考产业政策在中国的具体应用时，均是围绕当时经济体制改革中的相关学术争论展开思辨。中国在最初引入产业政策及其相关理念时，忽略了当时日本企业界和学界对于第二次世界大战后产业政策反思的大量研究及不同态度和看法。

（2）有计划的商品经济条件下产业政策的初步尝试（1989—1992年）

1988年，产业政策司的成立标志着我国开始展开产业政策的研究，制定和起草相关产业政策。杨伟民在《对"八五"产业政策纲要的建议》（1988）中提出，产业政策与市场结合的机制核心是市场具有调节产业运行的自动调节器的功能，而产业政策则具有指导市场对资源进行配置的功能。刘鹤等关于《我国产业政策实施的总体思路》（1989）的研究报告将产业政策作为衔接中央与地方政府，沟通计划与市场和连接宏观经济政策与微观企业决策行为的一个重要支点。他们提出，对于中国产业结构的高度化问题主要存在随城市化进程加快而引致的基础设施供给不足和高消费导致的产能供给不足两个发展瓶颈。

1989年3月，国务院在经过一年多的调查研究的基础上形成并发布了我国第一部以产业政策命名的文件——《国务院关于当前产业政策要点的决定》。该文件对政府支持和停止（或限制）生产建设的产业、产品目录，以及支持和限制技术改造的产业、产品目录进行了详细列示。同时，文件明确提出"增加和扩大短线产品的生产建设，压缩和控制长线产品的生产建设"，以"缓解消费结构和产业结构之间的矛盾"等问题。该文件和相关政策是我国实施产业政策的初步尝试。20世纪80年代，在经济体制改革不断向前推进，但是市场机制建设相对落后的体制环境下，商品经济的发展相应也产生了一些新问题和新挑战，这也为产业政策的实施带来了相关需要和产生基础。产业政策引进实施后，迅速被政府接受并成为政府调控经济发展的重要方式。

总体而言，与之前的计划管理体制相比，这一时期的产业政策通过各种政策手段和措施调控经济，对于激发企业等微观经济主体的生产经营活力、扩大地方政府和企业等经营主体的自主决策权产生重要作用。这种通过产业政策推行的新经济管理模式也顺理成章地成为推动计划经济体制向市场经济体制转型的重要工具（江飞涛、李晓萍，

2018）。

（3）市场经济体制改革与产业政策发展（1993—2012年）

1992年10月，党的十四大确定建立和完善社会主义市场经济体制。1993年11月，党的十四届三中全会通过了《关于建立社会主义市场经济体制若干问题的决定》，开始推进市场经济体制改革。1994年4月，经过近两年的调查、研究、论证与分析工作，国务院颁布了《90年代国家产业政策纲要》，这是中国真正意义上的首部基于市场机制的产业政策。该纲要中明确提出，政府应在遵循市场经济体制改革要求的同时考虑发挥市场对资源配置的基础性作用，以制定相关产业政策。随后，有关部门在1996—2000年间陆续发布了关于汽车工业、水利、高技术产业、软件产业和集成电路等产业发展的一系列产业政策，并要求政府机构运用项目审批、市场准入、贷款核准、强制性淘汰等工具手段，以达到产品结构优化、组织结构优化等目标。

1993—2001年，我国政府通过产业政策的制定和实施逐步取代了严格的计划管理体制。企业作为微观经济中最活跃的一个组成部分逐渐成为市场活动的主体，不仅受到政府产业政策的调控引导，而且能遵循市场信息发挥自主决策功能。与此同时，面对政府制定的产业政策时，由于相关产业政策可能存在一定的不恰当性、滞后性及弱约束性问题，产业或者企业发展需要调整或者突破不当的政策干预，在突破规划或摆脱干预的过程中，相关产业或企业获得了高速增长。基于这个角度进行分析，产业政策由于其特有的灵活性特质，激发了企业等微观经济主体的生产经营活力，促进了产业发展（江飞涛和李晓萍，2018）。

2002—2012年间，随着中国对外开放进程的加速，中国经济发展面临的内部、外部环境发生了诸多变化，企业面临更加激烈的国内、国际市场竞争态势。2002年，党的十六大报告提出，"更大程度上发挥市场在资源配置中的基础性作用"。2003—2007年间，中国经济以超过10%的速度高速增长。2008年，国际金融危机爆发，中国经济也受到强烈的冲击，2009年，中国政府为推动经济复苏出台了《十大重点产业调整与振兴规划》。中国的产业政策正是在这些内外经济环境、市场化改革进程变化的交互影响下向前演进发展，2002—2012年间产业政策的重点主要体现在以下三个方面：

第一，产业政策的细化与总体政策的调整。2002年以来，有关部门相继制定颁布了钢铁、煤炭、水泥、电力、船舶、纺织等行业的产业结构调整政策及行业发展规划，标志着我国对产业发展进行干预的模式成为产业政策的重点内容。在此期间，针对水泥、钢铁、平板玻璃等行业的盲目投资和产能过剩问题，政府也相继出台了一系列政策来限制和淘汰落后产能。政策重点是从环境监管、市场准入、土地供给和金融政策等方面进行调控。2004年，国务院提出确立企业的投资主体地位，政府要转变管理职能。2005年，国务院以《促进产业结构调整暂行规定》为基础，又颁布了《产业结构调整指导目录》，它为政府政策部门干预与管理相关产业领域的投资提供了相关指导依据。

第二，重点产业结构调整与振兴规划的推出和实施。为应对2008年国际金融危机爆发之后我国面临的严峻经济态势，2009年，国务院审议并通过了汽车、钢铁、纺织、装备制造、船舶、电子信息、石化、轻工、有色金属和物流等十个产业的调整振兴规划。重点产业调整与振兴规划主要从"保增长、调结构、扩内需"等方面着手实施（李平等，2010），强调加强政府的服务功能，在较大程度上延续了以往产业政策中政府干预色彩浓厚的特点。

第三，培育和发展战略性新兴产业。国际金融危机发生以后，各发达经济体和发展中经济体为抢占新经济和科技发展的制高点，不断加大在战略性新兴产业领域的竞争投入。我国政府为加快经济发展方式转变，推进产业结构转型升级，构建国际竞争新优势，2010 年 10 月颁布了《国务院关于加快培育和发展战略性新兴产业的决定》。该决定对于战略性新兴产业的概念和范围做了明确界定，并就该领域范围内今后重点发展的相关产品及核心技术进行了细致说明。同时，该决定将"强化科技创新，提升产业核心竞争力"作为政策核心点，以创新驱动经济发展，将"加强国际合作，推进体制机制创新，积极培育市场，营造良好市场环境"等方面作为政策主要着力点。2012 年 7 月，国务院对"十二五"时期我国重点发展的战略性新兴产业领域、重大工程及主要发展方向进行了部署。规划中仍然坚持"创新驱动、开放发展"的基本原则，针对我国产业发展中的薄弱环节和"卡脖子"问题，发挥资源优势，促进重点和优势区域率先发展。

总体来看，1993—2012 年间，中国逐步形成了较为完备的选择性产业政策体系，政策制定部门对于信贷、财税及土地政策的运用也日趋熟稔，对于国际先进前沿技术和新兴产业的发展也愈发重视。

（4）党的十八大以来产业政策的新发展、新走向（2013 年至今）

党的十八大以来，中国经济逐步由要素驱动、投资驱动的经济增长模式转入创新驱动经济增长模式，在此过程中，一方面，中国面临着新一轮科技革命和产业变革带来的挑战和机遇，另一方面，我国当前还存在一些不利于经济发展的体制机制问题尚需改革完善。2013 年 11 月，党的十八届三中全会通过《中共中央关于全面深化改革若干重大问题的决定》，强调市场在资源配置中起决定性作用，从顶层设计明晰市场与政府的关系。与之相应，我国的产业政策也进行了方向上的调整，更加注重新兴产业、先进技术和新一代信息技术在经济发展中的应用。以《中国制造 2025》为政策中心，围绕新兴产业、新一代信息技术、先进制造业等方面出台了一系列鼓励和发展先进技术、推动新兴产业发展、激励和促进企业创新的相关政策措施。对于部分行业的产能过剩问题，2013—2017 年，国务院发布了一系列关于化解相关行业产能过剩的指导意见，设置严格的、逐层分解的去产能目标，并以行政问责的方式方法强制企业去产能。

总体上看，党的十八大以来，中国经济由要素驱动、投资驱动发展阶段逐渐转入创新驱动发展的新阶段，需要坚持创新在我国经济高质量发展中的核心地位，进一步激励和强化高校、科研院所和企业的创新主体地位。我国当前构建的以国内大循环为主体、国内国际双循环的新发展格局，也更加需要重视科技创新的推动作用。在这个时代背景下，中国的产业政策呈现两个趋势：一是更加注重发挥市场机制的作用，进一步明确政府应逐步将政策重点引入如何构建和完善相关制度环境方面，产业政策体系中也愈发注重功能性产业政策的引入；二是更为重视创新政策，推出各类引导、激励创新的措施和手段。

表 2-2 为改革开放以来我国的政策制定部门发布的有关产业政策的引进、演进与发展的一系列重大产业政策。

表 2-2　　改革开放以来党中央和国务院发布的重大产业政策

发布时间	文件名称	主要内容
1987 年	《我国产业政策的初步研究》	产业政策是许多国家实现工业化过程中推行的重要政策，可以用配套的政策协调各项宏观经济控制手段，为实现资源最优配置服务，以推动企业提高生产率。产业政策是政府对市场机制的调控手段，能连接宏观经济和微观经济，可以作为推动计划经济向有计划的商品经济过渡的工具

发布时间	文件名称	主要内容
1989年	《国务院关于当前产业政策要点的决定》	我国第一部以产业政策命名的文件，明确提出集中力量发展农业、能源、交通和原材料等基础产业，加强能够增加有效供给的产业，对第一、第二产业内部各行业都确定了鼓励发展、限制发展和禁止发展的行业和产品
1994年	《90年代国家产业政策纲要》	我国颁布的第一部基于市场机制的产业政策，确立了机械电子、石油化工、汽车制造和建筑业为四大支柱产业，大力发展农业、基础设施和对外经济贸易，制定产业组织、产业技术和产业布局政策
1995年	《外商投资产业指导目录》（多次修订）	对外商投资项目分为鼓励、允许、限制和禁止四类
1994—2000年	《汽车工业产业政策》（1994年）、《水利产业政策》（1997年）、《当前国家重点鼓励发展的产业、产品和技术目录》（2000年修订，2005年废止）、《当前优先发展的高技术产业化重点领域指南》（1999年版、2001年版）、《鼓励软件产业和集成电路产业发展的若干政策》（2000年）	这一系列产业政策的发布与实施，基本形成了由产业结构政策、产业技术政策、产业组织政策及行业专项政策构成，以选择性产业政策为主的产业政策体系

发布时间	文件名称	主要内容
2003年	《关于制止钢铁行业盲目投资的若干意见》《关于制止电解铝行业违规建设盲目投资的若干意见》《关于防止水泥行业盲目投资加快结构调整的若干意见》	对钢铁、电解铝、水泥行业的产业政策和发展规划导向、市场准入管理、环境监督及信贷管理等做出严格规定，限制行业盲目投资
2004年	《国务院关于投资体制改革的决定》	明确提出对于企业不适用政府投资建设的项目，不再实行审批制，区分不同情况实行核准制和备案制
2005年	《促进产业结构调整的暂行规定》《产业结构调整指导目录》	明确提出产业结构调整的方向和重点，详细列示出鼓励类、限制类和淘汰类产业目录
2004—2006年	《汽车产业发展政策》《钢铁产业发展政策》《水泥工业产业发展政策》《船舶工业中长期发展规划》	这些行业发展政策对于各自行业的发展规划、技术政策、结构调整及准入管理等内容都做出了详细说明
2006—2009年	《国务院关于加快推进产能过剩行业结构调整的通知》《关于抑制部分行业产能过剩和重复建设引导产业健康发展的若干意见》	为治理钢铁、电解铝、电石、焦炭、汽车等行业的产能过剩问题，从严格市场准入、强化环境监管、严格项目审批管理、建立信息发布制度等方面制定政策措施
2009年	《十大重点产业调整与振兴规划》	制定了汽车、钢铁、纺织、船舶、石化、装备制造、电子信息、轻工、有色金属和物流十个重点产业的调整振兴规划

发布时间	文件名称	主要内容
2012年	《"十二五"国家战略性新兴产业发展规划》	对节能环保、新一代信息技术、生物产业、高端装备制造业、新能源、新材料及新能源汽车七大战略性新兴产业的重点发展领域、发展方向和主要任务进行部署
2015年	《中国制造2025》	明确了未来中国制造业的发展目标、战略任务和重点领域,以及每个领域力图重点突破的关键技术、装备和产品
2013—2016年	《国务院关于化解产能严重过剩矛盾的指导意见》(2013年)、《国务院关于钢铁行业、煤炭行业化解过剩产能实现脱困发展的意见》(2016年)	为化解钢铁、煤炭等行业过剩产能或者去产能,设立去产能专项基金,制定严格的去产能目标,淘汰不符合标准的产能,并实行行政问责
1991—2021年	《国民经济和社会发展第*个五年规划》("九五"规划至"十四五"规划)	其中"工业发展规划"、"推进产业结构优化升级"或"优化现代产业体系"等章节中提到的"鼓励""支持""重点发展"的行业,支持重点产业发展

在政府及各行业组织出台的各项产业政策中,由政府扶持和鼓励发展的重点产业政策是其中的重要组成部分。与赵婷和陈钊(2019)的做法类似,本书对中央政府制定的各类型产业政策数量占比情况进行了梳理①。如图2-1所示,1989—2017年间,重点产业政策占比最高,达到38.46%,抑制产能过剩的产业政策占比最低,只占6.73%。

---

① 中国从1989年正式颁布第一个产业政策以来,在1992年以后才开始密集出台产业政策。

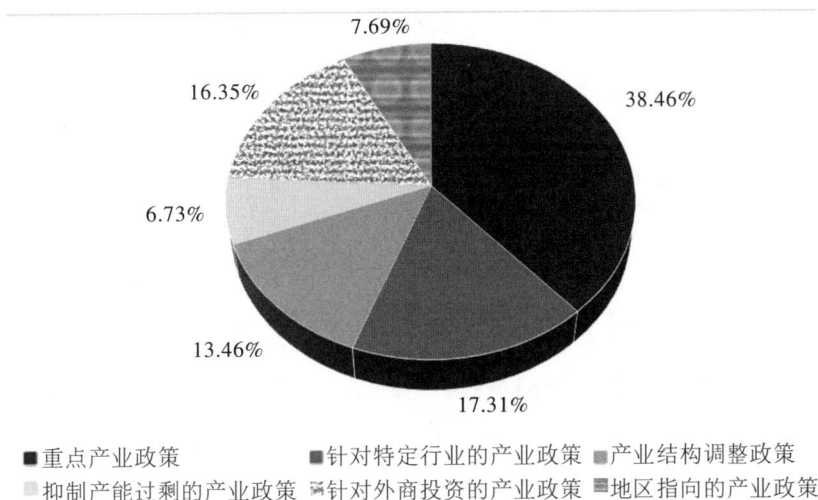

图2-1　1989—2017年各类型产业政策出台数量占比

7.69%
16.35%
6.73%
13.46%
17.31%
38.46%

■重点产业政策　　　　　■针对特定行业的产业政策　■产业结构调整政策
■抑制产能过剩的产业政策　■针对外商投资的产业政策　■地区指向的产业政策

通过对改革开放40多年来我国产业政策的演进与发展进行梳理分析，我们不难发现，伴随着市场化改革和经济发展进程，我国的产业政策体系也在相应地调整变化，二者之间是一种交互影响、相辅相成的关系。中国的市场化改革进程发展到现在经历了计划经济为主、市场调节为辅（党的十二大），有计划的商品经济体制（党的十二届三中全会），国家调节市场、市场引导企业的体制（党的十三大），建立和完善社会主义市场经济体制（党的十四大），在更大程度上发挥市场在资源配置中的基础性作用（党的十六大）到市场在资源配置中起决定性作用（党的十八届三中全会）的转变过程。与之相配合的是，我国的产业政策体系也经历了从计划管理与选择性产业政策混合的产业政策体系，到选择性产业政策体系，再到以选择性产业政策为主、以功能性产业政策为辅的产业政策体系的转变过程（江飞涛、李晓萍，2018）。总体而言，在产业政策的演进发展过程中，中国产业政策越来越注重发挥市场机制的作用。

随着我国进入工业化后期与迈入中等偏高收入国家水平，与众多发达经济体在基础研究、高新技术、战略性新兴产业等领域的竞争将会愈发激烈，这也需要我们在制定产业政策时的重点转为加强基础研究，推动技术密集型行业研发创新能力的提升，更好地发挥知识的积累、扩散效应，推动知识产权的保护和创新制度环境的建设。中国在进入经济高质量发展的新阶段后，更加需要充分发挥市场机制的作用，同时，完善的市场制度和公平竞争的市场过程是更好发挥市场机制作用的重要保障。我国的"十四五"规划提出，坚持创新在现代化建设全局中的核心地位，强化企业科技创新主体地位，需要高度重视科技创新的推动作用，实现经济高质量发展，以从根本上破解制约"双循环"要素流通的障碍。在这种背景下，如何有效促进企业创新能力提升，进而推动经济高质量发展已成为当前迫在眉睫的事情。与此相应，我们需要因地制宜、行之有效的产业政策来推动技术创新、扶持特定产业发展、实现产业结构优化升级。基于我国当前微观层面策略性创新和宏观层面"数量长足、质量跛脚"的创新困境局面，一方面，需要针对不同类型的产业和微观主体，制定实施不同的产业政策工具，促进企业创新；另一方面，需要通过不同的政策措施和手段激发企业创新潜能，引导其在市场竞争环境下通过创新数量的积累，以量变推动质变，最终实现技术进步，推动经济高质量发展，提升国家竞争力。与此同时，还需要进一步确立竞争政策在国家经济发展中的基础性地位。产业政策的背后是"政府直接干预的手"，竞争政策的背后是"市场看不见的手"。在市场失灵的领域，政府利用产业政策进行有效弥补，在其他领域则将竞争政策置于基础地位，发挥市场的决定性作用，使产业政策成为促进竞争、提升市场功能的辅助手段，实现产业政策与竞争政策之间的协同互补。

2.2　基础理论

产业政策按其形成的理论基础可分为两派，即市场不足论和经济发展论。市场不足论的主要观点认为产业政策的实施可以有效弥补市场失灵，市场失灵是产业政策干预经济的首要理论依据（江小涓，1991；林毅夫，2012；Stiglitz，2015）。经济发展论则认为后发国家为实现经济赶超需要可以通过利用政府干预，发挥自身后发经济优势，加快经济发展速度，促进经济增长。

2.2.1　市场失灵理论

亚当·斯密在《国富论》中提出了"看不见的手"的理论，认为政府不应干预经济发展，而应通过市场价格机制，实现资源的优化配置。但是，现实经济中由于存在公共物品、信息不对称及外部性等现象，无法满足市场自动实现资源最优配置的条件，导致出现市场失灵现象，因而需要政府通过必要的干预手段对市场进行干预。青木昌彦认为，产业政策作为政府干预的其中一种手段可以促进市场发展。罗德里克（Rodrik，1996）认为，发展中国家的市场体制不完善，外部性和信息不对称等市场失灵现象较为普遍，政府推出产业政策可以弥补市场自发调节机制的不足，推进产业结构合理化。新兴产业在发展初期，企业面临较为严峻的融资约束问题，发展规模受限（Cabral，1995；Klepper，1996）。技术进步具有准公共物品的性质，研发创新存在较强的正外部性，会产生溢出效应，需要政府层面加强对知识产权的保护力度。企业研发创新过程由于固有的高投入、高风险等特征会导致企业 R&D 投入不足，需要政府通过补贴和税收优惠等方式进行引导。Stiglitz 和 Greenwald（2014）认为，不论是产业发展，还是创新升级，二者最重要的共同之处是知识开发、知识积累和知识传播。就这三个方面而言，如果单纯依靠市场机制的运行，自发的市场通常不能达到社会最优状态，此时就需要非市场机制进行有效协助。产业政策的关键作用并不是如何"挑选赢家"，而是如何在促进知识社会的成长方面发挥积极作用。Stiglitz（2017）发现，政府在制定和规划经济结构时的有所为和有所不为，无可避免地都涉及不同类型的产业政策。

无论是发展中的经济赶超型国家，还是发达的经济领先型国家，或多或少，或显性或隐性，都有自己的一套产业政策。它们之间的区别在于，有些政府是主动构建产业政策，有些政府则是被动制定产业政策。斯蒂格利茨作为政府积极干预主义的倡导者，其直接论证了产业政策在经济学理论中的依据，关键之处是知识的创新、扩散和发展中的市场失灵。一方面，现有产业的升级和新兴产业的发展都离不开创新，同时新知识的开发、积累和传播具有公共物品的特性，这也为产业政策的实施提供了理论依据；另一方面，政府在产业政策的施行方式上也有必要进行创新，其中关键的一点就是需要识别和发现产业发展中存在的"新市场失灵"，并加以纠正（Stiglitz，2017）。

2.2.2 创新理论

关于创新（Innovation）的思想最早可以追溯到马克思在《资本论》中提出的自然科学在技术进步中的作用，最早的创新理论则可以追溯到熊彼特提出的理论。通过对创新思想和创新理论的发展进程进行梳理，不仅可以准确了解创新经济学的演进过程，还能更深刻地理解创新发展理念的重要价值（洪银兴等，2017）。

1）马克思关于技术进步和创新的思想

马克思认为劳动力是随着科学技术的进步而不断向前发展的。根据马克思在《资本论》第一卷中关于相对剩余价值的分析，提高社会劳动生产力从而实现经济增长方式转变的关键在于技术进步，在于科学和技术在生产中的深入应用。马克思说："劳动资料取得机器这种物质存在方式，要求以自然力来代替人力，以自觉应用自然科学来代替从经验中得出的成规。"①自然科学的相关理论从本质上可以看作是知识形态上的生产力，当把它作用于生产过程时，就变成一种直接的生产力，这种转化需要通过生产工具、工艺过程的变革创新来实现。

2）熊彼特的创新理论

经济学意义的创新概念最早由熊彼特（Schumpeter）提出。1912年，熊彼特在《经济发展理论》一书中明确提出创新（Innovation）的概念，并将其与发明（Invention）进行区分，熊彼特把创新定义为"将一种新的生产要素和生产条件的结合引入生产体系"。其创新理论主要包括三方面内容：（1）创新模式。创新模式具体包括新产品或新特性、新生产方法、新市场、新供应来源、新组织等内容，即产品创新、技术创新、市场创新、材料创新和组织创新。（2）创新主体。熊彼特认为企业家是实现新的生产要素组合的组织者与推动者，他们出于追求利润的目的进行创新。（3）创新与经济发展的关系。熊彼特进一步提出了"破坏式（毁灭式）创新"概念，他认为创新通过破坏式或者毁灭式创新过程，打破经济发展原有的静态平衡状态，继而实现经济活动的动态发展过程（熊彼特，2009）。

3）波特的创新理论

继马克思的创新思想和熊彼特的创新理论之后，波特从竞争的角度进一步丰富了创新的内涵。波特在20世纪八九十年代，发表了

---

① 马克思. 资本论（第一卷）[M]. 中共中央马克思恩格斯列宁斯大林著作编译局，编译. 北京：人民出版社，2004：430.

《竞争战略》（1980）、《竞争优势》（1985）和《国家竞争优势》（1990）三本代表性论著，从产业、企业和国家等三个不同的层面分别探讨了竞争问题。波特长期聚焦于竞争力研究，关注国家竞争优势问题，尤其重视产业创新对国家竞争力的作用。波特提出，"不同国家有不同的核心竞争力，没有哪个国家能在所有产业独领风骚，不同的国家能够在本国有竞争优势的特定产业成功"。波特将国家或者地区经济发展划分为要素驱动、投资驱动、创新驱动和财富驱动四个阶段，我国当前正处于创新驱动经济发展这一阶段。波特认为，企业通过对国际先进技术进行不断的学习、消化和吸纳，进而实现技术进步的能力是一国产业达到创新驱动阶段的根本特征，也是区分创新驱动与投资驱动两种不同发展阶段的本质差别（波特，2003）。

现代创新理论则基于不同研究视角向前推动和发展了相关创新理论，主要理论学派有新古典学派、新熊彼特学派和国家创新体系学派。

4）新古典学派

该学派主要就创新活动与经济发展之间的关系运用新古典方法进行分析。其主要观点如下：第一，研发创新活动中存在"市场失灵"问题，需要政府干预研发创新活动。Arrow（1971）认为，技术创新的本质是一种生产知识或信息的活动，具有公共品的性质，其生产者对于创新活动的收益无法独占，从而导致研发投入尤其是基础研究投入的减少。第二，技术进步是促进经济增长的重要因素。Solow（1957）在经济增长模型中引入技术进步这一新的生产要素，研究发现技术进步对于劳动生产率的提高有重要作用。第三，创新收益的分配问题。由于企业创新活动具有溢出效应，使得研发创新活动的社会整体收益大于个体收益，对于企业研发支出的减少从一定程度上说具有正效应。

5）新熊彼特学派

该学派主要从技术创新的产生、扩散和应用等过程出发，研究技术进步活动的内部运行机制，并对其与经济发展间的相互作用、相互促进关系进行研究。研究内容主要包括以下三个方面：第一，创新与市场结构。卡米恩和施瓦茨研究发现，垄断竞争是最适宜创新的市场结构。原因在于，与垄断竞争市场相比，完全竞争和完全垄断市场的创新资源和创新动力相对较为缺乏。第二，创新与知识扩散。一项新发明或者新技术从产生或发现到被应用到生产生活实践中，需要一个较长时间的积累和知识扩散过程。第三，创新与基础研究。新熊彼特学派认为，政府应该加大对基础研究的科研投入，制定和实施知识产权保护制度，平衡社会利益与企业私人收益，更有效地促进技术创新活动。

6）国家创新体系学派

不同于其他将微观企业作为研究主体的创新学派，国家创新体系学派从宏观层面角度，重点关注国家创新体系与创新活动之间的关系。针对创新系统失灵问题，该学派从以下四个方面对创新理论进行补充：

（1）创新互动。国家创新体系学派认为，技术进步是由处于国家创新系统中的企业、科研机构、政府和中介机构等不同主体之间相互协同、共同促进而实现的，不应该只强调企业的作用。

（2）制度与组织。制度是国家创新体系的关键环节，不同的制度安排是造成创新绩效在不同国家之间存在显著差异的重要原因。

（3）创新来源。该学派认为创新不仅来源于研发，人员培训、先进设备的购置等非研发因素也是重要来源。

（4）社会资本。创新主体之间协作互动形成的社会资本也能够有效促进创新活动。

2.2.3 耦合协调理论

根据系统论的观点，系统间的关系包含耦合发展与互动协调两个方面。发展强调系统本身从低级到高级、从无序到有序的演进过程，协调则强调系统间相互促进、协调发展的演进过程。耦合协调度模型能够同时刻画系统间的耦合发展与协调互动水平（逯进、周惠民，2013；唐晓华等，2018；葛鹏飞等，2020）。"耦合"是指两个或两个以上的系统或同一系统之下的子系统之间，通过要素的相互作用、相互促进、彼此影响，形成良性动态关联关系，进而达到互动联合的现象。"协调"则是指系统在演变发展过程中，内部各子系统或者各要素之间存在的各种质的差异部分，在组成一个统一整体时相互和谐一致的属性。随着耦合协调理论的推广，"耦合协调"的概念也逐渐应用到人口、资源环境、区域经济、科技创新、企业创新投入与产出、产业结构及经济发展等多个社会科学领域。从系统耦合协调的角度看，在企业长期创新活动中，创新大系统下的创新数量、创新质量与创新速度三个子系统之间并不是一种相互抵消、此消彼长的矛盾关系，更应是一种相互促进、相互影响、协调发展的关系。

2.2.4 信号传递理论

信号传递的直接作用就是各类信号的出现可以向市场传递积极或消极信息，有效弥补交易双方的信息缺失，改善交易过程的信息不对称问题。对于企业研发创新活动而言，信息披露时由于涉及企业的机密信息或者未来发展战略，出于保密需要，可能会比一般性投资活动披露更少的信息，外部投资者由于不具备专业知识，所以很难对企业的研发创新活动最终能否成功、是否有投资价值进行预判。在完美市场条件下，市场不存在摩擦，市场交易的各个主体可以获得相同信息，可以依据信息做出理性决策，而且不存在交易成本。完美市场的存在是有前提的，即具有理性经济人、信息完全性及交易无损性等条件，符合这些前提条件的市场才可以变得有序而高效。但在现实市场条件下，决策双方或者多方信息的不对称问题是普遍存在的，一项决策常常需要经过多次博弈才能形成最后的结果。市场传递的支持认可信号一定程度上可以弥补信息不对称问题，由此 Megginson 和 Weiss（1991）两位学者提出了认证理论。内部信息所有者出于各种原因可能会隐瞒对自己不利的部分信息，选择不向外界公开全部信息，而外部参与者对信息所有者所发布信息的真实性和充分性又会产生一定程度的怀疑或者不信任。此时，市场上如果出现级别和信誉度都高的主体为之主动"背书"，那么外部参与者出于声誉考虑就会很容易选择信任这一类主体。

产业政策在制定实施过程中，通过市场准入、技术管制、政府补贴、税收优惠等政策措施，向市场发出支持特定行业或者产业发展、资源倾斜配置的信号，在一定程度上可以降低企业外部投资者等主体对信息不对称问题的担忧，进而引导资金、人力等资源的重新配置。从国家层面来看，国民经济和社会发展五年规划是中央及地方各级政府配置资源的重要依据，在"五年规划"的指导下，各地方政府、职能机构会相应出台具体的产业政策及关于行业发展的纲领性文件。为了配合产业政策的实施，政府常常会采取目录指导、市场准入、技术管制、项目审核，以及信贷、土地资源的审批等直接干预措施和研发费用加计扣除、政府补贴、税收优惠等间接引导手段来扶持特定产业的发展，从而向外界传递产业发展的信息。同时，基于信号传递效应，受扶持企业更容易与高校、科研机构等单位推进彼此之间的研发合作，降低创新风险，增强创新表现（Choi et al., 2011）。信号传递理论可以弥补和改善市场存在的信息不对称问题，有助于我们理解和接受地方各级政府、企业等机构、主体单位在面对产业政策时的不同行为表现，为本书的后续研究奠定较为坚实的理论基础。

2.3　本章小结

本章首先界定了本书所涉及的四个核心概念：一是创新，本书的创新概念更多是站在微观创新的视角研究企业的技术创新问题；二是技术创新，是指企业为提高产品质量，开发新产品或提供新服务，应用新知识和新技术，采用新的生产方式或经营管理模式，占据市场并提高自身价值；三是协调创新，是指将企业创新数量、创新质量和创新速度三个子系统通过各自的要素产生的相互作用、彼此影响的现象定义为企业协调创新；四是产业政策，本书采用狭义产业政策的范畴，将产业政策定义为对产业组织、产业结构、产业技术和产业布局等进行调控和指引的政策措施，多以"规划""目录""纲要""决定"等形式出现。

在对核心概念界定的基础上，本章进一步阐述了本书所依赖的基础理论，分别是市场失灵理论、创新理论、耦合协调理论和信号传递理论。需要说明的是，市场失灵理论为本书中政府实施产业政策的必要性提供了理论依据，而熊彼特的创新理论、波特的竞争创新理论、现代创新理论下的新古典学派、新熊彼特学派和国家创新体系学派等一系列创新理论和耦合协调理论则进一步启发了本书从协调创新的视角展开对企业创新问题的研究，信号传递理论则为政府产业政策对企业协调创新影响的路径机制提供了理论支撑。

第 3 章

理论框架与机理分析

企业研发创新活动具有创新过程不可分割性、创新收益非独占性和创新结果不确定性（Arrow，1962）等特点，这意味着企业在进行创新活动时存在"市场失灵"现象，需要政府介入创新活动，采取相关政策引导和激励企业创新，实现经济稳定发展（郭玥，2018）。

3.1 产业政策与企业协调创新

企业作为生产经营活动和创新活动的主体，一方面具备将自身技术优势转化为产品优势，将技术创新成果转化为商品，并通过市场得到回报的内在需求；另一方面，创新由于具有较强的正外部性及技术溢出效应，企业存在被模仿而利益受损的风险，其创新活动的边际收益率低于社会边际收益率，进而会削弱企业的自主创新积极性与创新动力，一定程度上也刺激了免费搭便车等道德风险行为的发生（郭玥，2018）。新古典经济学派认为，企业创新活动的外部性和高风险导致了"市场失灵"问题，需要政府干预和介入，这也成为国家运用和实施产业政策的理论依据。政府通过补贴、贷款、税收优惠等手段，帮助企业克服研发投入资金不足、内部筹资困难的问题，从而改善市场对自主创新的供应。

我国当前推行的产业政策仍然属于典型的"选择性产业政策"或"重点产业政策"（江飞涛、李晓萍，2010），政府在要素资源配置中占据主导地位（赵婷和陈钊，2019）。为了配合产业政策的实施，政府常常会采取目录指导、市场准入、技术管制、项目审核，以及信贷、土地资源的审批等直接干预措施和研发费用加计扣除、设备加速折旧、政府补贴、税收优惠等间接引导手段来扶持特定产业的发展，进而通过影响和改变企业面临的融资约束程度、企业所在行业的市场竞争程度及高素质人才集聚等路径来对企业的创新活动产生影响。

3.1.1　产业政策的创新激励效应与创新抑制效应

对于产业政策对企业创新的正向激励效应，本书将其归纳为"资源效应"、"竞争效应"和"集聚效应"。其中，"资源效应"是指当企业受到产业政策支持时，与不受支持的企业相比，能得到更多的土地、政府补贴、税收优惠等资源，使得企业有更加充足的资金用于研发，缓解企业面临的融资约束，促进企业创新（徐子瑄，2018）。竞争效应是指产业政策在推行过程中，政府为了鼓励、促进扶持产业的发展，会放松对扶持产业的投资项目审批程序和市场准入限制，从而使得更多的企业能够进入受产业政策支持的行业，提高被扶持行业中企业的市场竞争程度（余明桂等，2016），激励企业进行创新以提高自身竞争力。"集聚效应"是指产业政策通过对高新技术、战略性新兴产业等国家重点扶持、优先发展的产业实行各项税收优惠与人才资助激励政策，吸引更多的企业和更多的高素质人才进入受扶持行业，形成产业集聚和人才集聚效应。

本书认为产业政策会通过政府补助、税收优惠、产业发展基金、市场准入、人才资助等手段，弥补企业创新的正外部性损失，缓解企业创新的融资约束、激励不足、市场竞争不充分、高素质人才短缺等问题，促进企业增加研发投入，激励企业创新。

第一，产业政策支持可以弥补企业创新活动的正外部性损失。技术创新由于具有较强的正外部性及技术溢出效应，会产生"市场失灵"现象。为克服"市场失灵"，政府需通过产业政策这一"看得见的手"实施干预，通过政府补贴、信贷支持等政策资助手段，弥补企业创新活动中的正外部性损失，激励企业增加研发投入（杨国超、芮萌，2020）。我国当前的知识产权保护水平较低，市场机制尚不完善，需要政府通过制定产业扶持政策，因地制宜、因势利导，提升创新资源配置效率，激励企业创新。

第二，产业政策支持可以降低企业创新边际成本，增强企业内部资金的积累，提高企业内源融资能力（白俊红等，2011）。一般来说，产业政策会通过所得税减免、研发费用的加计扣除等税收优惠措施的实施，对高新技术、战略性新兴产业等国家重点扶持、优先发展的产业进行税收优惠与激励。这些措施在降低企业创新边际成本，减少创新活动现金流出量的同时，还能促使企业通过积累内部资金，提高企业创新活动的内源融资能力，使得企业有更多的资金投入研发创新项目，产生更高的创新收益。

第三，产业政策支持可以缓解企业在创新过程中面临的融资约束与激励不足问题。为实现调整产业结构、加快特定行业发展的目标，政府会通过发放政府补贴、信贷支持等方式帮助受扶持行业，一方面，可以缓解企业在创新过程中面临的融资约束与激励不足等问题，使得企业有更加充足的资金用于研发，促进企业创新（郭玥，2018）；另一方面，获得产业政策支持的企业，可以向外界传递企业受扶持、具有资源获取优势、值得信任的积极信号，让外部信息使用者更多地了解企业的创新能力，帮助企业更有效地获取外部资金，促进企业创新（刘春玲、田林，2021）。

第四，产业政策支持会增强受扶持行业的市场竞争程度。中央和地方各级政府通过对重点扶持产业、重大项目、重要生产力进行规划和布局，运用目录指导、市场准入、资源审批、经营特许权等产业政策实施手段向外界传递企业受扶持信号，引导和激励更多企业进入产业政策支持的行业，增强被支持行业的市场竞争力（余明桂等，2016），同时通过税收、土地、科研补助资金等生产资源的配置与导入，促进企业创新。

第五，政府补助和各项人才资助政策会促使高素质人才在受产业政策支持的行业和企业中聚集。创新活动的主要实施主体是企业，企业持续性的研发创新活动需要大量具有专业知识的研发人员掌握足够的知识（王珏、祝继高，2018）。对于受到产业政策支持的行业和企业来说，政府创新补贴和税收减免，以及人才资助政策能在一定程度上改善其高素质人才短缺的问题，有利于企业创新（刘春林和田玲，2021）。Fuest 等（2018）对德国的税收政策进行研究后发现，企业会将增加的税收成本转嫁给员工，当企业所得税税率提高时，员工的工资会显著下降。产业政策通过所得税减免、研发费用的加计扣除等税收优惠措施，以及各项人才资助政策的实施，对高新技术、战略性新兴产业等国家重点扶持、优先发展的产业给予税收优惠和人才资助激励，吸引更多的高素质人才到这些企业工作，从而产生人才集聚效应，促进企业创新。

尽管产业政策可以通过政府补贴、税收优惠及市场准入等政策工具和手段弥补企业创新活动带来的正外部性损失，缓解企业融资约束、市场竞争不充分等问题，促进企业增加研发投入，激励企业创新。但是，产业政策仍然可能由于政策实施中的信息不对称引发逆向选择、道德风险及企业短期决策行为等问题，对企业创新活动产生挤出效应，进而抑制企业创新。

第一，政策实施中的信息不对称会引发逆向选择问题。由于政府与企业之间存在一定的信息不对称，中央及各级地方政府推出的各类创新资助政策会诱使企业为获取更多政策优惠而申请大量低质低效专利，导致专利"泡沫"现象的发生（张杰、郑文平，2018）。同时，政府由于对企业技术演进和行业发展前景的信息掌握不充分，常常会不顾企业技术水平及自身比较优势，一窝蜂地发展高新技术、战略性新兴产业，直接后果就是随之而来的资源错配、效率低下及过度投资、产能过剩等问题。企业和政府的逆向选择行为最终会对企业的研发创新活动产生挤出效应，抑制企业创新。

第二，基于资源诅咒效应的逻辑，产业政策在向受扶持企业提供资金、人才、土地等资源要素，为受扶持企业创造更好创新条件的同时，亦可能引致更多的企业"寻扶持""寻补贴"（杨兴全等，2018），产生"道德风险"行为，对创新产生挤出效应。中国作为一个新兴经济体国家，政府对重要资源掌握分配权，寻租活动史容易发生（Chen等，2018）。企业为获取与政府的政治关联，会产生高额的寻租成本，对企业创新产生抑制效应（袁建国等，2015）。

第三，产业政策还可能造成企业决策中的短期行为。在未受到产业政策扶持时，企业为了能在激烈的市场竞争中处于优势地位，会通过持续不断的创新来提升自己的竞争优势。当受到产业政策的扶持时，被扶持企业获得较多的政府补助和税收优惠，企业发现自己即使减少创新投入，创新产出水平很低，也能生存下去。在这种情况下，企业的投资决策行为会更加短视，只考虑眼前利益，对提高自身创新水平、促进企业长远发展缺乏充足的动力与积极性。

综合上述分析可知，产业政策带来的政府补助、税收优惠、产业发展基金、市场准入、人才资助等政策工具和手段不仅可以弥补公司研发活动的正外部性损失，还可以缓解企业在创新过程中面临的融资约束问题，激发更多的企业进入产业政策支持的行业，增强被支持行业的市场竞争力，引导高素质人才在受产业政策扶持的行业和企业中聚集，这些都会激励企业不断增加研发投入，在创新方面持续作为，表现为公司的创新投入和创新产出增加，即产业政策实施存在较强的"创新激励效应"。但是，产业政策仍然可能由于政策实施中的信息不对称引发逆向选择、道德风险及企业短期决策行为等问题反向挤出研发创新，即存在"创新抑制效应"。

基于产业政策对企业创新的影响分析，本书提出研究假设H1：

H1：产业政策对企业创新存在激励和抑制两方面的影响，其最终影响效应取决于二者间的"合力"。从长期来看，随着产业政策对鼓励发展行业中企业的持续支持，其对企业创新的影响最终表现为正向激励效应。

3.1.2 创新数量、创新质量和创新速度的互动协调

我国的专利申请量已连续多年走在世界前列，创新数量总体规模较大，但还称不上是创新强国，创新质量和创新速度整体还处于较低水平。除了在航空航天、量子通信、高性能计算、5G、高铁等少数领域取得突破性进展，处于世界先进水平外，在高端芯片、工业母机、基础软硬件、基础材料和基本算法等较多领域仍未掌握关键核心技术，与发达国家还存在较大差距。随着信息技术的普遍应用和迅速发展，后发竞争者的模仿甚至超越能力越来越强，企业逐渐意识到加快产品研发过程、缩短产品生命周期、加快创新速度是应对竞争的重要策略。Urban等（1986）研究发现，同一行业市场第二和第三顺位进入者的平均市场占有率只能达到首位市场进入者的71%和58%。以美国为代表的发达国家创新速度不断加快，产品创新周期逐步缩短，多数产品的设计、试制周期分别为3周和3个月，相比较而言，我国企业的新产品研发周期普遍较长，为18个月左右（孙卫、徐昂，2010）。企业研发创新是一种高风险性活动，加快创新速度的同时也意味着企业拥有更多的试错机会，从而提高创新的成功概率（Jansseno，2000）。当企业拥有快于竞争对手进行R&D创新的能力时，就能够获得先发优势，取得较多的市场份额，增加规模收益，提高新产品的投资收益率和企业长期生存能力（Allocca and Kessler，

2006)。

如前所述，企业作为生产经营活动和创新活动的主体，仅仅追求创新数量的增长是远远不够的，还需要进一步从核心技术突破和新产品研发周期等方面追求创新质量和创新速度的发展。与此相应，我们在对企业创新产出的度量过程中，除了要考虑创新数量之外，还需要考虑创新质量和创新速度。创新数量、创新质量、创新速度三者同为创新产出成果，是企业创新水平的集中体现。其中，创新数量代表了企业创新产出的总体规模，创新质量代表了创新产出的实质水平，创新速度则是对企业创新产出的时间要求。现有研究中有文献关注到创新数量与创新质量的关系（蔡绍洪，2017），以及创新质量与创新速度的关系（俞立平，2018），但较少有文献将三者置于同一研究框架下，探究它们之间的内在联系和耦合协调能力。从作者掌握的文献资料看，仅有俞立平（2020）基于效率视角对高技术产业创新产出的三个变量之间的互动关系采用贝叶斯向量自回归模型进行了研究。研究发现，创新数量、创新速度和创新质量两两之间存在相互影响关系，在实现完全效率的状况下，对创新质量来说，其重要性在增强，对创新数量和创新速度来说，二者之间的关系更为协调，创新速度和创新质量之间协调关系良好；在现实情况下，我国高技术产业正处在由创新数量增长向创新质量提升的转型期。

从系统论和协同学的角度看，在企业长期创新活动中，创新大系统下的创新数量、创新质量与创新速度这三个子系统之间并不是一种相互抵消、此消彼长的矛盾关系，更应是一种相互促进、相互影响、协调发展的关系。因此，将创新数量、创新质量和创新速度这三者置于同一研究框架下，分析两两之间和三者之间的互动协调极为必要。

1）创新数量与创新质量

关于创新数量与创新质量的关系，两者之间可能表现为相互促进也可能表现为互为矛盾的关系。一方面，创新数量是创新质量的基础，当企业拥有一定规模的创新数量，也就意味着企业拥有较多的研发技术积累，从而有利于企业创新质量的提升；另一方面，创新数量与创新质量之间有时又存在矛盾关系，比如在企业资源有限的情况下，企业在追求创新数量数量的同时，可能会降低创新质量，或者在提升创新质量的过程中会减少创新数量，二者之间不能很好地同步发展。此外，创新质量对创新数量也可能存在一定的反作用，当企业在原始创新、关键技术节点等方面取得颠覆性或者突破性创新进展时，即当企业出现高质量创新时势必会对其创新增长产生连带效应，进而提高企业创新数量，与之相反的则是在企业整体创新质量不高的情况下，难以促进其创新数量的提高（俞立平，2020）。

2）创新质量与创新速度

关于创新质量与创新速度的关系，目前存在两类观点：一种观点认为二者在一定条件下是可以互相兼顾的；另一种观点则认为二者难以兼顾。一般来说，创新质量与创新速度之间的均衡发展相对比较困难，原始创新、颠覆性（或者突破性）创新的发生概率和产生速度在企业生命周期中的初创阶段和成熟阶段都较为缓慢。创新速度、创新质量与企业生命周期之间的演进关系表现为 S 形曲线。在企业初创期，必须抢占先机将新产品尽快投入市场，此时企业的创新速度较快，但是创新质量相对较低；当企业进入成长期后，企业的主要目标是进一步提高产品的市场竞争力和市场占有率，创新质量和创新速度的提升都较快；当企业进入成熟期时，由于产品市场已接近饱和，技术水平已经相对成熟，创新速度快，但创新质量提升会相对慢一些；到了衰退期，企业研发创新投入很低，与之相应的是，企业的创新质量、创新速度也都在不断下降。在企业生命周期的初创期和成熟期，创新速度与创新质量之间更多呈现出负相关关系，处于成长期的企业，二者之间能同步发展。

3）创新数量、创新质量与创新速度

关于创新数量、创新质量与创新速度的关系，首先，三者同为创新产出成果，是创新水平的集中体现，它们分别从创新的总体规模、实质水平和时间要求等方面对创新进行衡量。其次，对于不同发展周期的企业来说，创新数量、创新质量和创新速度之间的关系表现会不同。当企业处于初创期，为了将自身产品快速投放市场，抢占市场份额，企业会尽量缩短产品研发周期，加快产品创新速度，此时，企业的总体创新数量并不多，创新速度与创新数量之间主要表现为负相关关系，同时初创期企业的创新质量相对也较低；到了成长期，新产品开发周期会进一步加快，企业创新速度提升，创新质量逐渐提高，创新数量也相应增加，此时，创新数量、创新质量和创新速度之间主要表现为正相关关系；当企业发展到成熟期时，企业的创新数量总量很高，但是创新速度相对趋缓，创新质量会继续小幅度提高，三者之间既有正相关关系，亦会存在负相关关系。创新数量、创新质量和创新速度之间的相互促进、共同增长是企业发展到特定生命周期阶段下最理想的状态。

总体来说，企业应兼顾创新收益、创新风险和创新效率，力争实现创新数量、创新质量与创新速度三者间的平衡。企业如果没有创新数量的不断增加，其结果就是在长期较小的创新规模下不利于长远发展；企业如果没有创新质量的持续提升，其原始创新、突破性创新势必就会很少，在市场竞争环境下难以保持领先地位；企业如果创新速度过慢，创新时间周期过长，其结果必然会降低企业的总体创新效益。企业在创新过程中应该兼顾创新数量、创新质量和创新速度，发挥它们之间的互动耦合效应，"以量变推动质变，以质变提升速度"，促进三者协调发展，进而推动经济高质量发展。

如本书第2章所定义，本书在后续研究中将企业创新数量、创新质量和创新速度三个子系统通过各自的要素产生的相互促进、相互影响，达到互动联合的状态定义为企业协调创新，并采用耦合度和耦合协调度模型来测度企业创新数量、创新质量和创新速度两两之间及三者之间耦合协调作用的强弱程度。

图3-1为创新数量、创新质量、创新速度与企业生命周期关系图。当企业处于生命周期的不同阶段，创新产出三个变量之间表现出不同的相关关系。

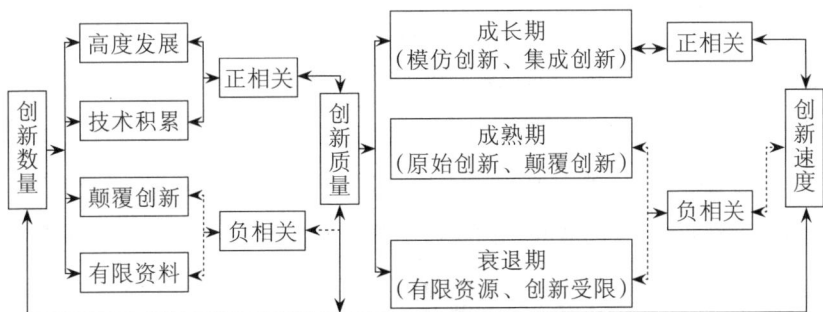

图3-1　创新数量、创新质量、创新速度与企业生命周期关系图

图3-2是本书对于企业创新大系统下创新投入、创新成果和创新效率不同子系统之间关系的描述。企业进行研发投入的目的是取得创新成果，创新数量、创新质量与创新速度从不同角度体现了企业的创新水平。对于企业的创新行为，基于目标考核的视角，会存在显性和隐性两种约束行为。显性约束行为主要体现在对创新数量、创新质量和创新速度这些创新成果的要求上；隐性约束行为则是对创新效率的追求（俞立平，2020）。从企业长期发展来看，创新数量、创新质量与创新速度这三者之间并不是一种相互抵消、此消彼长的矛盾关系，更应是一种相互兼顾、协调发展的关系。

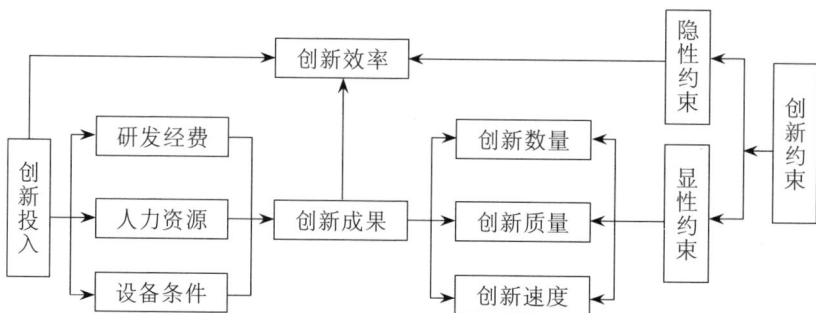

图 3-2 创新系统框架图

3.1.3 产业政策对企业协调创新的影响机理

在我国当前以创新驱动经济发展，推动经济高质量增长，迈向创新强国之路上，以政府补贴、税收优惠、产业发展基金、市场准入、人才资助等手段为核心的一系列产业政策是提升中国科技创新水平的重要制度安排。由此，引发本书思考，中国研发经费投入与科技水平数量上的激增，是否带来了质量上的跟进？是否意味着中国专利质量和自主创新能力也获得同等程度的提升？但是，龙小宁和王俊（2015）、黎文婧和郑曼妮（2016）、张杰和郑文平（2018）研究发现，较长一段时间以来中国科技创新实践中存在"数量长足、质量跛脚""重数量、轻质量"的专利现状。对此，本书拟进一步探究，企业在技术创新过程中是否会出于"寻租"目的过于追求"创新数量"而忽略了"创新质量"，或者过于追求"创新速度"而降低了"创新质量"？受产业政策支持的企业，其创新数量、创新质量和创新速度三者之间的耦合协调水平是否高于未受产业政策支持的企业？中国的产业政策对企业的协调创新水平产生激励作用了吗？

已有文献在产业政策的实施效果、产业政策的有效性边界，政府补贴、税收优惠、信贷支持等不同政策工具的运用，不同产业政策类型的比较，产业政策对企业创新投入、创新产出、创新效率的影响等方面做出了许多有益探索，成果颇丰，但现有研究大多将创新视为一个整体变量，关注产业政策对企业创新投入、创新产出或者创新效率的影响，鲜有文献将政府产业政策与企业协调创新置于同一分析框架内，直接考察产业政策支持对企业协调创新的影响。

企业创新所需资金的高投入性、创新过程的长期性、创新主体之间的信息不对称性及创新结果的不确定性，导致研发创新活动的高风险和不可预知性，对企业的获利能力和自主创新的积极性产生较大影响，导致市场有效供给不足。龙小宁和王俊（2015）认为，政府出台的各项资助政策在带来专利数量大幅度增加的同时，专利的创新质量并未得到实质性提高，出现了专利"泡沫"现象。张杰和郑文平（2018）研究发现，政府的专利资助政策在相当程度上会扭曲企业申请专利的动机，导致出现大量低质量的非发明专利，但政府的专利审核批准制度一定程度上又会弥补和提高专利资助政策对企业研发创新的挤出效应。陈强远等（2020）对我国推行的创新激励政策研究后发现，以"研发费用加计扣除"为代表的普适性政策仅促进了企业创新数量的提高，对创新质量的影响不显著；而以"高新技术企业认定""高新技术企业所得税减免"为代表的选择支持型政策，对企业创新质量和创新数量同时产生正向激励效应。阳镇等（2021）则基于我国独特的中央与地方之间的分权关系，从央-地产业政策协同性的视角，分析和检验政府产业政策对企业创新的影响机理。其研究发现，中央产业政策对企业创新有显著促进作用，而地方产业政策对企业创新的促进效应不显著；央-地产业政策协同对企业创新有显著正向促进效应，而央-地产业政策不协同对企业创新有负向抑制效应。

有别于既有研究，本书将企业创新数量、创新质量与创新速度的"协调提升"作为政策目标，从企业的创新活动入手，研究产业政策对企业协调创新的影响。本书基于企业协调创新的视角来考察产业政策的实施效果，弥补了以往研究仅仅关注企业单一创新活动的偏颇，拓展了宏观经济政策对微观企业行为影响的研究，为后续研究提供理论支撑和新的经验证据，同时也有助于我们理解宏观经济政策到微观企业行为之间的传导机制，以期能为政府合理把握干预市场的边界因地制宜地制定和实施产业政策，为产业政策的优化设计与管理提供依据与经验支持。

在前文中已经分析了产业政策对企业创新存在激励和抑制两方面的影响，其影响效应取决于二者间的"合力"。从长期来看，随着产业政策对重点鼓励发展行业中企业的持续支持，其对企业创新的影响最终表现为正向激励效应。下面进一步通过耦合协调模型来测度企业创新数量、创新质量与创新速度的耦合协调发展状况，以深入探究政府产业政策对企业协调创新的影响。

根据耦合协调理论的观点，当系统到达临界区域时，后续将走向何种结构与方向，取决于系统内多个子系统之间的耦合发展及其协调程度。系统间的关系包含发展与协调两个方面。发展强调系统本身从低级到高级、从无序到有序的演进过程，协调则强调系统或子系统要素间的相互促进、协调发展的过程，耦合协调度模型能够同时刻画系统间的发展与协调水平（逯进、周惠民，2013；唐晓华等，2018；葛鹏飞等，2020）。创新数量、创新质量和创新速度作为创新大系统之下不同的子系统，从企业短期发展看，创新数量、创新质量与创新速度之间可能表现为两两协调的正向促进或者有升有降的负向影响关系（俞立平，2020）；从企业长期发展看，随着研发投入的持续增加，企业创新数量、创新质量与创新速度这三者之间并不是一种相互抵消、此消彼长的矛盾关系，而是更多地表现为一种相互兼顾、协调发展的关系。创新是一种累积性的投资活动，随着企业长期持续性的研发投入，在创新数量、创新质量和创新速度等创新产出成果提高的同时，企业的协调创新水平也相应提升，这一点从本书的样本数据中得到了验证。

2008—2017年这10年间，样本企业的创新数量均值由"十一五"时期（2008—2010年）的28.93件，上升到"十二五"时期（2011—2015年）的70.70件，进而再上升到"十三五"时期（2016—2017年）的111.43件，增长幅度为285%；创新质量均值由"十一五"时期的0.258上升到"十二五"时期的0.310，进而再上升到"十三五"时期的0.339，提高幅度为31.4%；创新速度均值则由"十一五"时期的0.813上升到"十二五"时期的1.074，进而再上升到"十三五"时期的1.143，提高幅度为40.6%。与之相应的是，三个五年规划时期，样本企业的创新数量、创新质量与创新速度的耦合协调均值也在持续上升，由"十一五"时期的0.147，上升到"十二五"时期的0.172，进而再上升到"十三五"时期的0.179，上升幅度为21.77%[①]。"十一五"到"十二五"，再到"十三五"这三个五年规划时期，受到产业政策支持的企业，其创新数量、创新质量、创新速度等各项创新产出均值，创新数量和创新质量的耦合协调均值，创新质量与创新速度的耦合协调均值，创新数量、创新质量与创新速度的耦合协调均值均显著高于没有受到产业政策支持的企业，且两类企业间的差距逐年加大，2016—2017年，即"十三五"时期，两类企业的创新产出和协调创新水平差距达到最大。这些数据从一定程度上也为前文的理论分析提供了数据支持。

从"十二五"时期开始，随着各五年规划中对高新技术产业、战略性新兴产业及现代互联网产业的持续支持，各项优惠政策手段不断激励企业增加研发投入，在创新方面持续作为，表现为创新数量、创新质量等创新产出增加，即从长期看，产业政策对企业的扶

---

① 创新数量与创新质量的耦合协调均值、创新质量与创新速度的耦合协调均值也在持续上升，具体数据见本书第4章现状分析中企业创新与协调创新的总体特征与演化趋势部分内容。

持更多地表现出"创新激励效应"。当企业受到产业政策的持续支持时，创新数量的增加会促进创新质量的提升，进而提高企业的创新速度。

基于以上分析，本书提出研究假设H2：

H2：与不受产业政策支持的企业相比，受到产业政策支持的企业在持续的研发创新中会逐渐兼顾创新数量、创新质量和创新速度，以量变推动质变，以质变提升速度，促进三者协调发展，从长期看，产业政策会提高扶持行业中的企业协调创新水平。

政府产业政策对企业创新的影响过程中存在资源获取和信号传递两个通道，当企业得到政策支持后能够向外界传递企业受政府认可的积极信号，有利于企业获得创新所需资源，提高企业创新产出水平（Feldman and Kelley，2006；Kleer，2010），提升企业协调创新水平。企业创新活动的正外部性和高风险需要大量的R&D资金投入，当企业面临内源融资压力时，会转向寻求不同渠道的外源融资。但是研发创新活动由于存在回报周期长、信息不对称、不确定性等特征，又会使得投资者较难准确衡量自身的创新回报率，增加了企业向外部融通资金的难度。

政府产业政策的支持通过信号传递机制能够向外界传递有利于企业的积极信号，同时还能够降低企业与债权人、外部投资者之间的信息不对称程度。从企业角度看，作为信息优势方，出于避免关键技术泄密、减少信息披露成本等因素考虑，企业不希望将研发投资项目的市场前景、预期收益、自身核心技术及可能带来的潜在风险等相关信息向市场公开披露。从外部投资者角度看，作为信息劣势方，要投入大量时间、人力和物力收集、研究项目相关信息，付出较多的信息鉴别成本以筛选具有技术领先优势的研发项目和企业，监督企业研发创新活动，其间难免会面临逆向选择和道德风险问题（郭玥，2018）。

政府作为第三方主体通过政府补贴、税收优惠、市场准入、人才资助等政策干预手段介入企业与债权人、外部投资者及上下游供应链企业之间的互动合作关系。企业通过产业政策支持向外界释放受政府认可、可获得较多资源配置的积极信号，使得市场投资者基于对政府支持产业发展的信任而给予企业更高的信用认可和资金支持（王刚刚等，2017），形成稳定的多元化资金支持链和产业供应链。同时，产业政策在推行过程中，政府为了鼓励产业发展，会放松对扶持产业的项目审批程序和市场准入限制，从而使得更多的企业能够进入受产业政策支持的行业，提高被扶持行业中企业的市场竞争程度（余明桂等，2016），激励企业进行创新以提高自身竞争力。产业政策在实施过程中的各项人才扶持资助计划亦会在对支持产业的资源配置倾斜中逐渐形成产业和人才集聚。

因此，本书从政府推行产业政策过程中的直接干预手段出发，基于信号传递理论，沿着融资约束、市场竞争和人才集聚三条路径构建产业政策影响企业协调创新的机制分析框架。

1）产业政策、融资约束与企业协调创新

企业的内部研发、技术创新活动会产生大量、持续性的资金需求，当企业资金紧张，面临严峻的融资约束时，企业会将数量有限的资金优先用于日常运营活动和短期盈利性好的项目中，减少研发投入，使得企业的技术创新水平下降。为实现国家对鼓励发展产业的支持，政府会通过银行信贷支持、政府补贴等政策工具，将大量资源引向被鼓励行业，缓解企业研发创新面临的融资约束问题。陈冬华等（2010）发现，受产业政策扶持行业的股权融资金额和长期贷款余额都显著高于未受扶持的行业。除了信贷干预、资源配置等手段外，产业政策还会通过改变经济环境预期、降低资金成本、改善信息环境等措施来影响企业创新面临的外部融资环境（姜国华、饶品贵，

2011），有效缓解企业研发创新过程中的融资约束问题。获得政府补贴的企业亦可通过与政府建立联系以帮助其获得银行贷款，并将之作为研发投入的融资渠道，缓解融资约束问题（张杰等，2011）。当企业受到较为严重的融资约束时，会对其创新活动的持续性产生较大影响，而政府推行的税收优惠措施可以激励企业更愿意从事创新活动。内源融资对企业创新的影响更易受到信贷市场环境的约束，而外源融资能够有效促进创新，其中又以银行信贷的影响最为显著。

产业政策的实施提高了市场对受扶持行业的预期，银行给受政策扶持企业的贷款意愿增强，企业可以较为容易地从银行获得低成本信贷资金，同时为了鼓励受扶持行业创新发展，政府也会给予鼓励性行业政府补贴、研发费用加计扣除及所得税减免等税收优惠措施，缓解企业面临的融资约束问题。企业创新投入增加的同时，其创新产出亦随之上升。总体来说，产业政策会通过资源效应，补充企业研发所需资金，缓解融资约束，降低研发成本，使得企业可以将更多创新资源投入到高精尖的创新项目中，在提高企业创新数量的同时，企业的创新质量亦得到提升，进而提高创新速度。

根据以上分析，本书提出研究假设H3a：

H3a：产业政策支持会通过资源效应，缓解企业面临的融资约束，促进企业提高协调创新水平。

2）产业政策、市场竞争与企业协调创新

在产业政策推行过程中，政府为了鼓励、促进受扶持产业的发展，会放松对受扶持产业的投资项目审批程序和市场准入限制，从而使得更多的企业能够进入受产业政策支持的行业，提高被扶持行业中企业的市场竞争程度（余明桂等，2016）。面对激烈的市场竞争，企业为了长远发展，会进一步通过扩大规模、降本增效、增加研发投入等手段，改进生产技术，提高生产效率，不断提高其产品的技术含量及企业整体的技术创新水平。出于推动自身技术进步和获取竞争优势的目的，市场竞争度高的企业比市场竞争度低的企业更愿意也更有动力提升创新质量和创新速度，进行高质高效的协调创新活动。

总体来说，产业政策会通过竞争效应，提高被扶持行业中企业的市场竞争程度，倒逼企业改进生产技术，提高生产效率，不断提高企业整体的技术创新水平，企业的创新数量、创新质量亦得到提升，进而提高创新速度。

根据以上分析，本书提出研究假设H3b：

H3b：产业政策会通过竞争效应，提高企业所在行业的市场竞争程度，促进企业提高协调创新水平。

3）产业政策、人才集聚与企业协调创新

创新活动的实施主体是以技术、知识为核心的高素质人才，创新活动本身也需要研发人员掌握的知识达到一定水平后才可能完成（王珏、祝继高，2018）。企业创新活动能够顺畅运行的前提条件之一是资本与研发人才的配合。李静等（2017）指出，中国存在较为严重的人力资本错配问题，较多具有机械制造、工程等技术背景的毕业生最终流入互联网、金融等高收入垄断行业，而非制造业或高新技术企业。政府对受扶持企业采取的政府补贴、人才资助等手段能在一定程度上吸引人才、提高研发人才待遇，进而逐渐改善高新技术产业、战略性新兴产业的人力资本错配问题。在人才资助方面，国家通过"百人计划"等人才资助项目，不断吸引高层次人才从海外回国创业，同时，国家从战略层面制定并不断加强对新能源、新材料、信息技术等战略性新兴产业的学科建设与人才培养工作。产业政策通过所得税减免、研发费用的加计扣除等税收优惠措施及各项人才资助政策的实施，对高新技术、战略性新兴产业等国家重点扶持、优先发展的产业进行税收优惠与人才资助激励，吸引更多的高素质人才到这些企业工作，从而产生人才集聚效应，促进企业创新。

总体来说，产业政策会通过各项创新计划、人才资助等手段提高研发人员待遇，形成人才集聚效应，进而吸引更多的高知识、高技术人才进入受产业政策支持的行业工作，并使得企业有能力也有更大的意愿加大对技术难度高的研发项目的投入，减少技术含量低的跟随式创新活动，选择风险更高的探索式创新项目，企业创新数量、创新质量和创新速度相应得以提升。

基于以上分析，本书提出研究假设H3c：

H3c：产业政策支持会通过集聚效应，促使高素质人才在受产业政策扶持的行业和企业中聚集，提高企业协调创新水平。

综合上述分析可知，产业政策采取的政府补助、税收优惠、产业发展基金、市场准入、人才资助等政策工具和手段不仅可以弥补公司研发活动的正外部性损失，还可以缓解企业在研发创新活动中面临的融资约束等问题，同时能激发更多的企业进入受产业政策支持的行业，增强被支持行业的市场竞争力，引导高素质人才在受产业政策扶持的行业和企业中聚集，这些都会激励企业不断增加研发投入，在创新方面持续作为，表现为公司的创新数量、创新质量和创新速度等创新产出增加，企业协调创新水平得到提升，即产业政策支持对企业协调创新也存在"激励效应"。

中央和各级地方政府作为政策的制定者应通过不同的政策措施和手段不断激发企业创新潜能，提高企业自主创新能力，引导其在市场竞争环境下通过创新数量的积累，以量变推动质变，以质变提升速度，助力企业协调创新，以推动经济高质量发展。通过产业政策支持产生的信号传递机制表明，在政府具有一定的对未来重点发展行业决策能力及掌握信息充分的条件下，产业政策不仅可以给受支持的企业补充研发所需资金，还能通过对企业受到政府鼓励支持、优先发展信息的向外传递，缓解之前出于研发保密隐藏信息带来的逆向选择问题，同时通过对企业研发创新项目的过程性监管和约束机制，缓解道德风险，使更多的外部投资者进入企业，增加企业R&D资金投入，对企业研发创新产生积极作用。与此同时，企业受到政策支持优先发展信息的广泛传递，一方面会带来资金的集聚，另一方面也会带来技术、人才资源的集聚，以及企业与高校、科研院所之间的联合研发合作，进一步提升企业创新水平和创新能力。

总而言之，政府产业政策的支持不仅能给企业带来直接的资金流入，还能通过信息传输通道，将企业获得政府支持、优先发展等信息对外传递，使更多的外部资金、关键技术及高层次人才流入，在资金流、信息流、技术流和人才流形成的合力相助下，最终提高企业创新产出能力，提升企业协调创新水平。图3-3为本书绘制的"政府产业政策—企业协调创新"的机制框架图。

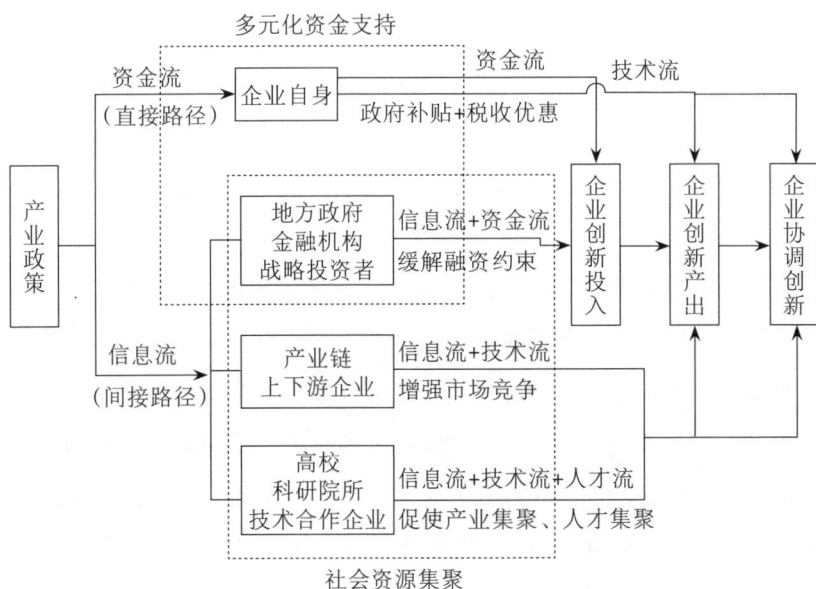

图3-3 产业政策作用机制框架图

3.2 不同视角下产业政策对企业协调创新影响的非均衡性分析

一般而言，由于企业自身特征差异，不同地区、不同金融科技发展水平，以及市场化程度、要素市场扭曲程度、营商环境等制度环境的差异会使企业在面对产业政策扶持时产生不同的行为表现，继而使得企业的创新产出呈现出显著差异性特征。本书从企业特征视角、地区特征视角及制度环境视角展开产业政策对企业协调创新影响的非均衡性分析。

3.2.1 企业特征视角

中国企业的一个鲜明特色就是国有企业和民营企业在国家经济体系中长期共存且互相依赖。国有企业和民营企业在激励机制、资源基础和经营目标等方面存在显著不同，致使产权性质差异会显著影响企业的创新行为（李春涛和宋敏，2010；冯根福等，2021）。民营企业作为中国经济发展的重要力量，其在融资过程中面临着较为严重的"金融歧视"。银行信贷资源更多地配置给国有企业，民营企业较难得到银行信贷的支持（张杰等，2011）。当产业政策通过政府补贴、信贷支持和税收优惠等政策工具支持民营企业时，能有效缓解其面临的融资约束问题，促进创新投入与创新产出。国有企业的高管大多是政府直接任命的，这在一定程度上可能会导致他们在进行决策时更多地考虑对政府负责，而不是对企业长远发展负责，不愿承担企业创新过程中面临的较多的不确定性和较大的风险（李文贵、余明桂，2012）。同时，国有企业的强政府干预和经营目标的扭曲会导致其创新活动在面对产业政策激励时不敏感，管理层激励约束机制的缺失也可能削弱产业政策支持对其技术创新的影响（余明桂等，2016）。

企业经营规模由于所在行业、年龄、发展阶段和盈利能力的不同而存在较大的差异，面对产业政策的扶持，不同规模企业的经营、投资和研发策略会有所不同，使得其创新产出存在差异性。对于大规模企业而言，其经营模式、研发体系和研发策略相对较为成熟，面对政策扶持时会更加注重企业的长远发展，在长期持续性的研发创新活动中，其更能兼顾到创新数量、创新质量与创新速度间的相互促进、协调发展。小规模企业经营发展更为灵活，具有"船小好调头"的特点，当面对产业政策支持时，出于生产经营、市场竞争等方面的压力可能会更多追求创新数量或者创新速度，忽略了创新质量，进而影响到协调创新水平的提升。

基于生命周期理论，处于不同生命周期阶段的企业，其盈利能力、成长性和研发创新意愿等都会显著不同（解维敏、方红星，2011）。与衰退期企业相比，处于成长期和成熟期的企业往往具有更多投资机会，更加注重企业长远发展，更有持续研发创新的意愿与动力，新产品开发周期会缩短，企业创新速度也会以较大的幅度提升；当企业发展到成熟期时，其创新数量与创新速度很难再继续同步发展，此时企业的创新数量总量很高，但是创新速度相对趋缓，创新质量会继续小幅度提高。创新数量、创新质量和创新速度之间的相互促进、协调发展是企业发展到特定生命周期阶段时的最理想状态。

基于以上分析，本书提出研究假设 H4a：

H4a：具有不同产权性质、不同规模大小和处于不同生命周期的企业，在面对产业政策支持时，其协调创新水平呈现出显著差异性。

3.2.2 地区特征视角

改革开放以来，中国经济在高速增长的同时，也呈现出较为显著的地区不平衡特征，东部地区的经济增长速度明显快于中部和西部地区。企业在获得产业政策支持后，会增加研发投入，中西部地区企业与东部地区企业相比，其协调创新水平相对也较弱。

金融科技发展可以通过降低交易成本、减少资金供给双方信息不对称、缓解融资约束等路径对企业技术创新产生挤入效应。金融科技带来的高效、共享、易操作、低成本的金融创新服务模式为缓解企业技术创新过程中面临的融资渠道受限、资金成本较高等问题带来了解决机会。一方面，金融科技依托于大数据、云计算和区块链等数字技术的发展，可以较好地拓宽资金来源、降低交易成本（聂秀华等，2021）；另一方面，金融科技强大的信息搜集处理能力和计算能力，能降低信贷审批时间和成本，提高金融支持效率，改善资金供求双方的信息不对称问题，合理配置金融资源，为企业创新活动的进行打下良好资金基础，提高企业创新水平（贾俊生、刘玉婷，2021）。中西部地区相对高昂的业务开展成本使得金融市场处于低效状态，难以充分满足企业创新资金需求；而经济发展水平较高的东部地区，金融科技发展水平也较为发达，大量集中的生产交易活动产生虹吸效应，汇集更多流入资本，使金融中介机构有效降低交易成本，合理配置金融资源，促进企业创新能力提升。金融科技发展水平高的地区与金融科技发展水平低的地区相比，在面对产业政策支持时，企业的协调创新水平存在差异。

基于以上分析，本书提出研究假设 H4b：

H4b：处于东中西部不同地域和不同金融科技发展水平的企业，在面对产业政策支持时，其协调创新水平呈现出显著差异性。

3.2.3 制度环境视角

外部制度环境可以为微观企业的行为决策提供制度基础，良好的制度环境有利于资源优化配置（高楠等，2017），进而影响企业创新决策和创新行为表现（Hirshleifer D et al.，2013）。

我国市场化改革过程中一个突出的问题是各省份地区市场化发育进程不同。地方政府为了推动经济发展会采取不同的政策措施和激励手段，这些不同的差异化激励手段，会使得地方政府对经济的干预程度呈现出显著特征差异。不同地区的市场化改革进程呈现出的特征差异性，会对企业创新投入和创新产出具有不同的影响效应（张杰，2020）。市场化程度的提高可能会降低企业自主研发收益率，造成企业对技术引进的路径依赖。虽然政府支持对制造业研发创新水平的整体提高具有显著促进效应，但随着地区市场化程度的提高，高端制造业的技术提升水平反而趋于下降（叶祥松、刘敬，2020）。

此外，我国市场化改革过程中还存在要素市场的市场化发育进程明显滞后于产品市场的市场化发育进程这个问题，这种滞后性一定程度上其实反映的是地方政府对要素市场交易活动的控制与干预，进而导致要素市场的扭曲问题。其可能引发的一个问题就是，会使得企业更加密集使用有形要素，而不愿进行自主的研发创新活动，甚至会引发企业的寻租活动以获取超额利润或租金收益（张杰等，2011）。现阶段我国的知识产权保护制度及相关法律体系尚在建设过程中，存在一些问题且不够完善，要素市场扭曲程度对企业研发创新的负向抑制效应可能就愈加显著。

相关理论和实践都证明，企业的生存与发展离不开营商环境的作用，营商环境的改变很可能会影响企业的创新意愿。从"十一五"到"十二五"再到"十三五"时期，政府实施了一系列减税降费、深化"放管服"等关于营商环境的改革措施，不断加强对营商环境的治理和优化，使我国的营商环境得到了较大程度的改善和提高（郭飞等，2022）。良好的营商环境能降低制度性交易成本，扩宽企业融资渠道，激励企业创新投入与创新产出。

基于以上分析，本书提出研究假设H4c：

H4c：处于不同市场化程度、要素市场扭曲程度及不同营商环境的企业，在面对产业政策支持时，其协调创新水平呈现出显著差异性。

3.3 政府创新补贴的非线性调节效应分析

政府补贴作为政府引导和激励企业、科研院所研发创新的一种普惠式工具和手段被广泛运用于国家推行的各项科技研究计划和相关领域。政府发放创新补贴的目的在于补充创新所需资金（Tether，2002），引导和改善企业创新动力不强、创新产出成果和创新知识的强外部性等问题（任曙明、吕镯，2014），促进和激励企业持续开展研发创新活动，推动产业发展。创新补贴能增强企业创新意愿，激励企业提高自主研发支出水平（陈玲、杨文辉，2016）。

从中国的总体情况看，长期以来中央与地方各级政府都十分重视对企业研发创新行为的引导和鼓励，近年来为鼓励和支持制造业、新兴产业、中小企业发展，推出"智能制造""战略性新兴产业发展""专精特新"中小企业发展等一系列政策，政府对企业研发投资的激励与补贴措施正逐步走向制度化、系统化。补贴措施由不定期的"科技项目""科技合作计划""科技支撑计划"等计划类政府补贴项目向更加制度化的"高技术企业税收减免""研发费用加计扣除"等税收政策过渡；补贴范围由以国有企业、民营企业为主逐步覆盖到所有的在华企业，补贴强度也在逐年提高。

聚焦于政府补贴对企业研发创新的影响，现有研究并未得出一致性结论，理论界对政府补贴的"馅饼"抑或"陷阱"效应争论已久且还在持续发酵。对政府补贴持正效应的观点认为，政府补贴有助于弥补和改善技术创新过程中伴随的市场失灵现象（Czarnitzki et al.,

2011），带动和激励企业这一重要创新主体的创新投入，加大开展研发和创新活动的力度，从而促进技术创新（Romano，1989；Carboni，2011；解维敏等，2008；陆国庆等，2014；张杰等，2015；杨洋等，2015；郭玥，2018）。对政府补贴持负效应的观点则认为，政府的选择性补贴政策对企业自有资金的创新投入会产生挤出效应（Mamuneas and Nadiri，1996；章元等，2018；白旭云等，2019），政府和企业之间的信息不对称问题也会使得政府补贴产生逆向引导效应，企业存在一定程度的"寻扶持""寻补贴"行为（安同良等，2009；肖兴志和王伊攀，2014；毛其淋和许家云，2015）及策略性创新行为（黎文靖、郑曼妮，2016），从而削弱政府补贴产生的创新激励效应。此外，还有一类研究认为，政府补贴对企业创新具有非线性影响效应，政府补贴存在最优额度（戴小勇、成力为，2013；刘子諝等，2019；尚洪涛、黄晓硕，2019）。除此之外，政府补贴项目中，创新补贴和非创新补贴两类不同的补贴项目对于企业创新可能会存在非对称影响关系，创新补贴与企业创新数量呈倒 U 形关系，而非创新补贴与企业创新数量正相关（吴伟伟、张天一，2021）。企业存在一个最优的 R&D 补贴规模区间，R&D 补贴带来的创新绩效会随着外部经济条件的变化发生反转。"普惠式"的政府补贴政策与"竞争式"的税收优惠政策相比，有着各自不同的优势区间。中国的政府补贴政策总体有效，对于高技术产业的 R&D 补贴，其绩效表现更为显著（安同良、千慧雄，2021）。政府补贴与税收优惠两种政策工具的组合实施可能会降低企业的创新能力，其原因在于，二者的组合实施更加强化了政企之间的"逆向选择"问题，导致企业"寻租行为"的发生，进而产生对企业研发资金配置的双重"挤出效应"（王桂军、张辉，2020）。Zúñga-Vicente 等（2014）对有关企业层面实证文献的统计分析发现，63% 的研究认为政府补贴对企业研发投入的增加产生挤入效应，但同时仍有超过1/3的研究发现政府补贴对企业R&D投入表现出挤出效应，或者二者间不产生影响。

研究结论的不一致，一方面，可能是由于不同行业、不同地域、中央各部委及不同地方政府之间的补贴政策在制度背景、补贴规模、补贴对象选择、政企之间的信息不对称程度，以及补贴资金监管等多方面因素存在的差异性导致的。2013年11月，财政部与科技部出于提高政府创新补贴资金利用效率的目的，发布了《国家科技计划及专项资金后补助管理规定》。该规定中明确提出，对于政府帮助和引导企业开展的相关科研项目，应先由企业方面提出需求、立项并开展研发活动，然后再由政府根据企业研发成果的技术先进性及项目取得的经济效益，采用"研发后补助"的方式发放补贴资金，以期形成由市场决定创新项目和资金分配、评价成果的补贴机制设计模式。在该项政策的推动下，中央、省级、市级政府科技创新项目逐步开始采用"研发后补助"的形式，使政府创新补贴资金的发放与企业创新质量相挂钩，引导企业和科研机构逐渐从"重数量、轻质量"的策略性创新行为转变为"重数量，也重质量"的实质性创新行为，进而从制度设计的源头上减少企业以骗补为目的的补贴申请。应千伟和何思怡（2021）对高新技术企业样本的研究也验证了2013年开始的"研发后补助"政策设计，能够有效缓解政府研发补贴对企业创新行为的扭曲现象。

另一方面，通过对已有研究进行梳理我们发现，绝大多数文献都是用政府一般性补贴总额替代创新补贴金额，来研究政府补贴对企业创新投入或者创新产出的作用。通过对目前中国政府发放的各类补贴种类进行分类梳理后，我们发现中国政府对企业的各项补贴种类繁多，既包括各种创新创业类补贴，也包括地方政府招商引资、污染治理、财政贡献奖励、行业标准补贴和两化融合项目补贴等各类非创新类补贴。已有研究中部分关于政府补贴会抑制企业创新的结论很有可能是因为，他们在进行政府补贴这一关键研究变量的度量过程中没有将企业收到的非创新补贴剔除，从而在一定程度上影响了研究结论。

为了准确探究政府创新补贴对产业政策支持下企业协调创新水平的影响，本书通过手工搜集和数据筛选处理工作，将政府补贴区分为"创新补贴"和"非创新补贴"两类，在后续研究过程中既可以去除非创新补贴的影响，又能够将创新补贴作为政府激励企业研发创新的一个更加精准的手段或措施，将产业政策、创新补贴与企业协调创新放在一个研究框架中，进一步深入展开研究。政府对产业政策支持行业下的企业发放创新补贴的目的在于促进企业开展能够为社会带来更多正效应的研发创新活动，增强企业创新意愿，推动产业加速向前发展（陈玲、杨文辉，2016）。政府补贴对企业创新的影响机制，从理论层面可以将其进一步总结为资源属性（资源获取通道）和信号属性（信号传递通道）两个方面（杨洋等，2015）。

从资源属性的层面来看，创新补贴对企业 R&D 投入具有挤入和挤出双重效应。一方面，政府补贴可以通过补充企业创新资源（Tether，2002），降低企业研发创新成本，解决企业创新积极性不高和创新成果外部性强等问题（任曙明、吕镯，2014），进一步引导和激励企业开展研发创新活动。创新补贴对企业创新具有显著正向激励作用（解维敏等，2009），尤其是对中小企业和民营企业的研发创新活动（杨洋等，2015），同时对企业创新质量的提升（Clausen，2009）和创新能力的提高（傅利平、李小静，2014）也具有促进作用。另一方面，政府补贴对企业私人投资可能会产生挤出效应（张杰，2020），降低自有研发资金投入，进而带来研发效率下降、企业经济效益降低（周燕、潘遥，2019）等问题。从信号属性的层面来看，政府补贴会向外部投资者传递企业"受认可""获扶持"的积极信号（Chen et al.，2018），能够告诉外界企业具有良好的创新项目和较强的创新能力（Feldman and Kelley，2006），有助于吸引外部投资者对企业投资（Takalo and Tanayama，2010），缓解企业融资约束问题，补充企业创新所需资源（Kleer，2010）。

综合来说，获得政府产业政策支持和创新补贴的企业更能向外界传递企业"受扶持"的积极信号。随着企业获得的创新补贴数量的增加，企业会进行更多的研发创新活动，增加企业创新产出，政府创新补贴对企业创新主要表现为挤入效应；当企业有大量的研发创新活动和创新产出时，企业又会获得更多的政府创新补贴，也就是说，政府创新补贴和企业研发创新之间是一种相互补充、相互促进的关系。当政府对企业创新补贴的规模达到一定临界值之后，会对企业创新产生更强的挤入效应。

基于以上分析，本书提出研究假设 H5：

H5：获得政府产业政策支持和创新补贴的企业更能向外界传递企业"受扶持"的积极信号。随着政府创新补贴力度的增强，受产业政策支持企业的协调创新水平表现为显著正向且边际递增的非线性特征。

3.4　本章小结

本章对本书研究的基本问题做了理论上的分析，并提出了对应的研究假说。

本章首先从产业政策的创新激励效应和创新抑制效应，创新数量、创新质量与创新速度的互动协调，产业政策对企业协调创新的影响机理三个层面搭建本书的理论分析框架；然后分别基于企业特征、地区特征和制度环境视角展开产业政策影响企业协调创新的非均衡性分析；最后，将政府创新补贴、产业政策与企业协调创新放在一个研究框架中，进一步地，展开政府创新补贴对产业政策支持下企业协调创新水平影响的非线性调节效应分析。

理论分析表明，产业政策对企业创新的影响主要表现为激励效应；企业创新数量、创新质量和创新速度之间存在耦合协调效应；政府产业政策可以通过融资约束、市场竞争和人才集聚机制正向促进企业协调创新；企业自身产权性质、规模大小、所处生命周期等特征的不同，地区经济发展、金融科技发展水平的不同，以及市场化程度、要素市场扭曲程度、营商环境等制度环境的差异会影响企业在面对产业政策扶持时的不同创新行为表现，继而使得企业的协调创新水平呈现出显著非均衡性特征；政府创新补贴在产业政策对企业协调创新的影响过程中存在非线性调节效应。

第 4 章

现状分析：经验检验的变量测算与演化趋势

4.1 样本选择与数据来源

本书选取 2008—2017 年沪深 A 股上市公司为研究样本，使用的产业政策数据来自《中华人民共和国国民经济和社会发展第十一个五年规划纲要》（以下简称"十一五"规划）、《中华人民共和国国民经济和社会发展第十二个五年规划纲要》（以下简称"十二五"规划）、《中华人民共和国国民经济和社会发展第十三个五年规划纲要》（以下简称"十三五"规划）；企业研发创新和财务数据来自 CSMAR 数据库和 WIND 数据库，其中，企业专利申请及授权数据均来自 CSMAR 提供的上市公司与子公司专利数据库，研发投入数据来自 CSMAR 提供的上市公司研发创新数据库，员工构成数据来自 WIND 数据库，其余财务数据均来自 CSMAR 数据库；市场化指数来自王晓鲁等编写的《中国分省份市场化指数报告（2018）》；营商环境指数来自王晓鲁等编写的《中国分省企业经营环境指数 2020 年报告》；人均 GDP、财政支出占比、GDP 增速和地方金融发展等数据来自历年《中国统计年鉴》。本书选择 2008—2017 年作为样本考察期，原因在于 CSMAR 数据库中上市公司及子公司专利数据库这个子库的数据目前只更新到 2017 年 12 月 31 日。本书实证分析中用到的企业创新产出和协调创新数据度量基础均来自这个数据库子库中提供的上市公司及子公司的各项专利申请及授权数量。

基于数据可靠性的考虑，本书对原始数据做了如下处理：①剔除金融行业企业；②剔除 ST 类、*ST 类企业；③剔除核心变量缺失的企业。最终得到 1 240 家企业 12 400 个企业-年度观测值的平衡面板数据。此外，本书使用 SA 指数测度企业的融资约束程度，计算并形成上市公司融资约束指标；采用赫芬达尔指数（HHI）作为市场竞争的代理变量，计算并形成上市公司市场竞争度指标；采用员工构成中硕士及以上学历人数占比测度企业人才聚集程度，计算并形成上市公司人才聚集指标。同时，本书利用CSMAR提供的财务报表附注数据库中"营业外收入"科目下的政府补贴明细项目，运用关键词检索的方法，最终确定属于政府创新补贴范畴的项目，然后加总得到样本企业各年度的创新补贴总额，对不属于创新补贴范畴的项目加总得到样本企业非创新补贴总额，形成上市公司政府创新补贴和非创新补贴指标。本书对全部连续性变量进行1%双侧缩尾处理，以剔除可能存在的异常值对回归结果的影响。

4.2 变量测算

4.2.1 产业政策的测度

产业政策的定量评估是产业政策研究的一个重要问题。2010年之前主要从理论分析和定性研究的角度展开产业政策的研究（潘士远、金戈，2008），2010年之后，随着产业政策各种定量测度方法的运用，关于产业政策的定量研究数量逐年增加。目前产业政策的定量测度方法主要有如下五种：

第一，将政府补贴、银行信贷、税收优惠等产业政策工具等同于产业政策，直接用各种产业政策工具来测度产业政策（黄先海等，2015；孙早等，2015；Aghion等，2015）。

第二，从与产业政策相关的行政法规、部门规章数量的角度来刻画产业政策。根据我国法律法规库的数据，对各省市每年涉及产业政策的法律法规文件进行汇总整理，统计出各省市相应的产业政策文件累计数，作为产业政策强度指标的刻画依据（韩永辉等，2017）。

第三，通过构造重要产业区位（如经济技术开发区、高新技术产业开发区等）的虚拟变量来测度产业政策，当企业符合对应区位的产业定位时，赋值为1，否则为0（沈鸿、顾乃华，2017）。

第四，利用国家发展和改革委员会网站公布的产业政策专项文件，通过"鼓励""发展"等关键词确定产业政策支持范围（黎文靖、郑曼妮，2016）。

第五，通过阅读整理政府五年规划纲要文件，根据其中"工业发展规划"、"推进产业结构优化升级"或"优化现代产业体系"等章节中提到的"鼓励""支持""重点发展"等具体行业内容作为受支持行业，获取政府产业政策支持信息，确定产业政策支持行业（陈冬华，2010；宋凌云、王贤彬，2013；余明桂等，2016；张莉等，2017；杨继东、罗宝路，2018；蔡庆丰、田霖，2019；赵婷、陈钊，2019）。

从产业政策的五种主要测度方法看，第一种测度方法虽然有一定的意义，但也存在较大局限性，实践中由于政府的产业政策工具众多，政府可能会同时实施不同的政策工具组合，造成在测度过程中对不同政策工具难以单独度量或者难以有效区分的问题。此外，将产业政策工具的效果直接等同于产业政策效应，可能会夸大这种政策工具的影响。第二种测度方法统计了产业政策相关法规文件的数量，可能难以包括全部的文件，产业政策定量评估的结果存在一定程度的偏差。第三种测度方法利用开发区的设定构造产业区位变量，与本书的研究主题存在较大偏差，不适合采用。第四种与第五种测度方法相比，第五种测度方法更适合作为政府进行产业规划，实施产业政策的测度依据（蔡庆丰、田霖，2019）。五年规划是政府通过"有形之手"影响资源配置、调整产业结构并扶持相关产业发展的产业政策的重要实施办法（吴意云、朱希伟，2015）。

本书基于国家发布的"十一五""十二五""十三五"五年规划文件，通过详细的文本分析与解读，将文件中出现"鼓励""支持""重点发展"或"鼓励创新""大力扶持""新兴产业"等字眼的行业作为被扶持行业，设置三位数行业代码，通过构建产业政策虚拟变量 *IP* 来度量产业政策。当样本企业所处的行业年度在产业政策支持范围内时，则 *IP* 赋值为1，否则为0。本书之所以采用"五年规划"作为产业政策的度量方式开展研究，主要原因是考虑到数据的可获得性和现有主流研究方法，采用"五年规划"进行度量不仅具有可行性，而且这种测度方式具有一定的文献基础，目前较多的文献采用这一方法研究产业政策对微观企业的影响，是产业政策度量的主流方法之一。

根据中央"十一五""十二五""十三五"三个五年规划文件，本书对其中"工业发展规划"、"推进产业结构优化升级"或"优化现代产业体系"等章节中提到的"鼓励""支持""重点发展"的行业名称和产品内容进行梳理，对应到国民经济行业分类代码（《国民经济行业分类》（GB/T 4754—2017）），由此梳理出三个五年规划时期中央支持的重点发展产业[1]，见表4-1所示。由于在"十二五"规划中提出培育战略性新兴产业，"十三五"规划中又重点提出发展战略性新兴产业，本书以《战略性新兴产业分类（2012）》为基础，对国民经济行业分类中符合战略性新兴产业的相关行业与战略性新兴产业之下的七个行业大类进行了手工匹配。在分类过程中，因为战略性新兴产业之下的新材料行业涉及的细分行业和细分领域范围太大，故本书在进行国民经济行业类别的匹配时，只就其涉及最多的五个行业类别，如非金属矿物制品业、金属制品业、化学原料和化学制品制造业及有色金属冶炼和压延加工业等进行对应匹配。

---

① 详情见"十一五"规划、"十二五"规划和"十三五"规划。

表 4-1   "十一五"至"十三五"时期中央的重点支持产业

	中央支持产业	涉及的产业领域	国民经济行业分类	行业代码(GB/T 4754—2017)
"十一五"时期(2006—2010)	发展高技术产业	航空航天产业	航空航天设备制造业	C37
		交通运输设备制造业	铁路、船舶和其他运输设备制造业	C37
	提升电子信息制造业	信息技术服务业	信息传输、软件和信息技术服务业	I63、I64、I65
		电子信息制造业	通信设备制造业、计算机及其他电子设备制造业	C39
	培育生物产业	生物产业	医药制造业	C27
	发展新材料产业	新材料产业	化学原料和化学制品制造业、非金属矿物制品业、黑色金属和有色金属冶炼和压延加工业、金属制品业	C26、C30、C31、C32、C33
	振兴装备制造业	重大技术装备业	通用设备制造业	C34
		船舶工业	专用设备制造业	C35
		汽车产业	汽车制造业、电气机械和器材制造业	C36、C38
	发展交通运输业	运输业	铁路、水上、航空运输业	G53、G55、G56
"十二五"时期(2011—2015)	发展高技术产业	航空航天产业	航空航天和其他运输设备制造业	C37
		高端装备制造业	通用设备制造业、专用设备制造业、电气机械和器材制造业、仪器仪表制造业	C34、C35、C38、C40

	中央支持产业	涉及的产业领域	国民经济行业分类	行业代码（GB/T 4754—2017）
"十二五"时期（2011—2015）	培育战略性新兴产业	节能环保产业	节能环保技术服务、环境与生态监测、生态保护和环境治理业	M74、M75、N77
		生物产业	生物育种、医药制造业、生物医学工程信息技术服务、生物农业相关服务	A05、C27、M73
		新能源	风力、核力、太阳能电力生产	M74、D44
		新材料	化学原料和化学制品制造业、非金属矿物制品业、黑色金属和有色金属冶炼和压延加工业、金属制品业	C26、C30、C31、C32、C33
		新能源汽车	交通运输设备制造业、电气机械和器材制造业、通信系统设备制造、仪器仪表制造业、工程和技术研究和试验发展	C36、C37、C38、C39、C40、M73
	发展信息技术和信息服务	新一代信息技术	通信设备制造业、电气机械和器材制造业、计算机及其他电子设备制造业、软件和信息技术服务业	C35、C38、C39、I65
"十三五"时期（2016—2020）	数字创意产业	新一代信息技术	通信设备制造业、电气机械和器材制造业、计算机及其他电子设备制造业、软件和信息技术服务业	C35、C38、C39、I65

	中央支持产业	涉及的产业领域	国民经济行业分类	行业代码(GB/T 4754—2017)
"十三五"时期(2016—2020)	支持战略性新兴产业	生物产业	生物育种、医药制造业、生物医学工程信息技术服务、生物农业相关服务	A05、C27、M73
		新能源	风力、核力、太阳能电力生产	M74、D44
		新材料	化学原料和化学制品制造业、非金属矿物制品业、黑色金属和有色金属冶炼和压延加工业、金属制品业	C26、C30、C31、C32、C33
		新能源汽车	交通运输设备制造、电气机械和器材制造业、通信系统设备制造、仪器仪表制造业、工程和技术研究和试验发展	C36、C37、C38、C39、C40、M73
		节能环保	节能环保技术服务、环境与生态监测、生态保护和环境治理业	M74、M75、N77
	发展高端装备产业	高端装备制造业	通用设备制造业,专用设备制造业,铁路、船舶、航空航天和其他运输设备制造业,仪器仪表制造业	C34、C35、C37、C40
	发展现代互联网产业	大数据、云计算物联网、服务业	软件和信息技术服务业互联网和相关服务业	I63、I64、I65 M74、M75

4.2.2　企业创新的测度

如前所述，从现有研究看，学术界对于企业创新的定量分析是从多个层面、多种测度方法进行的，主要从企业研发投入、专利产出、新产品销售收入和科研人员数量等方面来衡量企业的创新水平。学术界很早就开始关注创新数量，最早对创新数量的研究就是对企业创新总量进行定量测度。后来随着创新质量概念的提出，学术界认为对企业创新能力的评价不仅要考察创新的数量，更应考虑创新的质量。

本书在研究中采用企业专利申请的数量、专利质量和专利产出的速度来刻画企业创新水平。我国专利类型包括发明专利、实用新型专利和外观设计专利三种。其中，发明专利的科技含量及创新程度最高，需要经过实质性审查，授权难度最大；而实用新型专利和外观设计专利的创新含量相对较低，且只需要形式审查，申请授权率接近100%。本书在后续研究中采用专利申请总量加1取对数后的数值来衡量企业创新数量（InnoN），采用发明专利的申请数量与专利申请总量之比来衡量企业创新质量（InnoQ），采用本期专利申请数量与上期专利申请数量之比来衡量企业创新速度（InnoS）。此外，本书采用专利授权总量加1取对数后的数值、发明专利授权数量与专利授权总量之比、本期专利授权总量与上期专利授权总量之比分别作为创新数量、创新质量和创新速度的替代变量进行稳健性检验。

4.2.3　企业协调创新的测度

如前所述，从耦合协调理论的角度看，在企业长期的创新活动中，创新大系统下的创新数量、创新质量与创新速度这三个子系统之间并不是一种相互抵消、此消彼长的矛盾关系，更应是一种相互促进、相互影响、协调发展的关系。因此，将创新数量、创新质量和创新速度三者置于同一研究框架下，分析其两两之间和三者之间的互动协调关系极为必要。基于耦合和协调的概念及耦合协调理论，本书将企业创新数量、创新质量和创新速度三个子系统通过各自的要素产生的相互促进、相互影响，达到互动联合的状态定义为企业协调创新，并采用耦合度模型和耦合协调度模型来测度企业创新数量、创新质量和创新速度两两之间和三者之间耦合协调作用的强弱程度。具体测算步骤如下：

1）数据标准化处理

由于各指标的量纲不统一，因此，首先要对样本原始数据进行无量纲化处理。设 x_{si} 为创新数量、创新质量和创新速度各系统第 i 个指标的取值[①]，x_{si}' 为标准化后的数值，计算公式如式（4-1）、式（4-2）所示：

$$正向指标：x_{si}' = \frac{x_{si} - \min(x_{si})}{\max(x_{si}) - \min(x_{si})} \tag{4-1}$$

$$负向指标：x_{si}' = \frac{\max(x_{si}) - x_{si}}{\max(x_{si}) - \min(x_{si})} \tag{4-2}$$

当 s 取 a 时，表示创新数量；当 s 取 b 时，表示创新质量；当 s 取 c 时，表示创新速度。

2）确定子系统的综合水平指数

设 λ_{ai}、λ_{bi}、λ_{ci} 分别表示创新数量、创新质量和创新速度的第 i 个指标的权重，在对权重进行确定时，本书借鉴葛鹏飞等（2020）的研究，使 λ_{ai}、λ_{bi}、λ_{ci} 的权重各自取 1/3，从而分别得到创新数

---

① 由于部分样本企业专利数量为0，使得创新数量、创新质量和创新速度的原始数据为0，进而导致标准化后的数据也为0，为了便于进行耦合度和耦合协调度计算，本书对创新数量、创新质量和创新速度标准化处理后的数值各自加0.0001。

量、创新质量和创新速度的综合水平指数，计算公式如式（4-3）所示：

$$Z_S = \sum_{i=1}^{n} \lambda_{s_i} X'_{s_i}, \quad \sum_{i=1}^{n} \lambda_{s_i} = 1 \qquad (4-3)$$

3）耦合度模型

两个系统间的耦合度模型如式（4-4）所示：

$$C_{ab} = 2 \times \left[Z_a Z_b \Big/ \left(Z_a + Z_b \right)^2 \right]^{1/2} \qquad (4-4)$$

三个系统间的耦合度模型如式（4-5）所示：

$$C_{abc} = 3 \times \left[Z_a Z_b Z_c \Big/ \left(Z_a + Z_b + Z_c \right)^3 \right]^{1/3} \qquad (4-5)$$

式中：C_{ab} 表示创新数量、创新质量和创新速度系统两两之间的耦合度值；C_{abc} 表示创新数量、创新质量和创新速度系统三者之间的耦合度值；各自的取值范围均在［0，1］之间。

4）耦合协调度模型

耦合度反映了系统之间相互作用的强弱程度，但是该指标无法进一步确定系统之间耦合的良性程度。在系统各自的评价指标都很低的情况下，利用耦合度模型计算得到的耦合度值也能很高，因此，有必要在耦合度计算的基础上进一步判断系统之间的协调程度。耦合协调度是指系统间协调一致、良性互动的关系。

两个系统之间的耦合协调度模型如式（4-5）、式（4-6）所示：

$$D_{ab} = \left(C_{ab} \times T_{ab} \right)^{1/2} \qquad (4-6)$$

$$T_{ab} = \alpha Z_a + \beta Z_b \qquad (4-7)$$

式中：D_{ab} 表示企业创新数量与创新质量及创新质量与创新速度两两之间的耦合协调度值，其取值范围在［0，1］之间，D_{ab} 取值越高说明两个系统之间的耦合协调程度越高，反之则说明其耦合协调程度越低；C_{ab} 为根据式（4-4）计算得到的两个系统之间的耦合度指标；T_{ab}为两个系统的综合调合指数，它反映了两个系统的整体协调效应或贡献值；α、β代表各自的贡献程度，α、β之和等于1，计算过程中取$\alpha=0.5$，$\beta=0.5$。

三个系统之间的耦合协调度模型如式（4-8）、式（4-9）所示：

$$D_{abc} = \left(C_{abc} \times T_{abc} \right)^{1/2} \tag{4-8}$$

$$T_{abc} = \alpha Z_a + \beta Z_b + \gamma Z_c \tag{4-9}$$

式中：D_{abc}表示企业创新数量、创新质量和创新速度三个系统之间的耦合协调度值，其取值范围在［0，1］之间，D_{abc}取值越高说明三者的耦合协调程度越高，反之则说明耦合协调程度越低；C_{abc}为根据式（4-5）计算得到的三个系统之间的耦合度指标；T_{abc}为三个系统的综合调合指数，它反映了三者间的整体协调效应或贡献值；α、β、γ代表各自的贡献程度，α、β、γ之和等于1，本书在计算过程中取$\alpha=1/3$，$\beta=1/3$，$\gamma=1/3$。

由于企业创新数量、创新质量和创新速度三者之间存在着相互关联的互动效应，在研究过程中通过对企业创新数量、创新质量和创新速度三个子系统耦合协调度的定量测度，检验分析三者间的互动协调程度。

本书在研究中为了进一步区分不同企业协调创新水平的高低等级，参考葛鹏飞等（2020）的分类标准，将耦合度和耦合协调度划分为4个层次，见表4-2。

表4-2   **耦合度与耦合协调度评价标准**

耦合度	耦合水平	耦合协调度	协调水平
［0，0.3）	低度耦合协调	［0，0.3）	低度协调
［0.3，0.5）	中度耦合协调	［0.3，0.5）	中度协调
［0.5，0.8）	良性耦合协调	［0.5，0.8）	高度协调
［0.8，1］	高度耦合协调	［0.8，1］	高度协调

4.2.4 控制变量的说明

现实经济中会有诸多因素对企业创新活动产生影响，为获取更为准确的估计结果，本书对控制变量的选取主要参照余明桂等（2017）的研究，对于企业和地区层面的如下重要影响因素予以控制：①企业规模（$Size$），以公司年末总资产的自然对数表示；②企业年龄（Age），自企业成立开始按月计算；③总资产报酬率（Roa），以净利润与年末总资产的比率表示；④固定资产比率（$Fixs$），以固定资产占总资产的比率表示；⑤资产负债率（Lev），以年末负债总额与资产总额的比率表示；⑥主营业务收入（$Inco$），以主营业务收入取对数表示；⑦股权集中度（Cen），以前十大股东持股比率之和表示；⑧经济发展水平（Eco），以各地区各年人均GDP取对数表示；⑨财政支出占比（Gov），以各地区财政支出/GDP表示；⑩地区金融科技发展水平（$Finc$），以各地区金融机构存贷款金额/GDP表示。详细的变量定义与描述性统计结果参见表4-3。

表4-3　　　　　　　　**变量定义与描述性统计结果**

变量名	变量定义	样本数	均值	标准差	最大值	最小值
IP	产业政策	12 400	0.547	0.498	1.000	0.000
$InnoN$	创新数量	12 400	2.062	1.899	6.967	0.000
$InnoQ$	创新质量	12 400	0.300	0.334	1.000	0.000
$InnoS$	创新速度	12 400	1.010	1.796	12.000	0.000
$InnoNQ$	创新数量与创新质量的协调	12 400	0.109	0.089	0.695	0.022
$InnoQS$	创新质量与创新速度的协调	12 400	0.132	0.107	0.670	0.022
$InnoNQS$	创新数量、创新质量和创新速度的协调	12 400	0.164	0.086	0.493	0.070

变量名	变量定义	样本数	均值	标准差	最大值	最小值
Size	企业规模	12 400	22.234	1.412	26.135	18.974
Age	企业年龄（月）	12 400	204.725	61.602	354.000	60.000
Roa	总资产报酬率	12 400	0.252	0.189	0.765	0.001
Fixs	固定资产比率	12 400	0.375	0.288	0.964	0.000
Lev	资产负债率	12 400	0.360	0.155	0.761	0.084
Inco	主营业务收入	12 400	21.575	1.623	25.616	16.547
Cen	股权集中度	12 400	0.360	0.155	0.761	0.084
Eco	经济发展水平	12 400	11.107	0.584	12.140	9.418
Gov	财政支出占比	12 400	0.156	0.065	0.464	0.066
Finc	地区金融科技发展水平	12 400	3.725	1.764	19.461	0.560

4.3 企业创新与协调创新的特征事实与演化趋势

企业创新是面对激烈市场竞争时的一种自主应对措施，通过持续的研发创新投入和创新产出，一方面可以提升企业声誉，向市场传递企业发展良好的信息；另一方面可以将各项创新产出、技术优势转化为市场优势。企业的实质性创新行为由于技术的独占性和关键信息的隐藏可以为企业带来巨大收益（Arrow，1962）。

本部分通过分析我国企业的创新数量、创新质量、创新速度三种创新产出变量，以及其两两之间或者三者之间的协调创新情况，使我们可以直观地了解我国企业创新与协调创新水平的总体特征，不同所有制、不同生命周期、不同地区及不同经济带企业创新活动的特征和演化趋势。

4.3.1 企业创新与协调创新的总体特征与演化趋势

专利作为创新产出的重要组成部分，高质量发明专利的取得和运用和专利所具有的知识溢出效应，是创新推动技术进步，进而促进经济增长的关键环节。

1) 企业专利构成的特征与演化趋势

2008 年以来，我国取得的专利总量整体呈增长趋势。由表 4-4 可知，从"十一五"到"十二五"再到"十三五"时期，样本企业专利申请数量呈现逐年上涨态势，发明专利、外观设计专利和实用新型专利等各项专利申请量一直稳步增长，发展态势良好。受产业政策支持的企业（IP=1）与未受产业政策支持的企业（IP=0）相比，各项专利申请数量的差距在逐渐拉大，其中，发明专利申请量的差距最大。

表 4-4   "十一五"、"十二五"和"十三五"
时期企业各项专利数据的均值特征

变量	"十一五"			"十二五"			"十三五"		
	全样本	IP=1	IP=0	全样本	IP=1	IP=0	全样本	IP=1	IP=0
发明专利	14.298	18.862	6.532	34.941	45.372	23.851	58.501	95.889	21.112
外观设计专利	11.314	13.117	8.247	30.524	36.293	24.391	45.842	66.768	24.916
实用新型专利	3.34	3.881	2.418	5.238	6.316	4.092	7.085	10.989	3.181
样本量	3 720	2 343	1 377	6 200	3 195	3 005	2 480	1 240	1 240

图 4-1 为 2008—2017 年这 10 年间样本企业发明专利、实用新型专利和外观设计专利的申请数量和授权数量。由此可知，我国上市公

司的专利构成中以发明专利为主，实用新型专利次之，外观设计专利最少。这一点同我国专利现状中"重数量、轻质量""外观设计和实用新型专利较多、发明专利较少"的总体表现有所不同，原因可能在于相对于大部分中小微企业来说，上市公司这一群体总体上属于经营业绩较好、研发投入较多、具有良好发展潜力的企业，其专利构成或者说创新表现总体上好于大多数的中小微企业。各项专利申请数量与专利授权数量相比，申请数量高，而授权数量低，发明专利尤为明显。从 2011 年开始一直到 2017 年，实用新型专利和外观设计专利的申请数量和授权数量基本持平，而发明专利的申请数量和授权数量之间的差距逐渐拉大，在一定程度上也说明了我国专利审查授权机构对于发明专利的审核标准更加趋于严格。

图 4-2、图 4-3 和图 4-4 将样本企业进一步分为受产业政策支持企业（$IP=1$）和不受产业政策支持企业（$IP=0$）两组，分别描述其 2008—2017 年发明专利、实用新型专利和外观设计专利申请数量均值。由图可知，2008—2017 年这 10 年间，受产业政策支持的企业的发明专利、实用新型专利和外观设计专利各项专利申请量均显著高于不受产业政策支持的企业，且二者间的差距逐年拉大。

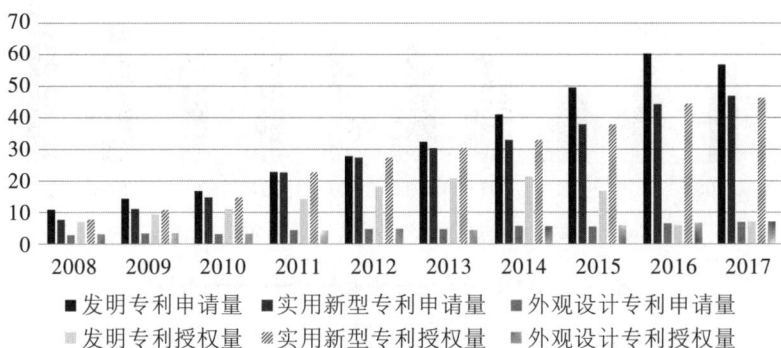

图 4-1　2008—2017 年企业各项专利申请及授权数量

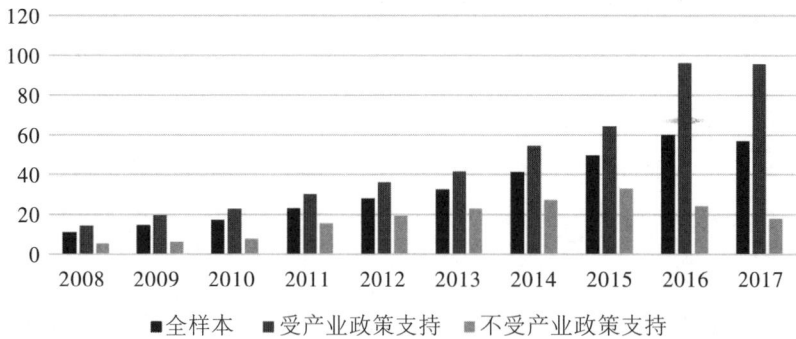

图4-2　2008—2017年企业发明专利数量

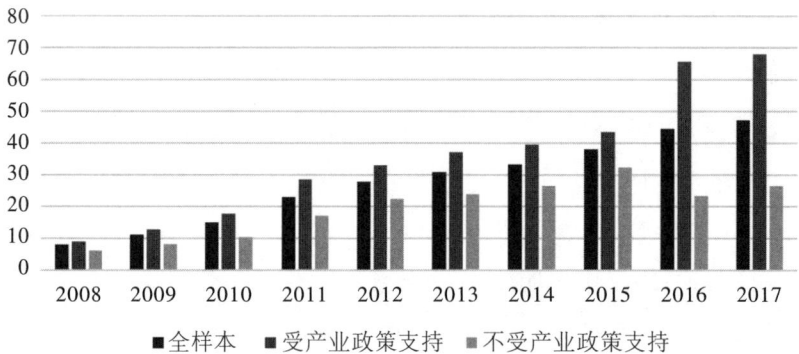

图4-3　2008—2017年企业实用新型专利数量

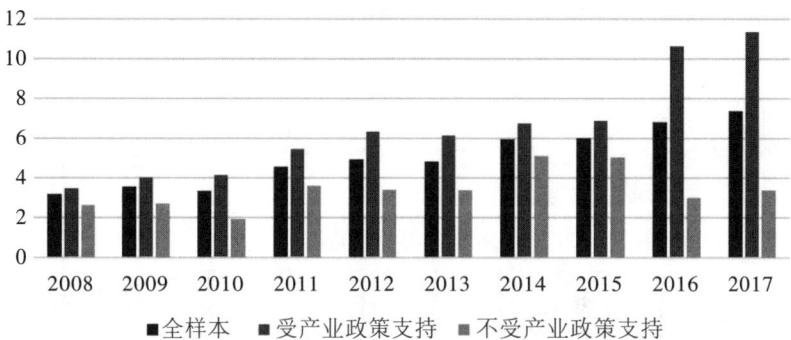

图4-4　2008—2017年企业外观设计专利数量

2）企业创新数量、创新质量和创新速度的特征与演化趋势

企业作为生产经营活动和创新活动的主体，仅仅追求创新数量的增

长是不够的，还需要进一步从核心技术突破和新产品研发周期等方面追求创新质量和创新速度的发展。在对企业创新产出的度量过程中，除了要考虑创新数量之外，还需要考虑创新质量和创新速度。创新数量、创新质量、创新速度三者同为创新产出成果，是企业创新水平的集中体现。

表4-5为"十一五"、"十二五"和"十三五"时期企业的创新数量、创新质量和创新速度均值。由表4-5数据可知，三个五年规划时期，样本企业的创新数量、创新质量和创新速度均值分别由"十一五"时期的28.95件、0.258和0.813，上升到"十二五"时期的70.70件、0.310和1.074，进而再上升到"十三五"时期的111.43件、0.339和1.143，"十二五"时期与"十一五"时期相比，三者的增长幅度分别为144%、20.16%和32.10%，"十三五"时期与"十二五"时期相比，增长幅度分别为58%、9.35%和6.42%。企业创新数量、创新质量和创新速度这三个创新产出变量中，创新数量增长幅度最大，其次是创新质量，最后是创新速度。

表4-5 "十一五"、"十二五"和"十三五"时期企业创新产出的均值特征

变量	"十一五"（2008—2010年）			"十二五"（2011—2015年）			"十三五"（2016—2017年）		
	全样本	*IP*=1	*IP*=0	全样本	*IP*=1	*IP*=0	全样本	*IP*=1	*IP*=0
创新数量	28.95	35.86	17.20	70.70	87.98	52.33	111.43	173.645	49.21
创新质量	0.258	0.277	0.225	0.310	0.383	0.233	0.339	0.428	0.250
创新速度	0.813	0.856	0.741	1.074	1.249	0.887	1.143	1.320	0.967
样本量	3 720	2 343	1 377	6 200	3 195	3 005	2 480	1 240	1 240

图4-5、图4-6和图4-7将样本企业分为受产业政策支持企业和不受产业政策支持企业两组，描述其2008—2017年创新数量、创新质量和创新速度的组间差异。由图可知，2008—2017年这10年间，

受产业政策支持的企业的创新数量、创新质量和创新速度均显著高于不受产业政策支持的企业，二者间的差距逐年拉大，2016—2017年即"十三五"时期两组企业间的创新差距进一步扩大。

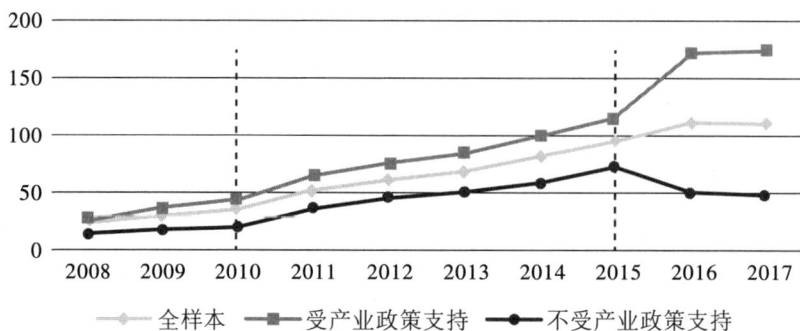

图4-5　2008—2017年企业创新数量变化趋势图

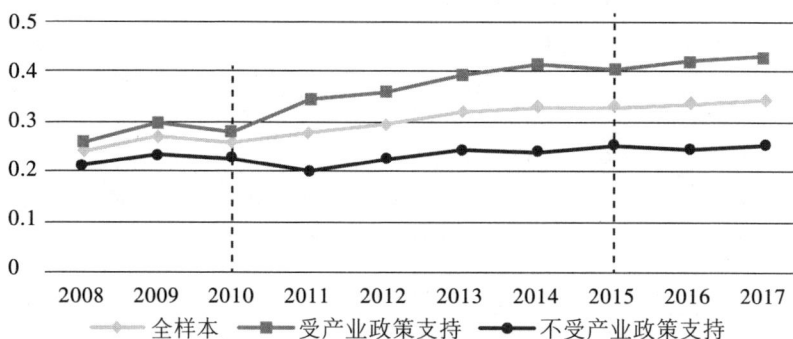

图4-6　2008—2017年企业创新质量变化趋势图

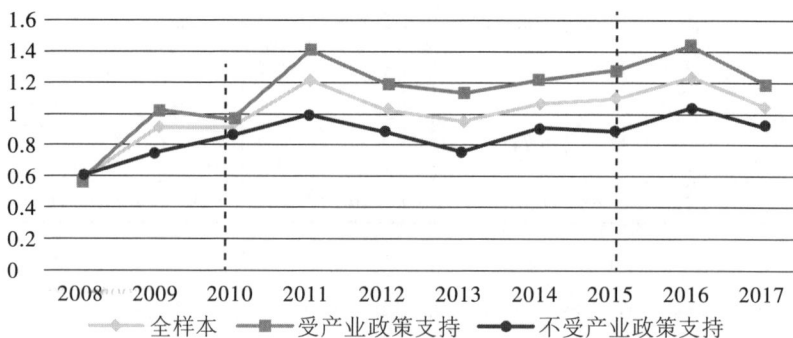

图4-7　2008—2017年企业创新速度变化趋势图

3）企业协调创新水平的特征与演化趋势

创新数量、创新质量、创新速度三者作为创新产出成果，分别从创新的总体规模、实质水平和时间要求等方面对创新进行衡量。在企业长期的研发创新活动中，创新数量、创新质量和创新速度三者之间不应是一种相互抵消、此消彼长的矛盾关系，更应该是一种相互促进、相互影响、协调发展的关系。

表4-6为"十一五"、"十二五"和"十三五"时期企业的创新数量、创新质量和创新速度两两之间及三者之间的协调创新均值。由表4-6中的数据可知，三个五年规划时期，企业协调创新均值 *InnoNQ*、*InnoQS* 和 *InnoNQS* 分别由"十一五"时期的0.086、0.122和0.147，上升到"十二五"时期的0.116、0.138和0.172，进而再到"十三五"时期的0.126、0.132和0.179，"十二五"时期与"十一五"时期相比，增长幅度分别为34.88%、13.11%和17.01%，"十三五"时期与"十二五"时期相比，增长幅度分别为8.62%、−4.35%和4.07%。总体来看，样本期内企业创新数量、创新质量和创新速度三者间的相互作用与相互提升效果在增强，耦合协调度在持续增加，呈现出在波动中增长的趋势，企业的协调创新水平也在逐年增强，但企业总体协调创新水平处于 [0，0.3）的低度耦合区间。

表4-6　"十一五"、"十二五"和"十三五"时期企业协调创新的均值特征

变量	"十一五" （2008—2010年）			"十二五" （2011—2015年）			"十三五" （2016—2017年）		
	全样本	IP=1	IP=0	全样本	IP=1	IP=0	全样本	IP=1	IP=0
InnoNQ	0.086	0.092	0.076	0.116	0.139	0.093	0.126	0.161	0.0905
InnoQS	0.122	0.129	0.109	0.138	0.163	0.112	0.132	0.161	0.1032
InnoNQS	0.147	0.154	0.137	0.172	0.194	0.148	0.179	0.202	0.1416
Obs	3 720	2 343	1 377	6 200	3 195	3 005	2 480	1 240	1 240

为了更直观地观察样本期内企业协调创新水平的分布特征，本书绘制了核密度图4-8、图4-9和图4-10。由这些图可知，考察期内，企业协调创新水平分布状况出现明显改变，具体来看：一是核密度曲线的波峰较为集中，左端尾部逐年下降，说明我国企业协调创新水平整体上呈现出上升的趋势，早期企业协调创新水平存在较大差异，随着产业政策的实施，企业间协调创新水平呈现出趋同特征；二是核密度曲线呈现出波峰逐年降低，而峰尾势差逐渐收窄的趋势，这表明，当前我国企业协调创新表坝出一种低水平的均衡发展状态，企业协调创新水平差异有所缩小。

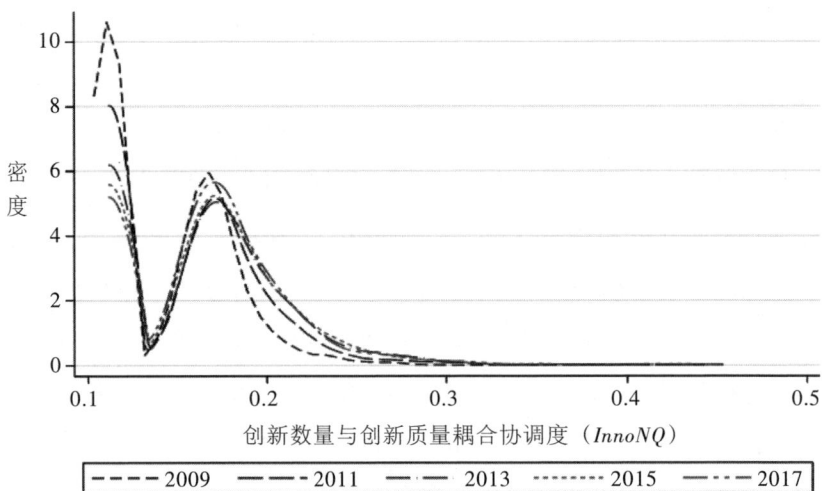

图4-8　创新数量与创新质量的耦合协调（*InnoNQ*）核密度图

为了进一步观察样本期内受产业政策支持和不受产业政策支持企业协调创新水平的组间差异特征，图4-11、图4-12和图4-13分别描述两组企业各年协调创新均值。由图可知，2008—2017年这10年间，受到产业政策支持的企业的协调创新均值均显著高于不受产业政策支持的企业，二者间的差距逐年拉大，2016—2017年即"十三五"时期两组企业的协调创新水平差距进一步扩大，但两组企业总体协调创新水平始终处于 [0，0.3) 的低度耦合区间。

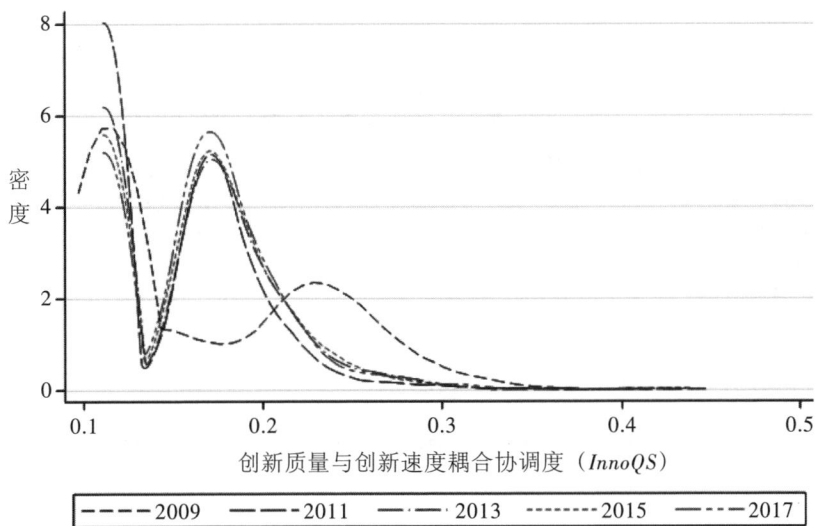

图 4-9　创新质量与创新速度的耦合协调（*InnoQS*）核密度图

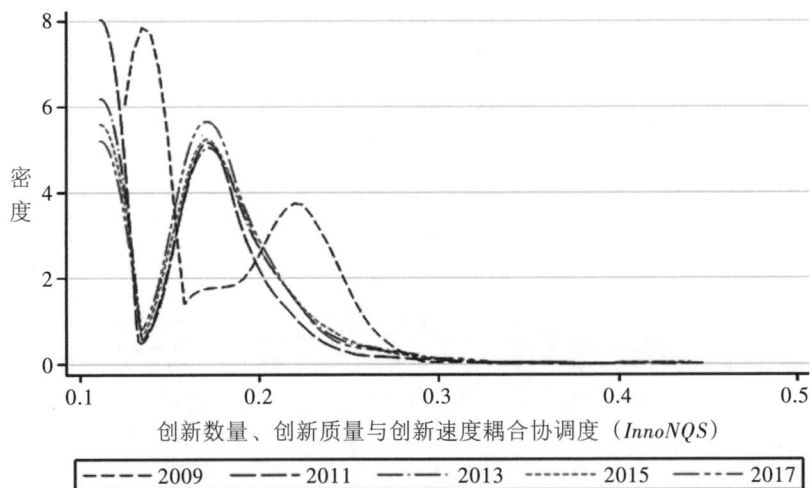

图 4-10　创新数量、创新质量和创新速度的耦合协调（*InnoNQS*）核密度图

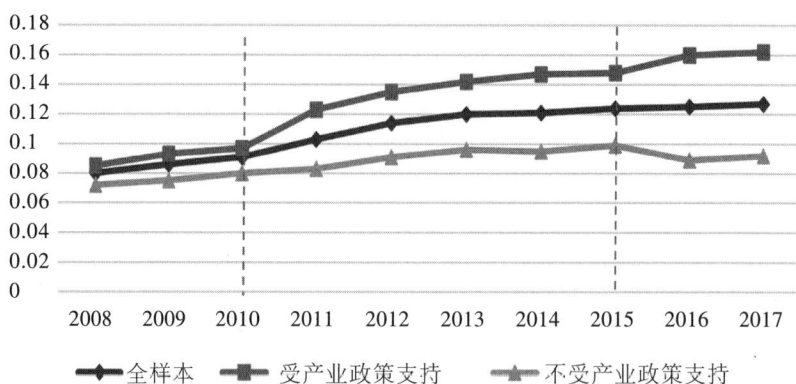

图 4-11　*IP*=1 和 *IP*=0 两类企业创新数量与创新质量的协调（*InnoNQ*）

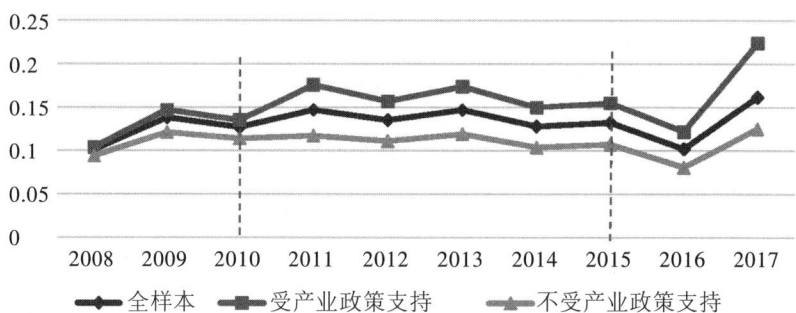

图 4-12　*IP*=1 和 *IP*=0 两类企业创新质量与创新速度的协调（*InnoQS*）

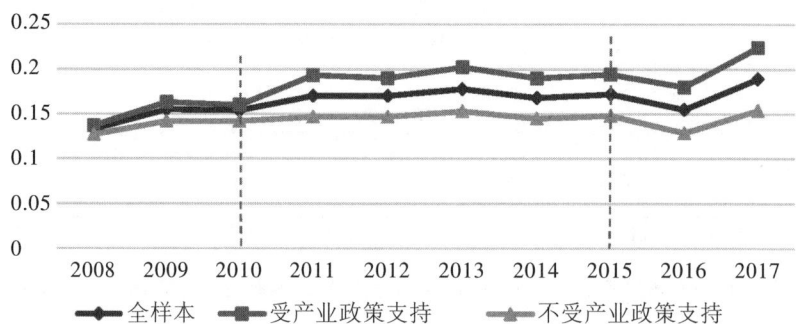

图 4-13　*IP*=1 和 *IP*=0 两类企业创新数量、创新质量与创新速度的协调（*InnoNQS*）

4.3.2　企业创新与协调协调的所有制特征与演化趋势

表4-7为国有和民营两类不同所有制特征企业的创新数量、创新质量和创新速度均值。由表4-7数据可知，12 400家样本企业中，国有企业为7 280家，占比58.71%，民营企业为5 120家，占比41.29%。2008—2017年这10年间国有企业创新数量显著高于民营企业，创新质量基本持平，而创新速度则是民营企业优于国有企业。此外，在两类不同所有制企业中，受产业政策支持的企业（IP=1）与不受产业政策支持的企业（IP=0）相比，创新数量、创新质量和创新速度均存在很大差异。国有企业中创新数量的差距接近68%，民营企业中创新数量的差距甚至达到173%。

表4-7　　　　　**不同所有制企业创新产出的均值特征**

变量	国有企业			民营企业		
	全样本	IP=1	IP=0	全样本	IP=1	IP=0
创新数量	75.24	91.17	54.55	53.65	77.10	28.19
创新质量	0.302	0.342	0.284	0.298	0.374	0.217
创新速度	1.14	1.231	1.022	1.22	1.297	1.037
样本量	7 280	4 113	3 167	5 120	2 665	2 455

图4-14、图4-15和图4-16分别描述了国有和民营两类不同所有制企业中，受产业政策支持和不受产业政策支持这两组企业2008—2017年创新数量、创新质量和创新速度的均值差异。由图可知，2008—2017年这10年间，国有企业和民营企业中受产业政策支持的企业的创新数量和创新质量稳步上升，均显著高于不受产业政策支持的企业，两组企业间的差距逐渐扩大，创新速度存在较小程

度的差异，各年创新速度有升有降，总体表现为在波动中逐步趋于上升的状态。

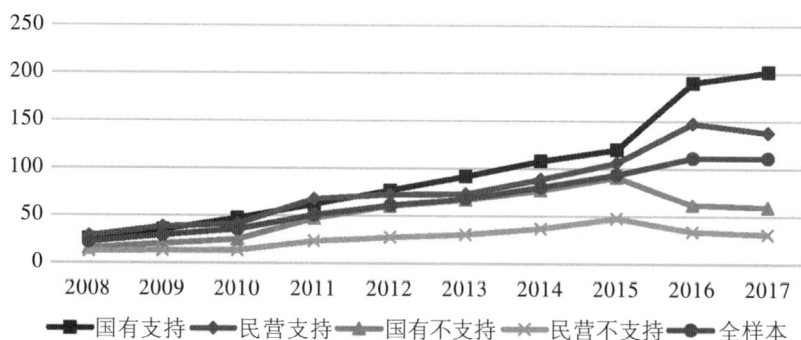

图 4-14　2008—2017 年不同所有制企业创新数量趋势图

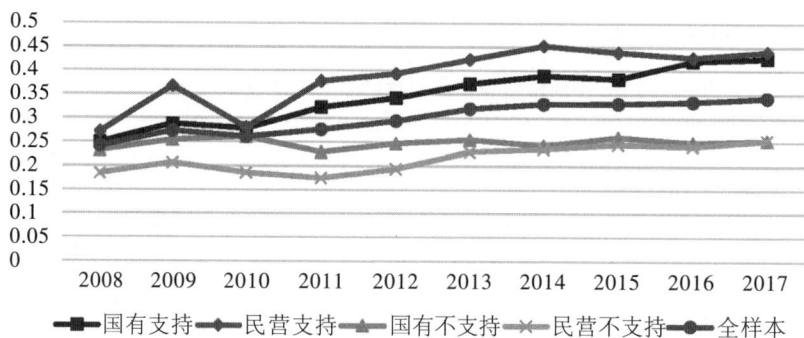

图 4-15　2008—2017 年不同所有制企业创新质量趋势图

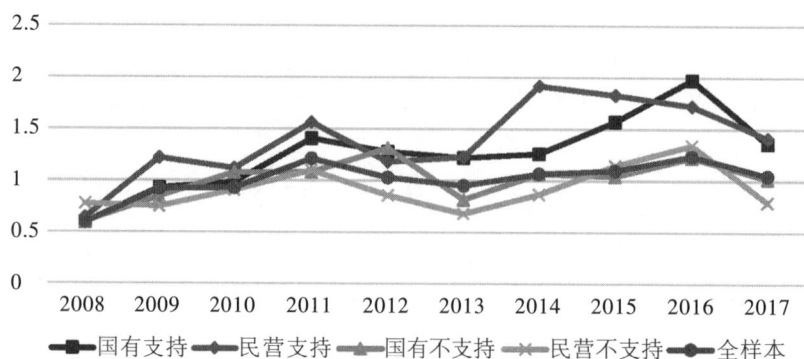

图 4-16　2008—2017 年不同所有制企业创新速度趋势图

表4-8为国有和民营两类不同所有制特征企业中受产业政策支持企业和不受产业政策支持企业的协调创新均值。由表中数据可知，总体来说，国有企业和民营企业的协调创新水平差别不大，对于 *InnoNQ*、*InnoQS* 和 *InnoNQS* 这三个耦合协调度指标均值，国有企业略高于民营企业。此外，国有企业和民营企业中受到产业政策支持的企业与不受产业政策支持的企业相比，*InnoNQ*、*InnQS* 和 *InnoNQS* 存在较大程度差异，民营企业的协调创新水平差距大于国有企业，但两类企业中，无论是国有企业还是民营企业，其协调创新水平始终处于 [0，0.3) 的低度耦合区间。

表4-8   不同所有制企业协调创新水平的均值特征

变量	国有企业			民营企业		
	全样本	*IP*=1	*IP*=0	全样本	*IP*=1	*IP*=0
InnoNQ	0.112	0.128	0.092	0.104	0.124	0.083
InnoQS	0.133	0.148	0.114	0.130	0.154	0.103
InnoNQS	0.167	0.181	0.148	0.164	0.182	0.139
Obs	7 280	4 113	3 167	5 120	2 665	2 455

图4-17、图4-18和图4-19分别描述了国有和民营两类企业中，受产业政策支持和不受产业政策支持这两组企业协调创新指标的均值差异。由图可知，2008—2017年这10年间，受产业政策支持的企业的协调创新均值 *InnoNQ*、*InnoQS* 和 *InnoNQS* 均高于不受产业政策支持的企业，且两组企业之间协调创新水平的差距在逐年拉大。总体来说，2008年以来，国有企业和民营企业的创新产出显著提升，协调创新水平也在稳步上升，总体表现趋于稳定。

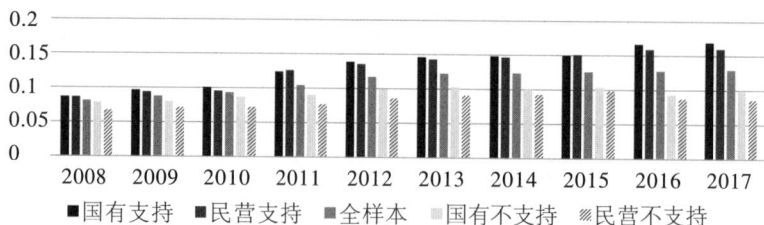

图4-17　不同所有制企业创新数量和创新质量的协调（InnoNQ）

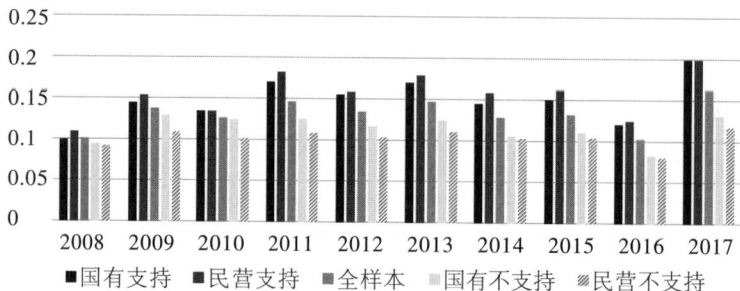

图4-18　不同所有制企业创新质量和创新速度的协调（InnoQS）

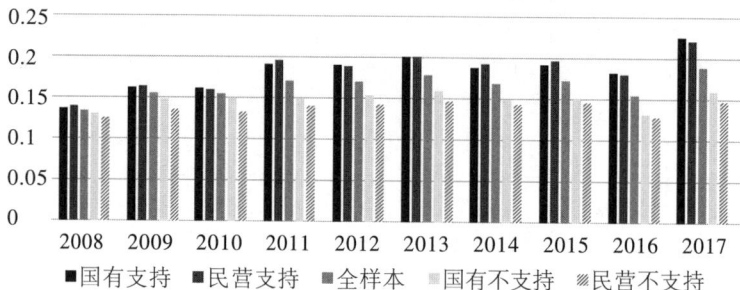

图4-19　不同所有制企业创新数量、创新质量和创新速度的协调（InnoNQS）

4.3.3　企业创新与协调创新的生命周期特征与演化趋势

生命周期理论指出，企业在不同的生命周期阶段，其规模、投融资策略、盈利能力、成长性和研发创新意愿等都会显著不同，获取资源的能力和自主创新的动力亦存在较大差异（解维敏和方红星，2011）。现有文献对于企业生命周期的划分方法较多，较常用的方法可归纳为以下三类：①以企业年龄、规模、盈利能力等指标来划分企业生命周期的单变量法；②综合指标法（Anthony and Ramesh，1992）；③现金流模式法（Dickinson，2011）。本书借鉴 Dickinson 基于现金流的企业生命周期划分方法，将样本企业划分为成长期、成熟期和衰退期三个阶段。当企业处于不同生命周期阶段时，其研发投入、创新产出或者创新成功率等创新特征也都会不同。现金流模式法主要基于企业经营、投资和筹资三类不同活动中产生的现金流量净值，通过其现金流量净值的正负组合关系来区分和判断企业所处的具体生命周期阶段。这种判断方法一方面能规避行业固有差异对判定标准的客观影响，另一方面避免了对样本企业所处生命周期阶段的主观假设，具有可操作性。本书对样本企业属于成长期、成熟期还是衰退期的现金流量组合类型做了如下划分，见表4-9。

表4-9　　　企业在不同生命周期阶段的现金流特征组合

现金流	成长期		成熟期	衰退期			
	初创期	增长期	成熟期	衰退期	衰退期	衰退期	淘汰期
经营现金流净额	−	+	+	−	+	+	−
投资现金流净额						+	
筹资现金流净额	+	+	−	−		+	

表4-10 为不同生命周期企业创新数量、创新质量和创新速度均值。由表4-10 中的数据可知，12 400 个样本企业中，5 434 个样本处于成长期，占比 43.82%，4 275 个样本处于成熟期，占比 34.48%，2 691 个样本处于衰退期，占比 21.70%。2008—2017 年，处于成长期和成熟期企业的创新数量、创新质量和创新速度均显著高于衰退期企业。此外，处于不同生命周期的企业中受产业政策支持的企业（IP=1）与不受产业政策支持的企业（IP=0）相比，创新数量、创新质量和创

新速度均存在很大差异。成长期企业中创新数量的差距最大，达到143%，创新质量的差距达到43.7%，创新速度的差距达到31%。

表4-10 不同生命周期企业创新产出的均值特征

变量	成长期企业			成熟期企业			衰退期企业		
	全样本	IP=1	IP=0	全样本	IP=1	IP=0	全样本	IP=1	IP=0
创新数量	79.83	107.31	44.23	72.66	79.68	63.42	28.97	45.05	14.36
创新质量	0.327	0.378	0.263	0.308	0.359	0.240	0.234	0.291	0.182
创新速度	1.183	1.317	1.009	1.128	1.225	1.001	0.917	0.993	0.849
样本量	5 434	3 067	2 367	4 275	2 430	1 845	2 691	1 281	1 410

图4-20、图4-21和图4-22分别描述了不同生命周期企业中，受产业政策支持和不受产业政策支持这两组企业创新数量、创新质量和创新速度的组间均值差异。由图可知，2008—2017年这10年间，处于成长期和成熟期且受到产业政策支持的企业的创新数量、创新质量和创新速度总体保持稳步上升趋势，除个别年份偶有波动外，均显著高于不受产业政策支持的企业，且差距逐渐扩大。处于衰退期的企业，两组企业间各项创新产出数值也存在较大差距，总体保持在低位徘徊状态。

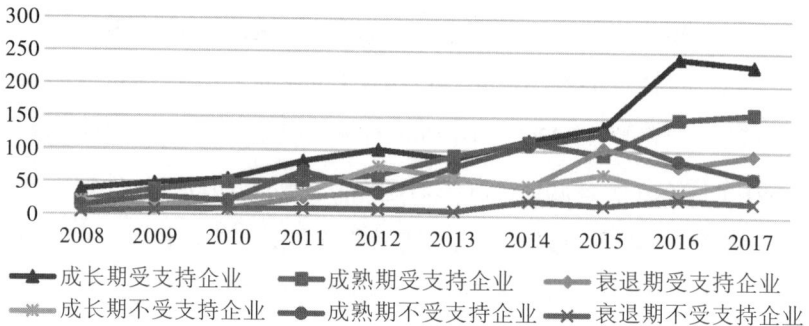

图4-20 不同生命周期企业创新数量趋势图

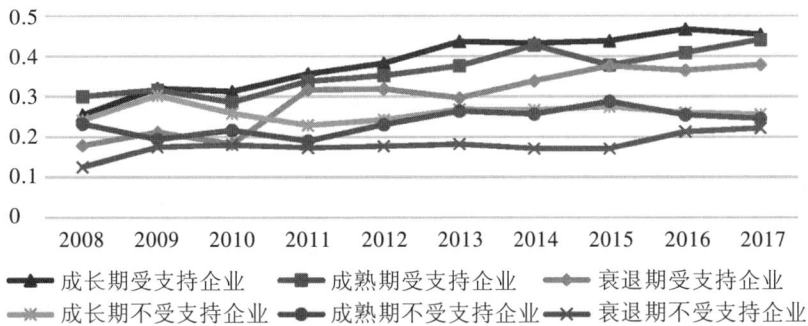

图4-21　不同生命周期企业创新质量趋势图

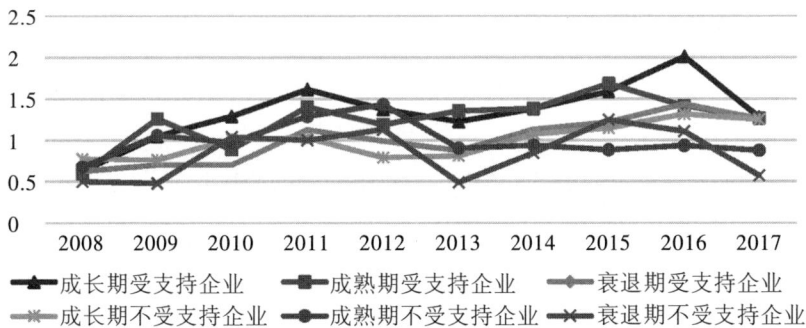

图4-22　不同生命周期企业创新速度趋势图

表4-11为处于不同生命周期的企业中受产业政策支持企业和不受产业政策支持企业的协调创新均值。由表中数据可知，总体来说，处于成长期和成熟期企业的协调创新水平差别不大，但显著高于衰退期企业的协调创新水平。相对而言，处于成长期企业的 *InnoNQ*、*InnoQS* 和 *InnoNQS* 这三个耦合协调度指标均值均略高于成熟期企业，说明成长期企业的协调创新水平在三类企业中最高，这个结果同本书第3章的理论分析部分的内容相一致。此外，不同生命周期企业中受产业政策支持的企业（*IP*=1）与不受产业政策支持的企业（*IP*=0）相比，*InnoNQ*、*InnoQS* 和 *InnoNQS* 存在较大程度的差异。

表4-11　　　　　不同生命周期企业协调创新水平的均值特征

变量	成长期企业			成熟期企业			衰退期企业		
	全样本	IP=1	IP=0	全样本	IP=1	IP=0	全样本	IP=1	IP=0
InnoNQ	0.119	0.136	0.096	0.113	0.127	0.095	0.083	0.102	0.066
InnoQS	0.141	0.160	0.119	0.136	0.152	0.114	0.105	0.126	0.086
InnoNQS	0.174	0.190	0.152	0.169	0.182	0.150	0.139	0.158	0.122
Obs	5 434	3 067	2 367	4 275	2 430	1 845	2 691	1 281	1 410

图4-23、图4-24和图4-25分别描述了处于不同生命周期的企业中，受产业政策支持和不受产业政策支持这两组企业协调创新指标的均值差异。由图可知，2008—2017年这10年间，受产业政策支持的企业的协调创新均值 InnoNQ、InnoQS 和 InnoNQS 均高于不受产业政策支持企业，且两组企业之间协调创新水平的差距在逐年拉大，处于不同生命周期的两组企业的协调创新水平始终处于 [0，0.3) 的低度耦合区间。总体来说，2008年以来，处于不同生命周期企业的创新产出水平显著提高，协调创新水平也在稳步上升，总体表现趋于稳定。

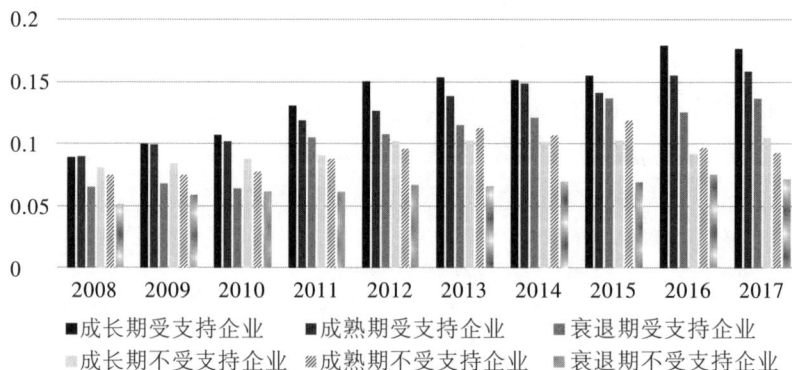

图4-23　不同生命周期企业创新数量和创新质量的协调（InnoNQ）

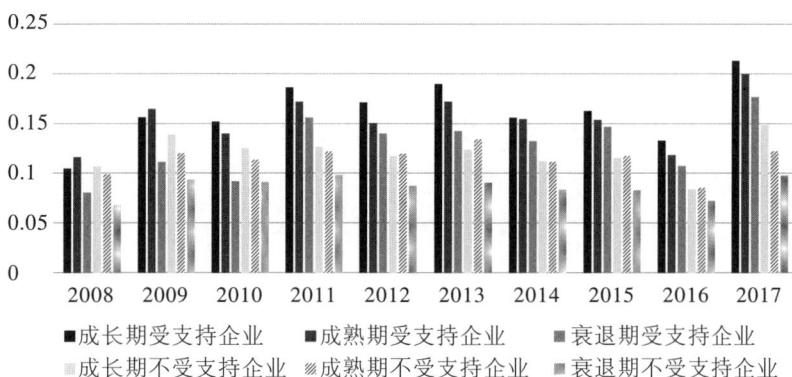

图 4-24 不同生命周期企业创新质量和创新速度的协调（*InnoQS*）

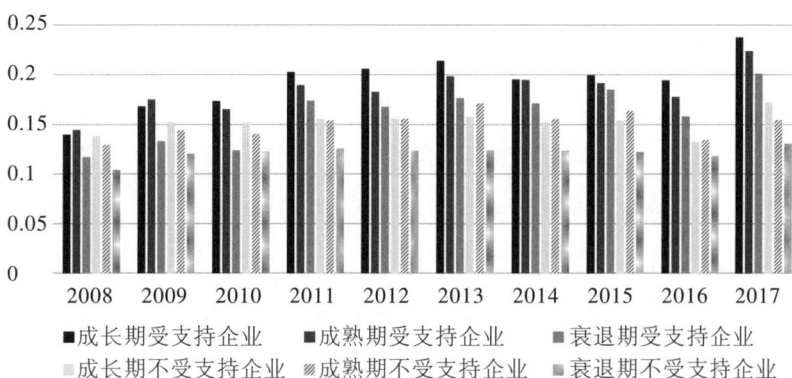

图 4-25 不同生命周期企业创新数量、创新质量和创新速度的协调（*InnoNQS*）

4.3.4 企业创新与协调创新的地区特征与演化趋势

改革开放以来，中国经济在高速增长的同时，也呈现出较为显著的区域不平衡特征，东部地区的经济增长速度明显快于中部和西部地区。本书通过对原始样本中的企业创新数据分区域计算后发现，东部地区企业的平均专利申请数量 128.38 件显著高于中部地区企业的 85.61 件和西部地区企业的 81.31 件。寇宗来、刘学悦（2020）的研究表明，中国企业的创新行为表现出同经济发展相似的区域不平衡性，东部地区贡献了全国 3/4 的专利申请数量，其产业集聚和区域创新水平显著高于中西部地区。产业政策的支持会使得东部地区的企业更趋于高质量的创新，而对于经济发展和区域创新水平都较为落后的西部地区而言，企业在获得产业政策支持下的各种补贴及税收优惠后，会增加研发投入，进而提高其创新产出数量及质量。

表4-12为东部、中部和西部地区样本企业的创新数量、创新质量和创新速度均值。由表4-12数据可知，12 400家样本企业中，东部地区企业数量最多，有7 960家，占比64.19%，中部地区企业数量居中，有2 600家，占比20.97%，而西部地区企业数量最少，只有1 840家，占比14.84%。2008—2017年10年间，东部地区企业创新产出表现最好，创新数量、创新质量和创新速度的均值分别为80.91件、0.308和1.094，其次是中部企业，表现最差的是西部企业，创新数量均值为36.62件，只占到东部地区企业的45%左右。此外，各地区受产业政策支持的企业（*IP*=1）与不受产业政策支持的企业（*IP*=0）相比，创新数量、创新质量和创新速度均存在很大差异。东部和中部地区受产业政策支持企业的创新数量达到不受产业政策支持企业的2倍左右，西部地区甚至达到3倍以上。

表4-12 　　　　　　　　**不同地区企业创新产出的均值特征**

变量	东部地区			中部地区			西部地区		
	全样本	*IP*=1	*IP*=0	全样本	*IP*=1	*IP*=0	全样本	*IP*=1	*IP*=0
创新数量	80.91	104.966	53.61	42.68	53.61	27.04	36.62	53.87	16
创新质量	0.308	0.370	0.237	0.296	0.237	0.214	0.274	0.335	0.2
创新速度	1.094	1.139	0.893	1.032	0.893	0.896	0.918	1.073	0.726
样本量	7 960	4 232	3 728	2 600	1 531	1 069	1 840	1 015	825

图4-26、图4-27和图4-28分别描述了东、中和西部地区受产业政策支持和不受产业政策支持两组企业创新产出的均值差异。由图可知，2008—2017年这10年间，东、中和西部地区受产业政策支持企业的创新数量和创新质量稳步上升，均显著高于不受产业政策支持的企业，两组企业间的差距逐渐扩大，尤为明显的是东部地区受产业政策支持企业的创新数量遥遥领先于中西部地区企业；东、中和西部地区受产业政策支持的企业（$IP=1$）与不受产业政策支持的企业（$IP=0$）的创新速度不存在显著差异，各地区各年创新速度有升有降，总体表现为在波动中趋于上升的状态。

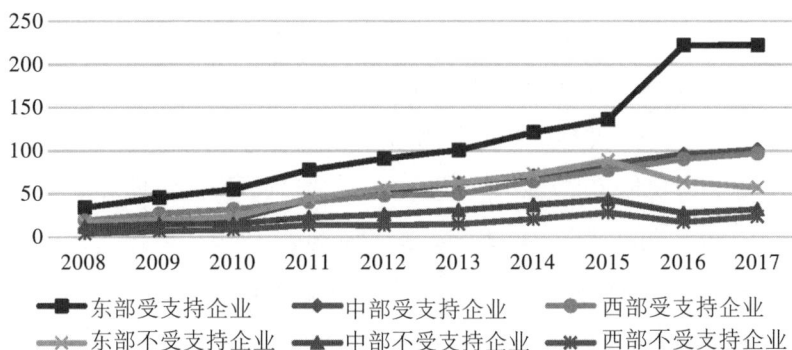

图4-26　不同地区企业创新数量趋势图

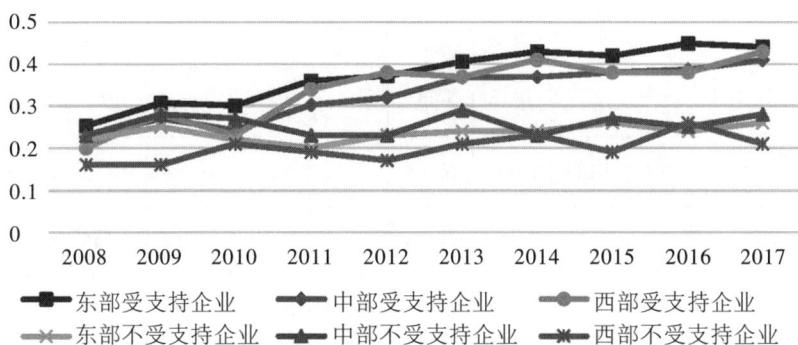

图4-27　不同地区企业创新质量趋势图

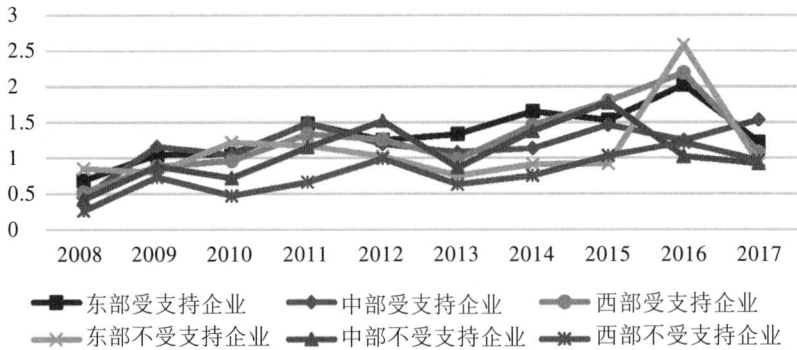

图4-28 不同地区企业创新速度趋势图

表4-13为东、中、西部地区样本企业中受产业政策支持和不受产业政策支持企业的耦合协调创新均值。由表中数据可知，样本研究期间东部地区企业协调创新表现最好，*InnoNQ*、*InnoQS* 和 *InnoNQS* 这三个耦合协调度指标均值分别为 0.113、0.135 和 0.167，其次是中部企业，表现最差的是西部企业。此外，各地区受产业政策支持的企业（*IP*=1）与不受产业政策支持的企业（*IP*=0）相比，*InnoNQ*、*InnoQS* 和 *InnoNQS* 有一定差异，但不像创新数量、创新质量和创新速度那样存在较大差异。

表4-13　　　　不同地区企业协调创新水平的均值特征

变量	东部地区			中部地区			西部地区		
	全样本	*IP*=1	*IP*=0	全样本	*IP*=1	*IP*=0	全样本	*IP*=1	*IP*=0
InnoNQ	0.113	0.133	0.09	0.106	0.114	0.093	0.096	0.115	0.073
InnoQS	0.135	0.156	0.111	0.133	0.142	0.119	0.119	0.142	0.091
InnoNQS	0.167	0.187	0.145	0.164	0.173	0.151	0.152	0.172	0.128
Obs	7 960	4 232	3 728	2 600	1 531	1 069	1 840	1 015	825

图4-29、图4-30和图4-31分别描述东、中、西部地区受产业政策支持和不受产业政策支持两组企业协调创新均值的组间差异。由图可知，2008—2017年这10年间，受产业政策支持企业的协调创新指标 *InnoNQ*、*InnoQS* 和 *InnoNQS* 均高于不受产业政策支持的企业，且两组企业之间协调创新水平的差距在逐年拉大。其中，2016—2017年这两年，东部地区受产业政策支持企业的创新数量和创新质量的耦合协调度指标 *InnoNQ* 不断加大，超过0.15，逐渐向0.2靠近，但尚未达到中度耦合状态，仍处于［0，0.3）的低度耦合状态。总体来说，2008年以来，东、中、西部地区创新水平显著提高，协调创新水平也在稳步上升，但各地区总体差距逐步凸显。

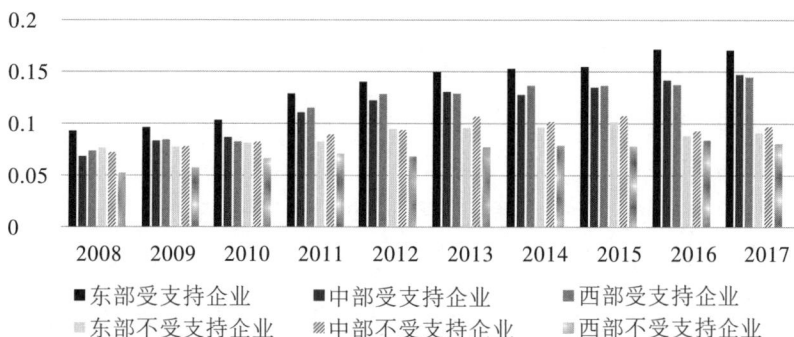

图4-29　不同地区企业创新数量和创新质量的协调（*InnoNQ*）

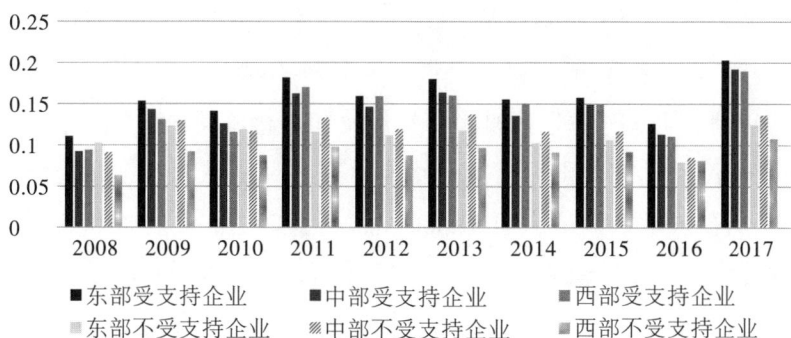

图4-30　不同地区企业创新质量和创新速度的协调（*InnoQS*）

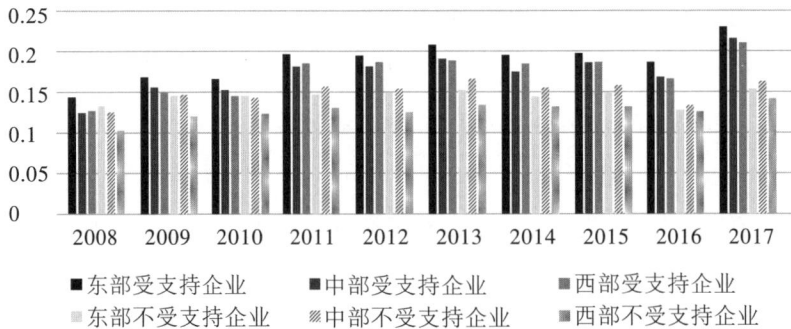

图 4-31　不同地区企业创新数量、创新质量和创新速度的协调（*InnoNQS*）

4.3.5　企业创新与协调创新的经济带特征与演化趋势

本书中长三角经济带样本企业包括上海、江苏、浙江、安徽四省企业，珠三角经济带样本企业包括广东、香港、澳门这三个地区的企业，环渤海经济带样本企业包括北京、天津、河北、辽宁、山东五地企业。

表 4-14 为长三角经济带、珠三角经济带和环渤海经济带样本企业的创新数量、创新质量和创新速度均值。由表 4-14 数据可知，12 400 家样本企业中，长三角经济带企业为 3 390 家，占比 27.34%，珠三角经济带企业为 1 620 家，占比 13.06%，环渤海经济带企业为 2 690 家，占比 21.69%。2008—2017 年 10 年间，环渤海经济带和珠三角经济带企业创新数量表现基本持平，分别为 115.530 件和 114.215 件；对于创新质量和创新速度这两个指标，环渤海经济带均领先于珠三角经济带。三大经济带中长三角经济带企业的创新数量均值只有 51.800 件，不到环渤海经济带和珠三角经济带的一半，表现相对较差，但是，其创新质量和创新速度表现较好。此外，三大经济带中受产业政策支持的企业（*IP*=1）与不受产业政策支持的企业（*IP*=0）相比，创新数量、创新质量和

创新速度均存在较大差异。长三角经济带受产业政策支持企业的创新数量达到不受产业政策支持企业的 2.34 倍，珠三角经济带这一数字甚至达到 2.8 倍。与此形成鲜明对比的是，环渤海经济带受产业政策支持的企业与不受产业政策支持的企业相比，创新数量差异只有 1.39 倍。这也从一定程度上说明北京作为我国高校、科研院所、央企总部的集中地，较好地发挥了产学研之间的协同效应，进而成为我国的创新高地。

表 4-14　　　　　不同经济带企业创新产出的均值特征

变量	长三角经济带			珠三角经济带			环渤海经济带		
	全样本	IP=1	IP=0	全样本	IP=1	IP=0	全样本	IP=1	IP=0
创新数量	51.800	72.546	31.031	115.530	163.501	58.484	114.215	129.926	93.773
创新质量	0.324	0.388	0.260	0.303	0.337	0.263	0.320	0.381	0.240
创新速度	1.202	1.283	1.121	1.097	1.283	0.877	1.431	1.393	1.480
样本量	3 390	1 696	1 694	1 620	880	740	2 690	1 521	1 169

图 4-32、图 4-33 和图 4-34 分别描述了长三角、珠三角和环渤海不同经济带样本企业中，受产业政策支持和不受产业政策支持这两组企业创新产出水平的均值差异。由图可知，2008—2017 年这 10 年间，珠三角和环渤海经济带受产业政策支持的企业的创新数量和创新质量稳步上升，均显著高于不受产业政策支持的企业，两组企业间的差距逐渐扩大，其中，尤为明显的是珠三角经济带受产业政策支持的企业的创新数量在 2015—2016 年以较大幅度领先于环渤海和长三角经济带企业，但是在 2017 年其创新数量有大幅度下降，最

终被环渤海经济带追平；还有一点较为特殊的是，环渤海经济带不受产业政策支持的企业在2011—2015年（"十二五"规划）期间创新数量有很大幅度的上升，与受产业政策支持企业之间的创新数量差距很小，这一点在其他两个经济带的企业中没有发生。三大经济带企业创新质量水平较为接近，受产业政策支持和不受产业政策支持两类企业创新质量差别较大，但创新速度不存在显著差异，各经济带各年企业创新速度有升有降，总体表现为在波动中逐步趋于稳定的状态。

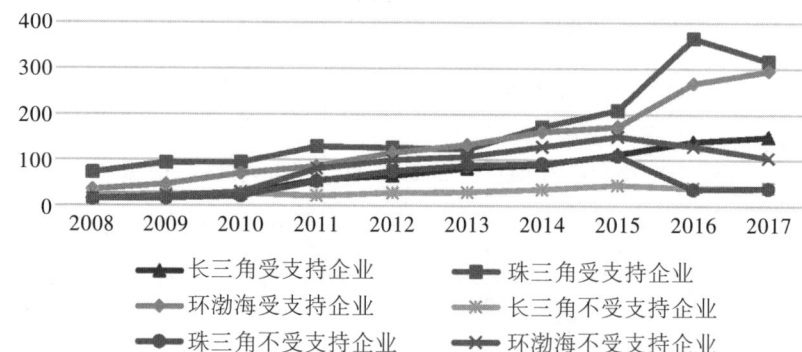

图4-32　不同经济带企业创新数量趋势图

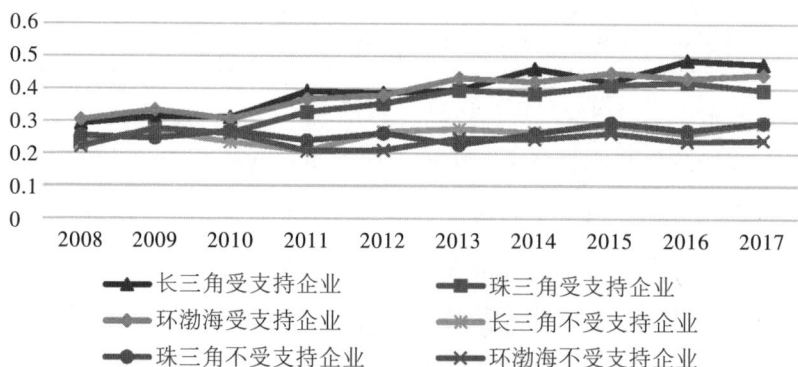

图4-33　不同经济带企业创新质量趋势图

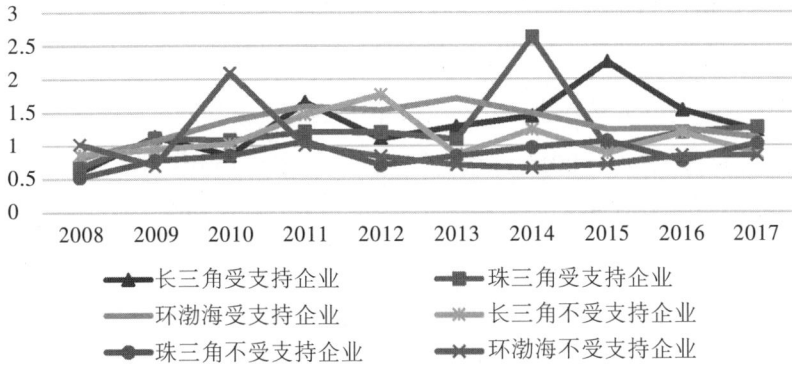

图 4-34　不同经济带企业创新速度趋势图

　　表4-15为长三角、珠三角和环渤海不同经济带企业受产业政策支持和不受产业政策支持企业的协调创新均值。由表中数据可知，样本研究期间环渤海经济带企业协调创新表现最好，*InnoNQ*、*InnoQS*和*InnoNQS*这三个协调创新指标均值分别为0.123、0.140和0.174，其次是珠三角经济带企业，长三角经济带企业的协调创新程度比珠三角经济带企业稍低一点。此外，三大经济带中受产业政策支持的企业（*IP*=1）与不受产业政策支持的企业（*IP*=0）相比，*InnoNQ*、*InnQS*和*InnoNQS*均存在较大差异，其中，环渤海经济带企业的协调创新水平差异最大。

表4-15　　　　　不同经济带企业协调创新水平的均值特征

变量	长三角经济带			珠三角经济带			环渤海经济带		
	全样本	*IP*=1	*IP*=0	全样本	*IP*=1	*IP*=0	全样本	*IP*=1	*IP*=0
InnoNQ	0.113	0.133	0.094	0.118	0.135	0.097	0.123	0.142	0.097
InnoQS	0.140	0.160	0.120	0.136	0.150	0.120	0.140	0.162	0.111
InnoNQS	0.170	0.188	0.152	0.171	0.186	0.153	0.174	0.194	0.149
Obs	3 390	1 696	1 694	1 620	880	740	2 690	1 521	1 169

　　图4-35、图4-36和图4-37分别描述了长三角、珠三角和环渤海不同经济带企业中，受产业政策支持和不受产业政策支持两组企业协

调创新指标的均值差异。由图可知，2008—2017 年这 10 年间，受产业政策支持的企业的协调创新均值 *InnoNQ*、*InnoQS* 和 *InnoNQS* 均高于不受产业政策支持的企业，且两组企业之间协调创新水平的差距在逐年拉大。其中，2015—2017 年，三大经济带中受产业政策支持的企业的协调创新指标 *InnoNQ*、*InnoQS* 和 *InnoNQS* 均不断提高，逐渐超过 0.2，向 0.25 靠近，但尚未达到中度耦合状态，仍处于 [0，0.3) 的低度耦合状态。总体来说，2008 年以来，长三角、珠三角和环渤海三大经济带企业的创新产出显著提升，协调创新水平也在稳步上升，总体差距逐步趋小。

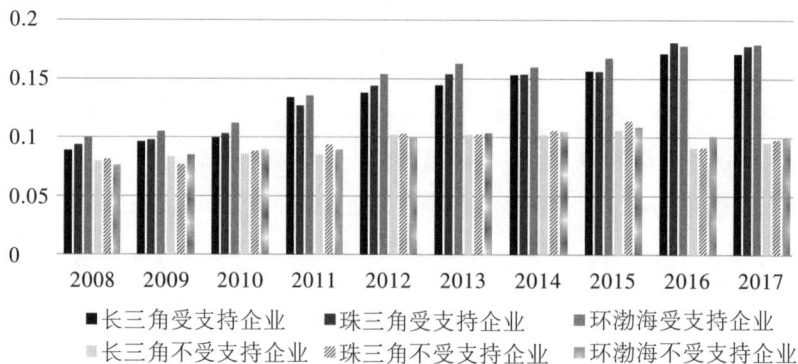

图 4-35　不同经济带企业创新数量和创新质量的协调（*InnoNQ*）

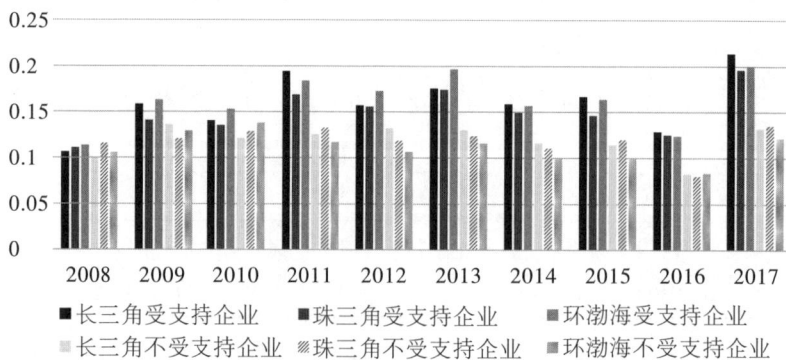

图 4-36　不同经济带企业创新质量和创新速度的协调（*InnoQS*）

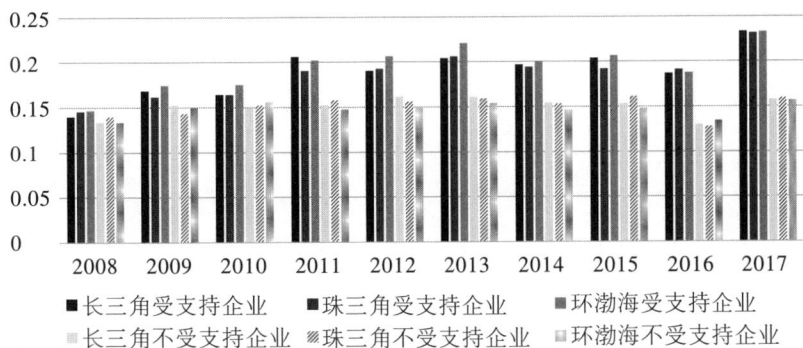

图 4-37　不同经济带企业创新数量、创新质量和创新速度的协调（*InnoNQS*）

4.4　本章小结

本章首先介绍了经验分析中的样本选择与数据来源，进而对产业政策、企业创新和协调创新变量进行测度，手工搜集和整理了样本研究期间的"十一五"规划、"十二五"规划及"十三五"规划，从中获取政府 2008—2017 年的重点支持产业，以此作为受产业政策支持的产业；采用专利的申请数量代表企业创新数量，采用发明专利的申请量与专利申请总量的比值代表企业创新质量，采用专利的年增长率代表企业的创新速度；采用耦合度和耦合协调度模型衡量企业的协调创新水平。其次，在变量测算的基础上，对当前政府产业政策，企业创新数量、创新质量和创新速度各项创新产出，以及企业协调创新水平进行描述性统计分析。最后，从总体、不同所有制、不同生命周期、东中西部不同地区及不同经济带角度，对企业创新与协调创新的特征事实与演化趋势进行分析。

第 5 章

经验检验 I：产业政策对企业协调创新影响的
基本效应分析

本章采用计量模型和经验数据实证检验了产业政策支持对企业创新产出和协调创新水平的影响，对第3章的研究假设也做了一定的验证。本章首先检验产业政策支持对企业创新数量、创新质量和创新速度的影响，然后在利用耦合协调模型分别计算企业创新数量、创新质量与创新速度的协调创新指标的基础上，检验产业政策对企业协调创新水平的影响。此外，鉴于政府产业政策对企业协调创新的影响效应可能会因企业层面、地区层面和制度环境层面特征的不同而表现出差异性，为此，本书在基本回归模型的基础上分别引入企业层面特征变量、地区层面特征变量和制度环境层面特征变量，就产业政策对企业协调创新影响过程中的非均衡性问题进行探究。

5.1 产业政策对企业协调创新影响的模型构建与基准检验

5.1.1 模型构建

本章在检验产业政策对企业协调创新的影响之前，首先检验产业政策支持对企业创新数量、创新质量和创新速度的影响，参考余明桂等（2016）、黎文靖和郑曼妮（2016）的研究，构建如下基本回归模型，其中被解释变量为企业的创新产出，以创新数量、创新质量和创新速度三个指标作为代理变量，核心解释变量为产业政策虚拟变量（IP）：

$$InnoN_{it}/InnoQ_{it}/InnoS_{it} = \alpha_0 + \alpha_1 IP_{it} + \sum \alpha_k Control_{it} + \sum Year +$$
$$\sum Industry + \sum Province + \varepsilon_{it} \qquad (5-1)$$

式中：i 代表公司；t 代表年份；$InnoN_{it}$ 代表企业的创新数量；$InnoQ_{it}$ 代表企业的创新质量；$InnoS_{it}$ 代表企业的创新速度；IP_{it} 代表企

业是否受产业政策支持，当企业受到产业政策支持时 $IP=1$，当企业不受产业政策支持时 $IP=0$；ε_{it} 为误差项；$\sum \alpha_k \, Control_{it}$ 是一系列企业和地区层面的控制变量，包括企业规模（$Size$）、企业年龄（Age）、总资产报酬率（ROA）、资产负债率（Lev）、固定资产比率（$Fixs$）、股权集中度（Cen）、主营业务收入（$Inco$）、经济发展水平（Eco）、财政支出占比（Gov）和地区金融科技发展水平（$Finc$）；$\sum Year$、$\sum Industry$、$\sum Province$ 分别代表年份、行业和省份固定效应。

在模型（5-1）中，主要关注的系数是 α_1，它衡量产业政策支持对企业创新数量、创新质量和创新速度的影响。

为进一步探究产业政策支持对企业协调创新的影响效应，本书在模型（5-1）的基础上构建模型（5-2），其中被解释变量为企业协调创新水平，以企业创新数量、创新质量和创新速度两两之间及三者之间的耦合协调度指标 $InnoNQ$、$InnoQS$、$InnoNQS$ 作为代理变量，核心解释变量仍然为产业政策虚拟变量（IP）：

$$InnoNQ_{it} / InnoQS_{it} / InnoNQS_{it} = \beta_0 + \beta_1 IP_{it} + \sum \beta_k \, Control_{it} + \sum Year +$$
$$\sum Industry + \sum Province + \varepsilon_{it} \qquad (5-2)$$

式中：$InnoNQ_{it}$ 代表企业创新数量和创新质量的耦合协调度、$InnoQS_{it}$ 代表企业创新质量和创新速度的耦合协调度、$InnoNQS_{it}$ 代表企业创新速度、企业创新质量和创新速度三者间的耦合协调度；其余变量同模型（5-1）。在模型（5-2）中，主要关注的系数是 β_1，它衡量的是产业政策支持对企业协调创新水平的影响。

同时，为了更好地反映和体现产业政策实施前后、企业所在行业受产业政策支持和不受产业政策支持的政策效应差异，本书参考余明桂等（2016）利用"十二五"规划（2011—2015）对支持行业的调整，以"十二五"规划开始实施的时间即 2011 年作为政策冲击点，选取实验组和控制组，构建双重差分（DID）模型（5-3）：

$$InnoNQ_{it} / InnoQS_{it} / InnoNQS_{it} = \beta_0 + \beta_1 Treat + \beta_2 Post + \beta_3 Treat \times Post +$$

$$\sum \beta_k Control_{it} + \sum Year + \sum Industry +$$

$$\sum Province + \varepsilon_{it} \tag{5-3}$$

式中：$Treat$=1 为实验组，代表在"十一五"规划中没有受到产业政策支持，但是在"十二五"规划中受到产业政策支持的企业；$Treat$=0 为控制组，代表在"十一五"和"十二五"规划中都没有受到产业政策支持的企业；$Post$=1 为 2011 年及以后年度（只包括"十二五"时期，即 2011—2015 年，不包括 2016 和 2017 年），$Post$=0 为 2011 年以前年度（2008—2010 年）；其他变量的定义与模型（5-1）一致。

在模型（5-3）中，本书主要关注 $Treat$ 与 $Post$ 交乘项的系数 β_3，它衡量了 2011 年之前和之后，实验组与控制组企业协调创新水平的差异。

5.1.2 基准回归结果

本书采用递进式回归策略，首先根据模型（5-1）将创新数量、创新质量和创新速度三个核心解释变量放入模型进行估计，然后添加企业和地区层面的控制变量进行回归分析。这样做不仅可以大致看出控制变量对回归结果的冲击，还能识别核心变量参数估计结果的稳健性。检验结果见表 5-1。

表 5-1 产业政策与企业创新回归结果

变量	（1）	（2）	（3）	（4）	（5）	（6）
	InnoN	InnoQ	InnoS	InnoN	InnoQ	InnoS
IP	0.537***	0.080***	0.121***	0.471***	0.074***	0.102***

变量	（1）	（2）	（3）	（4）	（5）	（6）
	InnoN	InnoQ	InnoS	InnoN	InnoQ	InnoS
IP	（16.04）	（12.05）	（3.20）	（16.27）	（11.32）	（2.69）
Size				0.330***	0.034***	0.063**
				（15.37）	（6.92）	（2.24）
Lev				0.476***	−0.012	0.167***
				（10.05）	（−1.12）	（2.70）
Roa				1.398***	0.199***	0.991***
				（6.66）	（4.21）	（3.61）
Age				−0.003***	−0.000***	−0.001***
				（−12.26）	（−5.76）	（−3.78）
Fix				−1.273***	−0.030	−0.121
				（−15.75）	（−1.63）	（−1.14）
Inco				0.203***	0.011***	0.066***
				（11.12）	（2.76）	（2.77）
Cen				−0.558***	−0.123***	−0.117
				（−6.52）	（−6.33）	（−1.05）
Eco				0.182***	−0.014*	0.007
				（5.25）	（−1.74）	（0.15）
Gov				−1.109***	−0.044	−0.306
				（−3.73）	（−0.66）	（−0.79）
Finc				0.132*	0.033*	0.084
				（1.65）	（1.86）	（0.81）

变量	（1）	（2）	（3）	（4）	（5）	（6）
	InnoN	*InnoQ*	*InnoS*	*InnoN*	*InnoQ*	*InnoS*
年份固定效应	Y	Y	Y	Y	Y	Y
行业固定效应	Y	Y	Y	Y	Y	Y
省份固定效应	Y	Y	Y	Y	Y	Y
Cons	0.268*	0.183***	0.421**	−11.806***	−0.497***	−2.089***
	(1.76)	(6.05)	(2.43)	(−25.21)	(−4.70)	(−3.41)
Obs	12 400	12 400	12 400	12 400	12 400	12 400
R	0.349	0.173	0.064	0.517	0.204	0.078

注：***、**、*分别表示1%、5%、10%的显著性水平，括号内为*t*统计量。

表5-1显示了产业政策对企业创新影响的基准检验结果。表5-1中，第（1）、（2）、（3）列仅控制了年度、行业和省份固定效应，企业创新数量（*InnoN*）、创新质量（*InnoQ*）和创新速度（*InnoS*）的回归系数分别为0.537、0.080和0.121，且均通过了1%水平的统计显著性检验；第（4）、（5）、（6）列在原有基础上纳入了控制变量集，创新数量和创新质量的回归系数分别为0.471、0.074和0.102，显著性依旧保持不变。回归结果表明，产业政策不仅能使受扶持企业的创新数量增加，也能提高其创新质量和创新速度。受到产业政策支持企业的创新表现并不仅仅是一种追求"数量"的策略性创新行为，同时也是追求"质量"和"速度"的实质性创新行为。这一结果表明，产业政策对企业创新影响的过程中，其正向的创新激励效应大于负向的创新抑制效应，二者的合力最终表现为产业政策能显著促进企业创新数量的增加、创新质量和

创新速度的提升。本书的研究假设 H1 得到验证。

此外，为了进一步探究"十一五"、"十二五"和"十三五"三个不同的五年规划时期产业政策支持对企业创新是否存在差异化影响效应，本书将样本企业按照三个五年规划时期划分进行分期回归，回归结果见表5-2。

表5-2   产业政策与企业创新分期回归结果

变量	"十一五"(2008—2010)			"十二五"(2011—2015)			"十三五"(2016—2017)		
	InnoN	InnoQ	InnoS	InnoN	InnoQ	InnoS	InnoN	InnoQ	InnoS
IP	0.425***	0.074***	0.189***	0.450***	0.100***	0.141**	0.609***	0.071***	0.052
	(7.64)	(5.28)	(2.58)	(9.86)	(10.09)	(2.34)	(8.35)	(4.52)	(0.55)
Size	0.220***	0.024**	0.045	0.326***	0.033***	0.057	0.491***	0.046***	0.082
	(5.78)	(2.47)	(0.89)	(10.69)	(5.00)	(1.41)	(10.13)	(4.38)	(1.30)
Lev	0.475***	−0.011	0.127	0.402***	−0.004	0.275***	0.523***	−0.036	−0.039
	(6.03)	(−0.53)	(1.22)	(5.87)	(−0.28)	(3.04)	(4.55)	(−1.45)	(−0.26)
Roa	1.158***	0.246***	1.074**	1.702***	0.220***	1.148***	1.281**	0.087	0.263
	(3.59)	(3.02)	(2.53)	(5.46)	(3.23)	(2.79)	(2.28)	(0.71)	(0.36)
Age	−0.003***	−0.000***	−0.001**	−0.003***	−0.000***	−0.001***	−0.003***	−0.000**	−0.001
	(−6.45)	(−3.47)	(−2.20)	(−9.09)	(−3.87)	(−2.86)	(−4.98)	(−2.21)	(−0.95)
Fix	−1.227***	0.012	−0.444**	−1.280***	−0.025	0.055	−1.405***	−0.085**	0.034
	(−8.80)	(0.33)	(−2.42)	(−10.97)	(−0.97)	(0.36)	(−7.54)	(−2.10)	(0.14)
Inco	0.207***	0.016*	0.080*	0.227***	0.012**	0.053	0.158***	0.006	0.090*
	(6.50)	(1.93)	(1.90)	(8.80)	(2.05)	(1.56)	(3.78)	(0.67)	(1.65)
Cen	−0.798***	−0.160***	−0.145	−0.549***	−0.133***	−0.049	−0.046	−0.055	−0.299
	(−5.38)	(−4.27)	(−0.74)	(−4.50)	(−4.99)	(−0.31)	(−0.23)	(−1.28)	(−1.15)
Eco	0.213***	−0.011	0.200**	0.200***	−0.041***	−0.055	0.004	−0.007	−0.075
	(3.11)	(−0.66)	(2.22)	(3.09)	(−2.91)	(−0.65)	(0.05)	(−0.40)	(−0.75)

变量	"十一五" (2008—2010)			"十二五" (2011—2015)			"十三五" (2016—2017)		
	InnoN	InnoQ	InnoS	InnoN	InnoQ	InnoS	InnoN	InnoQ	InnoS
Gov	−0.310	0.107	0.124	−0.437	−0.165	−0.136	−1.821***	0.084	−0.043
	(−0.37)	(0.50)	(0.11)	(−0.71)	(−1.22)	(−0.17)	(−4.16)	(0.88)	(−0.08)
Finc	0.015	0.011	−0.011	0.027	0.001	0.009	0.025	−0.006	0.001
	(0.49)	(1.35)	(−0.28)	(1.23)	(0.29)	(0.29)	(1.15)	(−1.17)	(0.02)
年份固定效应	Y	Y	Y	Y	Y	Y	Y	Y	Y
行业固定效应	Y	Y	Y	Y	Y	Y	Y	Y	Y
省份固定效应	Y	Y	Y	Y	Y	Y	Y	Y	Y
Cons	−9.755***	−0.405*	−3.827***	−12.345***	−0.183	−0.897	−11.298***	−0.631***	−0.963
	(−11.14)	(−1.83)	(−3.32)	(−14.72)	(−1.00)	(−0.81)	(−10.31)	(−2.65)	(−0.67)
Obs	3 720	3 720	3 720	6 200	6 200	6 200	2 480	2 480	2 480
R	0.436	0.169	0.097	0.519	0.227	0.084	0.564	0.214	0.060

注：***、**、*分别表示1%、5%、10%的显著性水平，括号内为 t 统计量。

表5-2的结果表明，三个五年规划时期，受产业政策支持的企业的创新数量和创新质量均在1%水平上显著正向增加；对创新速度的影响则由1%水平上显著到5%水平上显著再到不显著。进一步对系数大小进行比较，我们发现，三个五年规划时期，产业政策支持对企业创新数量的影响系数分别为0.425、0.450和0.609，影响程度不断增强；对企业创新质量的影响系数则分别为0.074、0.100和0.071，表现为先增强然后又减弱的趋势；对企业创新速度的影响系数依次为0.189、0.141和0.052，显著性由1%水平上显著降到5%水平上显著，再降到不显著，

影响程度也逐渐下降。总体而言，从"十一五"到"十二五"再到"十三五"时期，产业政策支持均显著促进了企业创新数量的增加和创新质量的提升，其中，对创新数量的影响程度不断增强，对创新质量的影响则表现为先增强然后又减弱的趋势，对创新速度的影响则逐步由显著到不显著。这一结果也进一步佐证了产业政策能显著促进企业创新数量增加、创新质量及创新速度提升的基本研究结论。

在运用模型（5-1）验证了产业政策支持对企业创新数量、创新质量和创新速度存在显著促进效应的基础上，本书拟根据模型（5-2）进一步探究产业政策支持对企业协调创新的影响效应，以进一步回答前文提出的问题——企业创新数量、创新质量和创新速度在产业政策支持下显著提升的同时是不是意味着企业的协调创新水平也在相应提升？中国的产业政策对企业协调创新产生激励作用了吗？具体回归结果见表5-3。

表5-3 　　　　　　　　**产业政策与企业协调创新回归结果**

变量	（1）	（2）	（3）	（4）	（5）	（6）
	InnoNQ	*InnoQS*	*InnoNQS*	*InnoNQ*	*InnoQS*	*InnoNQS*
IP	0.028***	0.024***	0.023***	0.025***	0.021***	0.020***
	（17.32）	（11.71）	（15.18）	（17.74）	（10.78）	（14.81）
Size				0.021***	0.013***	0.015***
				（20.17）	（8.84）	（14.61）
Lev				0.014***	0.007**	0.013***
				（6.12）	（2.22）	（5.77）
Roa				0.049***	0.082***	0.064***
				（4.80）	（5.84）	（6.30）
Age				−0.000***	−0.000***	−0.000***
				（−10.59）	（−8.77）	（−11.23）

变量	（1）InnoNQ	（2）InnoQS	（3）InnoNQS	（4）InnoNQ	（5）InnoQS	（6）InnoNQS
Fix				-0.051***	-0.031***	-0.043***
				（-12.85）	（-5.74）	（-11.08）
Inco				0.006***	0.006***	0.007***
				（6.51）	（5.02）	（7.75）
Cen				-0.036***	-0.035***	-0.031***
				（-8.55）	（-6.14）	（-7.55）
Eco				0.006***	0.004*	0.006***
				（3.56）	（1.75）	（3.57）
Gov				-0.036**	-0.026	-0.036**
				（-2.47）	（-1.32）	（-2.50）
Finc				0.004	0.011**	0.007*
				（1.12）	（2.04）	（1.90）
年份固定效应	Y	Y	Y	Y	Y	Y
行业固定效应	Y	Y	Y	Y	Y	Y
省份固定效应	Y	Y	Y	Y	Y	Y
Cons	0.038***	0.072***	0.096***	-0.544***	-0.322***	-0.386***
	（5.12）	（7.84）	（13.57）	（-23.74）	（-10.27）	（-16.98）
Obs	12 400	12 400	12 400	12 400	12 400	12 400
R	0.303	0.255	0.322	0.471	0.316	0.449

注：***、**、*分别表示1%、5%、10%的显著性水平，括号内为 t 统计量。

表 5-3 显示了产业政策对企业协调创新影响的检验结果。其中，表 5-3 第（1）、（2）、（3）列仅控制了年度、行业和省份固定效应，企业创新数量与创新质量的耦合协调 *InnoNQ*、创新质量与创新速度的耦合协调 *InnoQS*，以及创新数量、创新质量和创新速度的耦合协调 *InnoNQS* 的回归系数分别为 0.028、0.024 和 0.023，且均通过了 1% 的统计显著性检验；第（4）、（5）、（6）列在原有基础上加入企业和地区层面的控制变量集，三个耦合协调度的回归系数分别为 0.025、0.021 和 0.020，系数均小于之前没有纳入控制变量的结果，显著性依旧保持不变。产业政策与企业协调创新的回归结果表明，产业政策支持能显著提高企业的协调创新水平。获得产业政策支持的企业，在持续的研发创新活动中会逐渐兼顾创新数量、创新质量和创新速度，以量变推动质变，以质变提升速度，发挥三者间的互动耦合效应，促进三者协调发展，产业政策会提高扶持行业中的企业协调创新水平。本书的研究假设 H2 得到验证。

以此为基础，为了继续探究"十一五"、"十二五"和"十三五"三个不同的五年规划时期产业政策支持对企业协调创新水平是否存在差异化影响效应，本书将样本企业按照三个五年规划时期划分进行分期回归，回归结果见表 5-4。

表 5-4　　　　　　　产业政策与企业协调创新分期回归结果

变量	"十一五"（2008—2010）			"十二五"（2011—2015）			"十三五"（2016—2017）		
	InnoNQ	*InnoQS*	*InnoNQS*	*InnoNQ*	*InnoQS*	*InnoNQS*	*InnoNQ*	*InnoQS*	*InnoNQS*
IP	0.021***	0.029***	0.023***	0.026***	0.028***	0.024***	0.031***	0.022***	0.024***
	(8.02)	(6.35)	(7.72)	(11.56)	(9.55)	(10.89)	(8.87)	(5.66)	(7.95)
Size	0.014***	0.011***	0.011***	0.023***	0.012***	0.016***	0.027***	0.015***	0.019***
	(7.89)	(3.69)	(5.51)	(15.01)	(6.17)	(10.66)	(11.49)	(5.70)	(9.40)

变量	"十一五"（2008—2010）			"十二五"（2011—2015）			"十三五"（2016—2017）		
	InnoNQ	*InnoQS*	*InnoNQS*	*InnoNQ*	*InnoQS*	*InnoNQS*	*InnoNQ*	*InnoQS*	*InnoNQS*
Lev	0.013***	0.012*	0.016***	0.014***	0.008*	0.013***	0.008	−0.001	0.007
	(3.50)	(1.83)	(3.74)	(3.98)	(1.88)	(3.87)	(1.36)	(−0.20)	(1.48)
Roa	0.041***	0.113***	0.072***	0.072***	0.074***	0.071***	0.014	0.040	0.033
	(2.71)	(4.34)	(4.13)	(4.60)	(3.71)	(4.73)	(0.52)	(1.32)	(1.41)
Age	−0.000***	−0.000***	−0.000***	−0.000***	−0.000***	−0.000***	−0.000***	−0.000***	−0.000***
	(−5.36)	(−4.84)	(−5.86)	(−7.88)	(−6.35)	(−8.23)	(−4.27)	(−3.27)	(−4.50)
Fix	−0.038***	−0.036***	−0.043***	−0.054***	−0.027***	−0.043***	−0.065***	−0.025**	−0.043***
	(−5.67)	(−3.19)	(−5.62)	(−9.22)	(−3.62)	(−7.64)	(−7.25)	(−2.49)	(−5.58)
Inco	0.006***	0.007***	0.008***	0.006***	0.007***	0.007***	0.006***	0.004	0.005***
	(3.83)	(2.84)	(4.38)	(4.95)	(4.03)	(6.03)	(2.75)	(1.61)	(2.86)
Cen	−0.039***	−0.048***	−0.040***	−0.039***	−0.037***	−0.033***	−0.018*	−0.021*	−0.014*
	(−5.50)	(−3.99)	(−4.99)	(−6.41)	(−4.74)	(−5.65)	(−1.86)	(−1.92)	(−1.70)
Eco	0.008**	0.011**	0.010***	0.004	−0.003	0.003	0.000	−0.000	0.000
	(2.40)	(1.99)	(2.71)	(1.15)	(−0.78)	(0.83)	(0.11)	(−0.02)	(0.09)
Gov	0.044	0.000	0.000	−0.034	−0.049	−0.035	−0.056***	0.001	−0.035*
	(1.10)	(0.00)	(0.00)	(−1.10)	(−1.24)	(−1.17)	(−2.66)	(0.03)	(−1.92)
Finc	0.001	0.001	0.001	0.003**	0.001	0.002	0.001	0.000	0.000
	(1.02)	(0.40)	(0.51)	(2.28)	(0.77)	(1.58)	(0.77)	(0.01)	(0.39)
年份固定效应	Y	Y	Y	Y	Y	Y	Y	Y	Y

变量	"十一五"（2008—2010）			"十二五"（2011—2015）			"十三五"（2016—2017）		
	InnoNQ	*InnoQS*	*InnoNQS*	*InnoNQ*	*InnoQS*	*InnoNQS*	*InnoNQ*	*InnoQS*	*InnoNQS*
行业固定效应	Y	Y	Y	Y	Y	Y	Y	Y	Y
省份固定效应	Y	Y	Y	Y	Y	Y	Y	Y	Y
Cons	−0.418***	−0.376***	−0.354***	−0.568***	−0.218***	−0.360***	−0.569***	−0.278***	−0.351***
	(−10.06)	(−5.29)	(−7.46)	(−13.58)	(−4.08)	(−8.92)	(−10.71)	(−4.67)	(−7.68)
Obs	3 720	3 720	3 720	6 200	6 200	6 200	2 480	2 480	2 480
R	0.375	0.282	0.379	0.486	0.341	0.471	0.518	0.385	0.515

注：***、**、*分别表示1%、5%、10%的显著性水平，括号内为t统计量。

表5-4的结果表明，三个五年规划时期，受产业政策支持的企业的协调创新水平均在1%水平上显著正向增加。进一步对系数大小进行比较，我们发现，从"十一五"到"十二五"再到"十三五"时期，产业政策支持对创新数量与创新质量的耦合协调度*InnoNQ*的影响系数从"十一五"时期的0.021增加到"十二五"时期的0.026，进而增加到"十三五"时期的0.031，影响程度不断增强；产业政策支持对企业创新质量与创新速度的耦合协调度*InnoQS*的影响系数分别为0.029、0.028和0.022，影响程度逐渐减弱；产业政策支持对三者间耦合协调度*InnoNQS*的影响系数依次为0.023、0.024和0.024。总体而言，从"十一五"到"十二五"再到"十三五"时期，产业政策支持对企业协调创新水平总体表现为向好的趋势，也进一步验证了本书产业政策支持促进企业协调创新水平提升的基本研究结论。

5.1.3 双重差分估计结果

为了进一步反映和体现产业政策实施前后、企业所在行业受到产业政策支持和不受产业政策支持的政策效应差异,本书利用"十二五"规划对支持行业进行调整,以"十二五"规划开始实施的时间即2011年作为政策冲击点,以"十一五"规划中不受产业政策支持的企业,但在"十二五"规划中受产业政策支持的企业作为实验组,以"十一五"和"十二五"规划中均不受产业政策支持的企业作为控制组,利用前文的模型(5-3)检验产业政策与企业协调创新的双重差分估计结果。

双重差分法的使用前提是满足"平行趋势"假设,因此,为了验证本书DID方法的适当性,本书对实验组和控制组的企业协调创新程度进行了平行趋势检验。图5-1、图5-2和图5-3显示,在产业政策冲击前,控制组和实验组的协调创新指标大致保持相同增长趋势,而在受到产业政策冲击后,实验组和控制组的协调创新指标的增长趋势出现一些变化。因此,本书使用双重差分模型来检验产业政策对企业协调创新的影响,符合平行趋势假设的前提条件。

创新数量与创新质量的耦合协调值

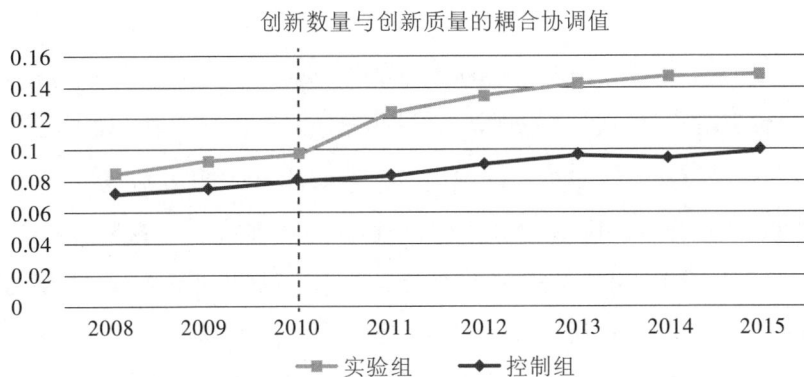

图 5-1 创新数量与创新质量耦合协调的平行趋势检验

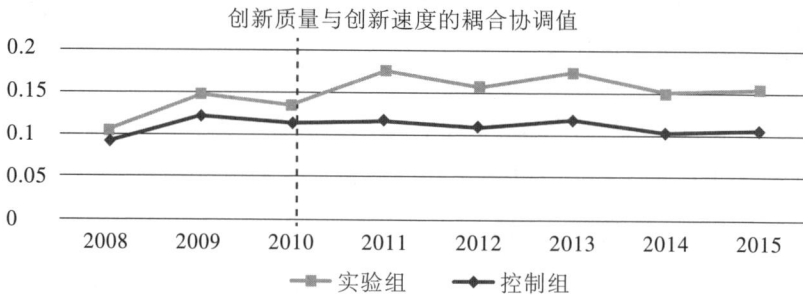

创新质量与创新速度的耦合协调值

图 5-2　创新质量与创新速度耦合协调的平行趋势检验

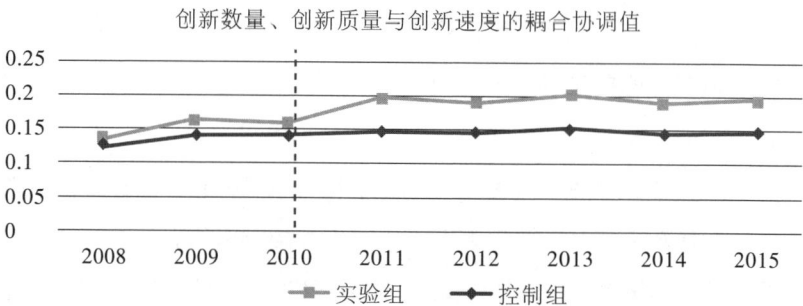

创新数量、创新质量与创新速度的耦合协调值

图 5-3　创新数量、创新质量与创新速度耦合协调的平行趋势检验

对平行趋势假设检验之后,本书进一步使用倾向得分匹配法(PSM)对实验组和控制组样本企业进行随机匹配,以解决样本选择偏误带来的内生性问题。匹配过程中,首先以企业规模(*Size*)、企业年龄(*Age*)、总资产报酬率(*Roa*)、资产负债率(*Lev*)、固定资产比率(*Fixs*)、股权集中度(*Cen*)、主营业务收入(*Inco*)这七个变量对实验组和控制组进行 Logit 回归,以预测结果作为得分值;然后运用核匹配的方法对实验组和控制组的样本进行一对一匹配;最后进行 PSM-DID 回归。DID 和 PSM-DID 两种方法的检验结果见表 5-5。

表 5-5 DID 和 PSM-DID 两种方法的回归结果中,当因变量为 *InnoNQ* 和 *InnoNQS* 时,*Treat*×*Post* 交互项系数均显著为正,影响系数分别为 0.009 和 0.004、0.009 和 0.008,这一结果意味着与不受产业政策支持的企业相比,"十二五"规划时期(2011—2015 年)受产

表 5-5 　　　　　　　　　　DID 与 PSM-DID 检验结果

变量	DID			PSM-DID		
	InnoNQ	*InnoQS*	*InnoNQS*	*InnoNQ*	*InnoQS*	*InnoNQS*
Treat	0.012***	0.014***	0.014***	0.009**	0.010***	0.012***
	（4.82）	（3.95）	（5.57）	（2.00）	（2.61）	（4.32）
Post	0.019***	0.025***	0.020***	0.018***	0.012**	0.014***
	（7.94）	（7.33）	（8.29）	（3.84）	（2.29）	（3.72）
Treat × *Post*	0.009***	0.001	0.004*	0.009*	0.007	0.008*
	（3.17）	（0.06）	（1.76）	（1.72）	（1.13）	（1.81）
年份固定效应	Y	Y	Y	Y	Y	Y
行业固定效应	Y	Y	Y	Y	Y	Y
省份固定效应	Y	Y	Y	Y	Y	Y
Cons	−0.565***	−0.292***	−0.390***	−0.683***	−0.238***	−0.276***
	（−21.49）	（−7.79）	（−14.51）	（−15.84）	（−4.70）	（−7.51）
Obs	9 920	9 920	9 920	4 300	4 300	4 300
R	0.457	0.303	0.438	0.478	0.285	0.389

　　注：***、**、*分别表示1%、5%、10%的显著性水平，括号内为t统计量。

业政策支持的企业的协调创新水平显著上升。上述结果进一步表明，产业政策在对企业创新数量、创新质量和创新速度影响的过程中，其正向的创新激励效应大于负向的创新抑制效应，二者的合力最终表现为产业政策在促进企业创新产出提高的同时，亦显著促进企业协调创新水平的提升。

5.2 稳健性检验

5.2.1 更换变量测度方法

1）替换被解释变量

专利从开始申请到最终授权需要较长的时间，具有一定的滞后性，专利一旦获得授权则说明其达到了国家知识产权局的认证。专利授权量更能准确反映企业的有效创新产出，专利申请量更能准确刻画创新产出的具体时间，二者各有优势。本书以专利授权量替换专利申请量计算企业创新数量、创新质量和创新速度，并以此分别计算企业创新数量、创新质量与创新速度的耦合协调度指标 $InnoNQ_1$、$InnoQS_1$、$InnoNQS_1$，作为企业协调创新水平的替换指标进行稳健性检验。检验结果见表5-6，结果表明替换被解释变量后本书的研究结论是稳健的。

表5-6　　　　稳健性检验——替换被解释变量

变量	（1）	（2）	（3）
	$InnoNQ_1$	$InnoQS_1$	$InnoNQS_1$
IP	0.032***	0.035***	0.033***
	(18.87)	(13.88)	(20.25)
控制变量	Y	Y	Y
年份固定效应	Y	Y	Y
行业固定效应	Y	Y	Y
省份固定效应	Y	Y	Y
Cons	−0.495***	−0.299***	−0.360***
	(−21.01)	(−8.51)	(−15.57)

变量	（1）	（2）	（3）
	$InnoNQ_1$	$InnoQS_1$	$InnoNQS_1$
Obs	12 400	12 400	12 400
R	0.437	0.308	0.458

注：***、**、*分别表示1%、5%、10%的显著性水平，括号内为t统计量。

2）替换核心解释变量

稳健性检验部分则进一步将核心解释变量替换为在"十一五"、"十二五"和"十三五"三个五年规划时期连续受到产业政策支持的企业，其IP赋值为1，其余均为0。检验结果见表5-7，结果表明本书的研究结论是稳健的。

表5-7　　　　　　　稳健性检验——替换核心解释变量

变量	（1）	（2）	（3）
	$InnoNQ$	$InnoQS$	$InnoNQS$
IP	0.020***	0.022***	0.018***
	（13.75）	（10.97）	（12.32）
控制变量	Y	Y	Y
年份固定效应	Y	Y	Y
行业固定效应	Y	Y	Y
省份固定效应	Y	Y	Y
$Cons$	−0.524***	−0.305***	−0.367***
	（−21.92）	（−9.39）	（−15.53）
Obs	12 400	12 400	12 400
R	0.465	0.316	0.446

注：***、**、*分别表示1%、5%、10%的显著性水平，括号内为t统计量。

5.2.2 替换样本

1）替换样本为制造业企业样本

本书在基准回归部分的样本企业包括农林牧渔业、制造业、信息传输、软件和信息技术服务业等19个行业大类，各行业在创新投入、创新产出和创新能力方面均有较大的差异，因此在稳健性检验部分，将农林牧渔业等18个行业大类的样本企业都剔除出去，只保留制造业企业作为研究样本，检验结果见表5-8，结果表明替换样本为制造业企业样本后，本书的研究结论依然稳健。

表5-8　　稳健性检验——替换样本为制造业企业样本

变量	（1）InnoNQ	（2）InnoQS	（3）InnoNQS
IP	0.026***	0.025***	0.022***
	（14.10）	（9.98）	（12.40）
控制变量	Y	Y	Y
年份固定效应	Y	Y	Y
行业固定效应	Y	Y	Y
省份固定效应	Y	Y	Y
Cons	−0.710***	−0.294***	−0.458***
	（−21.83）	（−6.62）	（−14.53）
Obs	6 730	6 730	6 730
R	0.439	0.186	0.352

注：***、**、*分别表示1%、5%、10%的显著性水平，括号内为t统计量。

2）剔除创新数量为0值的样本

由于本书的样本企业中各年专利申请量数据存在较多的0值，在基准回归部分出于样本完整性考虑对这部分样本予以保留，但是0值可能导致估计的企业创新效应存在一定程度的低估，因此参考王峤等（2021）的研究，将各年专利申请量等于0的样本企业剔除后进行稳健性检验，以缓解0值可能导致的结果偏差问题。检验结果见表5-9，结果表明本书的研究结论是稳健的。

表5-9 　　　　稳健性检验——剔除创新数量为0值的样本

变量	（1）	（2）	（3）
	InnoNQ	*InnoQS*	*InnoNQS*
IP	0.020***	0.014***	0.014***
	（11.88）	（6.31）	（9.48）
控制变量	Y	Y	Y
年份固定效应	Y	Y	Y
行业固定效应	Y	Y	Y
省份固定效应	Y	Y	Y
Cons	−0.548***	−0.084**	−0.283***
	（−19.30）	（−2.24）	（−11.23）
Obs	8 259	8 259	8 259
R	0.376	0.165	0.308

注：***、**、*分别表示1%、5%、10%的显著性水平，括号内为t统计量。

3）缓解其他政策因素的干扰

考虑到2008年发生全球金融危机，对企业的生产经营、投资研发等各类活动造成较大影响，同时我国政府在2009年为应对金融危机，改变经济增速下行，提出"十大产业振兴规划"的产业支持政策，基于此，为了避免该政策对本书实证分析结果产生干扰，准确识别产业政策的实施效果，参考陈爱贞等（2021）的研究，剔除样本企业2008—2010年3年的数据。检验结果见表5-10，结果表明本书的研究结论是稳健的。

表5-10 稳健性检验——缓解其他政策因素干扰

变量	（1）	（2）	（3）
	InnoNQ	*InnoQS*	*InnoNQS*
IP	0.021***	0.022***	0.018***
	（12.08）	（9.98）	（11.05）
控制变量	Y	Y	Y
年份固定效应	Y	Y	Y
行业固定效应	Y	Y	Y
省份固定效应	Y	Y	Y
Cons	−0.572***	−0.226***	−0.347***
	（−18.92）	（−6.05）	（−12.22）
Obs	8 680	8 680	8 680
R	0.489	0.343	0.474

注：***、**、*分别表示1%、5%、10%的显著性水平，括号内为 t 统计量。

5.2.3 更换方法

本书在基准回归中控制了年份、省份和行业固定效应，但仍然可能存在遗漏随时间变化的行业层面变量的可能性。因此，为了排除随时间变化的行业因素可能对企业协调创新水平产生的影响，在模型（5-2）中加入年份×行业固定效应，回归结果见表5-11。结果表明，在进一步增加年份×行业固定效应后，本书的回归结果依然稳健。

表 5-11　　　稳健性检验——考虑年份×行业固定效应

变量	（1）	（2）	（3）
	InnoNQ	*InnoQS*	*InnoNQS*
IP	0.026***	0.027***	0.024***
	（16.87）	（12.66）	（15.56）
控制变量	Y	Y	Y
年份固定效应	Y	Y	Y
行业固定效应	Y	Y	Y
省份固定效应	Y	Y	Y
年份×行业固定效应	Y	Y	Y
Cons	−0.509***	−0.296***	−0.355***
	（−17.42）	（−7.43）	（−12.28）
Obs	12 400	12 400	12 400
R	0.479	0.331	0.459

注：***、**、*分别表示1%、5%、10%的显著性水平，括号内为*t*统计量。

5.3　内生性问题处理

内生性问题产生的原因主要是可能存在遗漏变量、测量误差导致的偏误和潜在的双向因果关系等问题。首先，本书在基准回归模型（1）、（2）中除了控制企业层面和地区层面的一系列控制变量外，还控制了年份、行业和省份固定效应，以尽可能消除遗漏变量的影响。其次，从理论上说产业政策是国家层面的宏观政策，相对企业来讲是外生变量，国家制定和推行产业政策主要是基于扶持特定产业发展、推动技术创新、实现产业结构优化升级，对产业形成和发展进行干预，实现经济持续稳定和高质量发展等目的考虑，不会受到单个企业创新的影响，二者之间存在反向因果关系的可能性较低。本书借鉴曹春方和张超（2020）的处理，把衡量企业协调创新的指标 *InnoNQ*、*InnoQS* 和 *InnoNQS* 分别作为解释变量并滞后两期，把产业政策虚拟变量 *IP* 作为被解释变量，使用控制行业、省份和年份固定效应的 Logit 模型进行反向因果关系的检验。若产业政策 *IP* 的系数不显著，说明不存在反向因果关系；反之，则说明存在反向因果关系。结果显示，将企业协调创新指标滞后两期后，产业政策的系数均不显著，说明产业政策与企业协调创新之间不存在反向因果关系。表5-12的回归结果符合我们的预期，表明在控制内生性问题后，本书的研究结论依然成立。

表5-12 内生性问题处理

变量	（1）	（2）	（3）
	IP	*IP*	*IP*
L2. InnoNQ	−0.234		
	(−0.66)		
L2. InnoQS		−0.123	
		(−0.45)	
L2. InnoNQS			−0.238
			(−0.70)
控制变量	Y	Y	Y
年份固定效应	Y	Y	Y
行业固定效应	Y	Y	Y
省份固定效应	Y	Y	Y
Cons	−0.398***	−0.305***	−0.325***
	(−19.29)	(−10.17)	(−14.33)
Obs	12 400	12 400	12 400
PseudoR	0.474	0.341	0.446

注：***、**、*分别表示1%、5%、10%的显著性水平，括号内为 *t* 统计量。

5.4 基于不同视角的非均衡性分析

鉴于政府产业政策对企业协调创新的影响效应可能因企业层面特征、地区层面特征和制度环境层面特征不同而表现出差异性，为此，本书借鉴陈经和姜能鹏（2020）在模型（5-2）的基础上分别引入企业层面特征变量、地区层面特征变量和制度环境层面特征变量，检验产业政策对企业协调创新的非均衡性影响。构建的模型如下所示：

$$InnoNQ_{it} / InnoQS_{it} / InnoNQS_{it} = \alpha_0 + \beta_1 Het_{it} * IP_{it} + \beta_2 IP_{it} + \beta_3 Het_{it} +$$

$$\sum \beta_k Control_{it} + \sum Year + \sum Industry +$$

$$\sum Province + \varepsilon_{it} \qquad (5-4)$$

式中：Het_{it} 为非均衡性虚拟变量，包括企业层面的特征变量——企业所有权性质、企业规模和企业生命周期，地区层面的特征变量——地区金融科技发展水平和东中西部地区，制度环境层面的特征变量——市场化程度、要素市场扭曲程度和营商环境。

关于企业层面的特征变量，企业所有权特征用 Soe 表示，国有企业 $Soe=0$，民营企业 $Soe=1$，$Soe×IP_{it}$ 表示相对于国有企业，产业政策对民营企业协调创新水平的影响；企业规模特征用 $Size$ 表示，以企业营业收入 50% 分位数为界，对企业规模大小进行分组，当企业规模较小时 $Size=0$，当企业规模较大时 $Size=1$，$Size×IP$ 表示相较于规模较小的企业，产业政策对规模较大企业协调创新水平的影响；企业生命周期分类用 $Life$ 衡量，成熟期和衰退期企业 $Life=0$，成长期企业 $Life=1$，$Life×IP$ 表示相对于成熟期和衰退期企业，产业政策对成长期企业协调创新水平的影响。

关于地区层面的特征变量，地区金融科技发展水平用 *Finc* 表示，采用金融机构存贷款金额/GDP 作为地区金融科技发展水平的代理变量，以地区金融科技发展水平 50% 分位数为界将各地区划分为外部金融科技发展水平高和低两个组别（张金清等，2022），当地区金融科技发展水平高时 *Finc*=1，当地区金融科技发展水平低时 *Finc*=0，*Finc×IP* 表示相对于地区金融科技发展水平低的企业，产业政策对地区金融科技发展水平高的企业协调创新水平的影响；东、中、西部地区企业异质性用 *Zone* 表示，根据企业所在地区的不同进行分组，当企业在中部或者西部地区时 *Zone*=0，当企业在东部地区时 *Zone*=1，*Zone×IP* 表示相比于中西部地区的企业，产业政策对东部地区企业协调创新水平的影响。

关于制度环境层面的特征变量，市场化程度用 *Market* 表示，采用王晓鲁等编制的《中国分省份市场化指数报告（2018）》中的市场化总指数衡量。以市场化总指数的 50% 分位数为界进行分组，当企业所在地区市场化指数较高时 *Market*=1，当企业所在地区市场化指数较低时 *Market*=0，*Market×IP* 表示相对于市场化程度较低地区的企业，产业政策对市场化程度较高地区企业协调创新水平的影响。要素市场扭曲指数用 *Factor* 表示，借鉴张杰等（2011）对要素市场扭曲指数的测度，*Factor*=（各省份地区产品市场市场化进程程度指数－要素市场市场化进程程度指数）/产品市场市场化进程程度指数，其中，各省份地区产品市场市场化进程程度指数和要素市场市场化进程程度指数均来自王晓鲁等编制的《中国分省份市场化指数报告（2018）》。以要素市场扭曲程度的 50% 分位数为界进行分组，当企业面临的要素市场扭曲程度较低时 *Factor*=0，当企业面临的要素市场扭曲程度较高时 *Factor*=1，*Factor×IP* 表示相对于要素市场扭曲程度较小的企业，产业政策对要素市场扭曲程度较大企业协调创新水平的影响。营商环境采用王晓鲁等编制的《中国分省企业经营环境指数 2020 年报告》中的企业经营环境总指数（Be）来衡量。以企业经营环境总指数的 50% 分位数为界进行分组，当企业经营环境总指数较低时 $Be=0$，当企业经营环境总指数较高时 $Be=1$，$Be \times IP$ 表示相对于企业经营环境较差地区的企业，产业政策对企业经营环境较好地区企业协调创新水平的影响。

5.4.1 企业层面的非均衡性分析

1）基于企业所有权性质

已有研究表明，与民营企业相比，国有企业因政企关联、隐性担保、预算软约束等原因在融资过程中获得了更多的银行信贷资金（白重恩等，2004；盛明泉等，2012）；而民营企业在融资过程中较易遭受"信贷歧视"，产生较为严重的融资约束问题。企业资金数量的多少决定着企业进行研发创新活动和 R&D 投入的强度，那么企业所有权性质的不同是否会影响产业政策对企业协调创新的作用？

表 5-13 显示了产业政策影响不同所有制企业协调创新水平的回归结果。当因变量为 $InnoQS$ 时，$Soe \times IP$ 的系数为 0.008，在 5% 水平上显著，说明与国有企业相比，产业政策支持对民营企业协调创新水平的提升作用相对要更强一些。其原因可能在于，民营企业获取低成本创新要素的能力普遍较弱，会产生较为严重的融资约束问题。当民营企业面对研发资金的高投入和创新产出的高不确定性时，如果能获得产业政策支持，得到政府补助资金、所得税减免等优惠措施，会缓解其研发资金压力，激发创新投入，有更大的动力持续创新，在提高创新质量的同时加快创新速度。

表 5-13　　企业层面非均衡性分析——基于企业所有权性质

变量	（1）	（2）	（3）
	InnoNQ	*InnoQS*	*InnoNQS*
Soe×IP	−0.000	0.008**	0.003
	（−0.19）	（2.35）	（1.05）
IP	0.025***	0.017***	0.019***
	（14.14）	（7.07）	（11.06）
Soe	−0.005***	−0.013***	−0.008***
	（−2.81）	（−5.11）	（−4.33）
控制变量	Y	Y	Y
年份固定效应	Y	Y	Y
行业固定效应	Y	Y	Y
省份固定效应	Y	Y	Y
Cons	−0.514***	−0.284***	−0.353***
	（−21.41）	（−8.65）	（−14.84）
Obs	Observations	12 400	12 400
R	R−squared	0.471	0.318

注：***、**、*分别表示1%、5%、10%的显著性水平，括号内为 *t* 统计量。

2）基于企业规模

企业经营规模由于所在行业、年龄、发展阶段和盈利能力的不同而存在较大的差异，面对产业政策的支持，不同规模企业的经营、投资和研发策略会有所不同，使得其创新产出表现出差异性，产业政策的协调创新效应也可能存在显著差异。

表5-14显示了产业政策影响不同规模企业协调创新水平的回归结果。当因变量为 *InnoNQ* 和 *InnoNQS* 时，*Size×IP* 的系数分别为0.018和0.008，且均在1%水平上显著，说明相比于规模较小的企业，产业政策对规模较大企业协调创新水平的提升作用更强。其原因可能在

于，技术创新活动需要一定的规模效应，且企业规模与创新产出正相关。对于大规模企业而言，其经营模式、研发体系和研发策略相对较为成熟，面对产业政策支持时，会更加注重企业长远发展，在长期的研发创新活动中，其更能兼顾创新数量、创新质量与创新速度间的相互促进、协调发展。小规模企业经营发展更为灵活，具有"船小好调头"的特点，当面对产业政策支持时，由于存在生产经营、市场竞争等方面的压力，可能会更追求创新数量或者创新速度，忽略了创新质量，进而影响到协调创新水平的提升。

表 5-14 　　企业层面非均衡性分析——基于企业规模

变量	（1）	（2）	（3）
	InnoNQ	*InnoQS*	*InnoNQS*
Size×IP	0.018***	−0.004	0.008***
	（7.47）	（−1.28）	（3.22）
IP	0.017***	0.023***	0.017***
	（9.16）	（9.27）	（9.56）
Size	−0.024***	−0.007**	−0.015***
	（−10.64）	（−2.38）	（−6.66）
控制变量	Y	Y	Y
年份固定效应	Y	Y	Y
行业固定效应	Y	Y	Y
省份固定效应	Y	Y	Y
Cons	−0.597***	−0.362***	−0.426***
	（−22.92）	（−10.13）	（−16.43）
Obs	Observations	12 400	12 400
R	R-squared	0.476	0.317

注：***、**、*分别表示1%、5%、10%的显著性水平，括号内为 *t* 统计量。

3）基于企业所处生命周期

生命周期理论指出，企业在不同的生命周期阶段，其规模、投融资策略、盈利能力、成长性和研发创新意愿等都会显著不同，进而带来研发投入、创新产出或者创新成功率等企业创新表现的差异。与衰退期企业相比，处于成长期的企业往往具有更多投资机会，更加注重企业长远发展，更有持续研发创新的意愿与动力。创新数量、创新质量和创新速度之间相互促进、协调发展是企业发展到特定生命周期阶段下的最理想状态。

产业政策对不同生命周期企业协调创新水平影响的回归结果见表5-15。当因变量为 *InnoNQ* 和 *InnoNQS* 时，*Life×IP* 的系数为0.008和0.005，分别在1%和10%水平上正向显著，说明相对于成熟期和衰退期企业，产业政策对成长期企业协调创新水平的提升作用更强。其原因可能在于，在企业处于成长期，受到产业政策支持时，随着研发创新投入的增加，新产品开发周期会缩短，创新含量高的发明专利会大量增加，企业创新质量逐渐提高，同时企业的创新速度也会以较大幅度提升；当企业发展到成熟期时，其创新数量与创新速度很难再继续同步发展，此时企业的创新数量总量很高，但是创新速度相对趋缓，创新质量会继续小幅度提高；当企业处于衰退期时，随着研发创新活动的不断减少直至趋近于0，其创新产出亦会降到很低。成熟期和衰退期企业的协调创新水平普遍低于成长期企业。

表5-15　　企业层面非均衡性分析——基于企业生命周期

变量	（1）	（2）	（3）
	InnoNQ	*InnoQS*	*InnoNQS*
Life×IP	0.008***	0.001	0.005*
	（3.57）	（0.40）	（1.92）

变量	（1）	（2）	（3）
	InnoNQ	*InnoQS*	*InnoNQS*
IP	0.021***	0.020***	0.019***
	（12.23）	（8.49）	（10.86）
Life	0.004**	0.005**	−0.000
	（2.08）	（2.21）	（−0.05）
控制变量	Y	Y	Y
年份固定效应	Y	Y	Y
行业固定效应	Y	Y	Y
省份固定效应	Y	Y	Y
Cons	−0.524***	−0.298***	−0.366***
	（−22.04）	（−9.17）	（−15.50）
Obs	12 400	12 400	12 400
R	0.471	0.317	0.450

注：***、**、*分别表示1%、5%、10%的显著性水平，括号内为 *t* 统计量。

基于以上关于企业层面的特征变量——所有权性质、规模和企业生命周期结果的检验，本书的研究假设 H4a 得到验证。

5.4.2 地区层面的非均衡性分析

1）基于东中西部不同地区

改革开放以来中国经济在高速增长的同时，也呈现出较为显著的区域不平衡特征，东部地区的经济增长速度明显快于中部和西部地区。企业的创新行为亦表现出同经济发展相似的区域不平衡性，东部地区的产业集聚和区域创新水平显著高于中西部地区。

表 5-16 显示了产业政策影响东中西部不同地区企业协调创新水平的回归结果。当因变量为 *InnoNQ* 时，*Zone×IP* 的系数为 0.005，在 5% 水平上正向显著，说明与中西部地区企业相比，产业政策支持对东部地区企业协调创新水平的提升作用相对更强。其原因可能在于，产业政策的支持会使得东部地区的企业更趋于高质量的创新，而对于经济发展和区域创新水平都较为落后的中西部地区而言，企业在获得产业政策支持下的各种补贴及税收优惠后，会增加研发投入，进而提高其创新产出数量及创新质量，提升创新速度。

表 5-16　　　地区层面非均衡性分析——基于东中西部地区

变量	（1）	（2）	（3）
	InnoNQ	*InnoQS*	*InnoNQS*
Zone×IP	0.005**	0.002	0.002
	（2.03）	（0.51）	（0.84）
IP	0.022***	0.020***	0.020***
	（10.41）	（6.91）	（9.36）
Zone	0.055	0.094	0.072
	（0.84）	（1.05）	（1.12）
控制变量	Y	Y	Y
年份固定效应	Y	Y	Y
行业固定效应	Y	Y	Y
省份固定效应	Y	Y	Y
Cons	−0.584***	−0.398***	−0.441***
	（−8.48）	（−4.23）	（−6.47）
Obs	12 400	12 400	12 400
R	0.471	0.316	0.450

注：***、**、*分别表示1%、5%、10%的显著性水平，括号内为 *t* 统计量。

2）基于地区金融科技发展水平

金融科技依托于大数据、云计算和区块链等数字技术的发展，通过拓宽资金来源、解决资金供求双方信息不对称、缓解融资约束等路径对企业创新产生挤入效应，为技术创新机会的转移和优化配置创造良好条件，提高企业技术创新水平。我国由于区域发展不平衡，不同地区的金融科技发展水平也存在较大差异。中西部地区由于经济发展水平相对较低，金融科技发展落后，加之业务拓展成本较高，使得金融市场处于低效状态，难以充分满足企业创新资金需求；而经济发展水平较高的东部地区，金融科技水平也较为发达，大量集中的生产交易活动产生虹吸效应，汇集了更多流入资本，金融中介机构更易通过资金供求双方的规模经济降低交易成本，合理配置金融资源，促进企业创新能力提升。

表 5-17 显示了产业政策影响东中西部不同地区企业协调创新水平的回归结果。当因变量为 *InnoNQ*、*InnoQS* 和 *InnoNQS* 时，*Life×IP* 的系数分别为 0.010、0.011 和 0.009，且均在 1% 水平上正向显著，说明相对于金融科技发展水平低地区的企业，产业政策对金融科技发展水平高地区的企业协调创新水平的提升作用更强。其原因可能在于，金融科技发展水平较高地区的企业，资金来源渠道多样、交易成本较低、融资环境相对宽松，使得企业能够进行长期持续性的研发资金投入，同时企业有更多的创新机会和更为合理的资源配置，使企业的创新产出和协调创新水平不断提高。

表 5-17 地区层面非均衡性分析——基于地区金融科技发展水平

变量	（1）	（2）	（3）
	InnoNQ	*InnoQS*	*InnoNQS*
Finc×IP	0.010***	0.011***	0.009***
	（3.99）	（3.08）	（3.81）

变量	（1）	（2）	（3）
	InnoNQ	*InnoQS*	*InnoNQS*
IP	0.021***	0.017***	0.017***
	（11.67）	（6.75）	（9.49）
Finc	−0.007***	−0.010***	−0.008***
	（−2.75）	（−3.01）	（−3.09）
控制变量	Y	Y	Y
年份固定效应	Y	Y	Y
行业固定效应	Y	Y	Y
省份固定效应	Y	Y	Y
Cons	−0.522***	−0.300***	−0.364***
	（−21.88）	（−9.20）	（−15.41）
Obs	12 400	12 400	12 400
R	0.471	0.317	0.450

注：***、**、*分别表示1%、5%、10%的显著性水平，括号内为*t*统计量。

基于以上关于地区层面特征变量——东中西部地区和地区金融科技发展水平回归结果的检验，本书的研究假设 H4b 得到验证。

5.4.3 制度环境层面的非均衡性分析

1）基于市场化程度

我国市场化改革过程中一个突出的问题是各省份地区市场化发育进程不同。地方政府为了推动经济发展会采取不同的政策措施和激励手段，这种不同地方政府采取的推动经济发展的差异性激励手段也可以理解为政府干预经济程度的差异性特征。不同地区的市场化改革进程呈现出的差异性，会对企业创新投入和创新产出产生不同的影响效应（张杰，2020）。

表5-18显示了产业政策影响不同市场化程度地区企业协调创新水平的回归结果。当因变量为 *InnoNQ*、*InnoQS*、*InnoNQS* 时，*Market×IP* 的系数分别为 -0.009、-0.005 和 -0.005，在 1%、10% 和 5% 水平上呈负向显著，说明与市场化程度较低地区的企业相比，产业政策支持对市场化程度较高地区企业的协调创新水平产生负向抑制效应。其原因可能在于，对于市场化程度较低的地区，企业更加重视能够获得政府产业政策支持的机会，以获取更多的土地、资金、资源等方面的政策优惠措施，弥补自身创新资源的缺乏，帮助企业发展，这一点同叶祥松和刘敬（2020）的研究结论有一定的相似性。叶祥松和刘敬（2020）研究发现，企业自主创新的收益率与市场化程度呈反向变动关系，地区市场化程度的提高对高端制造业向国际先进水平攀升有显著抑制作用。

表5-18　　制度环境层面非均衡性分析——基于市场化程度

变量	（1）	（2）	（3）
	InnoNQ	*InnoQS*	*InnoNQS*
Market×IP	-0.009***	-0.005*	-0.005**
	（-3.60）	（-1.65）	（-2.32）
IP	0.030***	0.024***	0.024***
	（15.99）	（9.42）	（12.93）
Market	0.011***	0.006*	0.007***
	（4.46）	（1.75）	（2.89）
控制变量	Y	Y	Y
年份固定效应	Y	Y	Y

变量	（1）	（2）	（3）
	InnoNQ	*InnoQS*	*InnoNQS*
行业固定效应	Y	Y	Y
省份固定效应	Y	Y	Y
Cons	−0.531***	−0.306***	−0.371***
	（−22.33）	（−9.42）	（−15.75）
Obs	12 400	12 400	12 400
R	0.472	0.316	0.450

注：***、**、*分别表示1%、5%、10%的显著性水平，括号内为 *t* 统计量。

2）基于要素市场扭曲程度

我国市场化改革过程中另外一个突出的问题是要素市场的市场化发育进程滞后于产品市场的市场化发育进程，这种滞后性一定程度上反映的是地方政府对要素市场交易活动的控制与干预，进而导致要素市场的扭曲问题。其可能引发的一个问题就是，会使得企业更加密集使用有形要素，而不愿进行自主的研发创新活动，甚至会引发企业的寻租活动，以获取超额利润或租金收益（张杰等，2011）。现阶段我国的知识产权保护制度尚处于逐步建立和发展完善过程中，要素市场扭曲程度对企业研发创新的负向激励效应可能就愈加显著。

表5-19显示了产业政策影响不同要素市场扭曲程度地区企业协调创新水平的回归结果。当因变量为 *InnoNQ* 时，*Factor×IP* 的系数为−0.007，在1%水平上呈负向显著，说明与要素市场扭曲程度较低地区的企业相比，产业政策支持对要素市场扭曲程度较高地区企业的协调创新水平产生负向抑制效应。

表 5-19 　　制度环境层面非均衡性分析——基于要素市场扭曲程度

变量	（1）	（2）	（3）
	InnoNQ	*InnoQS*	*InnoNQS*
Factor×IP	−0.007***	−0.003	−0.004
	（−3.09）	（−0.85）	（−1.53）
IP	0.027***	0.022***	0.022***
	（18.07）	（10.69）	（14.80）
Factor	−0.004	0.004	−0.001
	（−1.29）	（0.78）	（−0.35）
控制变量	Y	Y	Y
年份固定效应	Y	Y	Y
行业固定效应	Y	Y	Y
省份固定效应	Y	Y	Y
Cons	−0.522***	−0.304***	−0.367***
	（−21.93）	（−9.35）	（−15.53）
Obs	12 400	12 400	12 400
R	0.471	0.316	0.450

注：***、**、*分别表示1%、5%、10%的显著性水平，括号内为 *t* 统计量。

3）基于营商环境

相关理论和实践都证明，企业的生存与发展离不开营商环境的作用，营商环境的改变很可能会影响企业的创新意愿。从"十一五"到"十二五"再到"十三五"时期，我国政府实施了一系列减税降费、深化"放管服"等关于营商环境的改革措施，不断加强对营商环境的治理和优化，使我国的营商环境得到了较大程度的提高和改善（郭飞等，2022）。良好的营商环境能降低制度性交易成本，扩宽企业融资渠道，有助于企业及时把握有利的研发投资机会，激励企业提高创新投入与创新产出。

表 5-20 显示了产业政策影响不同营商环境地区企业协调创新水平的回归结果。当因变量为 $InnoQS$ 和 $InnoNQS$ 时，$Be×IP$ 的系数分别为 -0.007 和 -0.005，均在 5% 水平上呈负向显著，说明与营商环境较差地区的企业相比，产业政策支持对市营商环境良好地区企业的协调创新水平产生负向抑制效应。其原因同市场化程度相似，与营商环境较差地区的企业相比，位于营商环境良好地区的企业出于市场竞争效应，本身就偏向于进行较多的研发创新活动，技术创新水平相对较高，当企业受到产业政策支持时，对于企业协调创新的影响表现为不显著或者负向抑制效应。

表 5-20　　　制度环境层面非均衡性分析——基于营商环境

变量	（1）	（2）	（3）
	$InnoNQ$	$InnoQS$	$InnoNQS$
$Be×IP$	−0.001	−0.007**	−0.005**
	（−0.42）	（−2.08）	（−2.12）
IP	0.026***	0.025***	0.024***
	（13.53）	（9.50）	（12.52）
Be	−0.000	0.011***	0.005**
	（−0.12）	（2.86）	（1.97）
控制变量	Y	Y	Y
年份固定效应	Y	Y	Y
行业固定效应	Y	Y	Y
省份固定效应	Y	Y	Y
$Cons$	−0.528***	−0.306***	−0.370***
	（−22.17）	（−9.41）	（−15.71）
Obs	12 400	12 400	12 400
R	0.471	0.316	0.450

注：***、**、*分别表示1%、5%、10%的显著性水平，括号内为 t 统计量。

基于以上关于制度环境层面的特征变量——市场化程度、要素市场扭曲程度和营商环境结果的检验，本书的研究假设H4c得到验证。

5.5 本章小结

本章采用计量模型和经验数据，实证检验了产业政策支持对企业创新产出和协调创新水平的影响，对第3章的研究假设也做了一定的验证。

产业政策对企业创新的检验结果表明，产业政策不仅能激励受扶持企业的创新数量，也能提高其创新质量和创新速度。进一步对三个五年规划时期分期回归结果进行检验，我们发现，三个五年规划时期产业政策支持均显著促进了企业创新数量的增加和创新质量的提升，对创新速度呈正向影响，但影响程度呈逐期下降趋势，且由显著到不显著。其中，对创新数量的影响系数分别为0.425、0.450和0.609，影响程度不断增强；对创新质量的影响系数分别为0.074、0.100和0.071，表现为先增强后减弱的趋势；对创新速度的影响系数依次为0.189、0.141和0.052，显著性由1%水平上显著降到5%水平上显著，再降到不显著。总体而言，本书发现受产业政策支持企业的创新表现并不仅仅只是一种追求"数量"的策略性创新行为，同时也是追求"质量"的实质性创新行为，企业在不断推进技术创新的过程中实现从量变到质变的技术飞跃。

本章在利用耦合协调模型对创新数量与创新质量的耦合协调（*InnoNQ*）、创新质量与创新速度的耦合协调（*InnoQS*），以及创新数量、创新质量和创新速度的耦合协调（*InnoNQS*）计算协调创新指标的基础上，检验产业政策对企业协调创新水平的影响。检验结果表明，*InnoNQ*、*InnoQS*和*InnoNQS*的回归系数分别为0.025、0.021和

0.020，且均通过了1%的统计显著性检验，产业政策支持能显著提高企业的协调创新水平。为了进一步反映和体现产业政策实施前后、企业所在行业受产业政策支持和不受产业政策支持的政策效应差异，本书采用DID和PSM-DID两种方法检验了"十二五"规划的实施对企业协调创新水平的影响。在采用替换被解释变量、替换核心解释变量、剔除创新数量为0值的样本、排除十大产业振兴规划的影响、替换样本为制造业样本及更换不同固定效应的设定等一系列方法后，本书的稳健性检验结果依然支持上述结论，通过利用Logit模型进行反向因果关系检验后，认为本书的基准检验不存在明显的内生性问题。因此，可以看出本章有关产业政策支持与企业协调创新水平之间关系的结论是可靠的。

此外，鉴于政府产业政策对企业协调创新的影响效应可能因企业层面特征、地区层面特征和制度环境层面特征不同而表现出差异性，为此，本书在基本回归模型的基础上分别引入企业层面特征变量、地区层面特征变量和制度环境层面特征变量，对产业政策的协调创新效应进行非均衡性探究。研究发现，企业自身产权性质、规模大小、所处生命周期等特征的不同，地区经济发展、金融科技发展水平的不同，以及市场化程度、要素市场扭曲程度和地区营商环境等制度环境的差异会影响企业在面对产业政策支持时的行为表现，继而使得企业的协调创新水平呈现出非均衡性特征。

第 6 章

经验检验Ⅱ：产业政策对企业协调创新影响的
作用机制分析

上一章产业政策对企业协调创新影响的基本效应分析就"产业政策—企业协调创新"间的关系进行了整体性刻画,为理解政府产业政策对企业协调创新的影响提供了较为丰富的实证数据支撑,但尚未对二者之间的机制黑箱进行研究。本章则针对上述问题着重就二者之间影响的渠道机制进行识别检验。

政府产业政策对企业创新的影响过程中存在资源获取和信号传递两个通道。企业创新活动的正外部性和高风险需要大量的 R&D 资金投入,当企业面临内源融资压力时,会转向寻求不同渠道的外源融资。当企业受到产业政策支持时,会通过政府补助、税收优惠、产业发展基金、市场准入、人才资助等手段,获取更多的创新资源,弥补企业创新的正外部性损失,缓解企业创新资金约束、市场竞争不充分、高素质人才短缺等问题,促进企业增加研发投入,激励企业创新。同时,当企业受到产业政策支持后能够向外界传递企业受政府认可的积极信号,有利于企业获得创新所需资源,提高企业创新产出水平(Feldman and Kelley,2006;Kleer,2010),提升企业协调创新水平。

政府产业政策信号传递机制的作用除了能够向外界传递有利于企业的积极信号之外,还能够降低企业与债权人、投资者之间的信息不对称程度。从企业角度看,作为信息优势方,出于避免技术泄密、节约信息披露成本等考虑,很多企业不愿意将有关研发项目的市场发展前景、关键技术手段、可能获取的潜在收益和存在的隐藏风险等信息向市场公开披露。从外部投资者角度看,作为信息劣势方,要投入大量时间、人力和物力收集、研究项目相关信息,付出较多的信息鉴别成本,以筛选具有技术领先优势的研发项目和企业,监督企业研发创新活动,其间难免会面临逆向选择和道德风险问题(郭玥,2018)。政府作为第三方主体通过政府补贴、税收优惠、市场准入等政策干预手段介入企业与债权人、外部投资者及上下游供应链企业之间的互动合作关系。企业通过受产业政策支持向外界释放的受政府认可、可获得较多资源配置的积极信号，使得市场投资者基于对政府支持产业发展的信任而给予企业更高的信用认可和资金支持（王刚刚等，2017），形成稳定的多元化资金支持链和产业供应链。同时，在推行产业政策过程中，政府为了鼓励产业发展，会放松对受扶持产业的项目审批程序和市场准入限制，从而使得更多的企业能够进入产业政策支持的行业，提高被扶持行业中企业的市场竞争程度（余明桂等，2016），激励企业进行创新以提高自身竞争力。产业政策在实施过程中的各项扶持资助计划亦会在对支持产业的资源配置倾斜中逐渐形成产业聚集和人才集聚效应。

因此，本书从政府推行产业政策过程中的直接干预手段出发，基于信号传递的研究视角，沿着融资约束、市场竞争和人才集聚三条路径分别进行作用机制检验。

6.1 基于融资约束路径的机制分析

企业的内部研发、技术创新活动会产生大量、持续性的资金需求，当企业资金紧张，面临严峻的融资约束时，企业会将有限的资金优先用于日常运营活动和短期盈利性好的项目中，减少研发投入，使得企业的技术创新水平下降。产业政策的实施在向企业的外部利益相关者传递企业受扶持、具有资源获取优势、值得信任的积极信号的同时，提高了市场对受扶持行业的预期，银行给受产业政策扶持企业的贷款意愿增强，企业可以较为容易地从银行获得低成本的信贷资金。同时，为了鼓励扶持行业创新发展，政府也会给予鼓励性行业大量的政府补贴和所得税减免等税收优惠措施，使得受扶持企业的融资约束得到较大程度的缓解。当企业的融资约束得到缓解后，企业的创新投入增加，创新数量亦随之上升。

6.1.1　模型构建

本节选择企业融资约束作为中介变量，使用中介效应模型实证分析产业政策影响企业协调创新的传导机理，同时借鉴 Hayes（2009）、温忠麟和叶宝娟（2014）的递归方程，构建如下计量模型：

$$InnoNQ_{it} / InnoQS_{it} / InnoNQS_{it} = \alpha_0 + \alpha_1 IP_{it} + \sum \alpha_k Control_{it} +$$

$$\sum Year + \sum Industry + \sum Province + \varepsilon_{it} \quad (6-1)$$

$$FC_{it} = \beta_0 + \beta_1 IP_{it} + \sum \beta_k Control_{it} + \sum Year + \sum Industry + \sum Province + \varepsilon_{it} \quad (6-2)$$

$$InnoNQ_{it} / InnoQS_{it} / InnoNQS_{it} = \gamma_0 + \gamma_1 IP_{it} + \gamma_2 FC_{it} + \sum \gamma_k Control_{it} +$$

$$\sum Year + \sum Industry + \sum Province + \varepsilon_{it} \quad (6-3)$$

式中：FC 代表融资约束中介变量；$InnoNQ$、$InnoQS$、$InnoNQS$ 代表企业的协调创新水平；其他变量的定义同前文一致。

目前常用的定量测度企业融资约束的方法有 KZ 指数、SA 指数和 WW 指数等方法，KZ 指数和 WW 指数计算中都包含了内生性较强的一些变量，具有一定局限性。本书借鉴 Hadlock 和 Pierce（2009）的方法，运用 SA 指数来测算企业的融资约束程度。SA 指数的计算公式为：

$$SA = -0.737Size + 0.043Size - 0.04Age$$

式中：$Size$ 是用企业总资产的对数值表示的企业规模；Age 是自企业成立开始按月计算的企业年龄。

SA 指数越小，表明企业所面临的融资约束程度越小。基于此，本书使用 SA 指数度量企业面临的融资约束程度大小。

模型6-1、6-2和6-3用于检验"产业政策—融资约束—企业协调创新"这一影响路径。具体检验程序如下：首先，运用模型（6-1）来检验产业政策对企业协调创新是否存在影响，主要通过观察模型

（6-1）中的回归系数 α_1 来完成；其次，运用模型（6-2）来检验产业政策对融资约束这个中介机制的影响，主要通过观察模型（6-2）中的回归系数 β_1 来完成；最后，同时检验产业政策、融资约束对企业协调创新的影响，通过观察模型（6-3）中的回归系数 γ_1 和 γ_2 来完成。

中介效应的存在需要满足以下条件：①β_1 在统计上显著，如果不显著，则说明产业政策—融资约束的中介效应不存在。②在 β_1 和 γ_2 都显著的情况下，若 γ_1 也显著且满足产业政策对企业协调创新的影响效应变小，则说明融资约束在产业政策—企业协调创新影响过程中存在部分中介效应；若 γ_1 不显著，则表示融资约束存在完全中介效应。③若 β_1、γ_2 中至少有一个不显著，则需要通过 $Sobel$ 检验判断中介效应（$\beta_1 \times \gamma_2$）的显著性。

6.1.2 融资约束的中介效应检验

表6-1显示了"产业政策—融资约束—企业协调创新"的中介效应检验结果，第（1）、（2）、（3）列为不纳入中介变量的检验结果，当因变量分别为 $InnoNQ$、$InnoQS$、$InnoNQS$ 时，产业政策 IP 的系数 α_1 均在1%水平上显著为正，说明受到产业政策支持的企业，其协调创新水平获得显著提升。第（4）列为产业政策对企业融资约束影响的检验结果，由结果可知，产业政策 IP 的系数 β_1 在1%的水平上显著为负，说明产业政策支持对企业的融资约束程度存在缓解效应。本书重点关注纳入中介变量后的第（5）、（6）、（7）列的检验结果，当因变量分别为 $InnoNQ$、$InnoNQS$ 时，中介变量 FC 的系数估计值 γ_2 在1%的水平上显著为负，说明随着企业融资约束程度的缓解，企业协调创新水平在上升。当因变量为 $InnoQS$ 时，中介变量 FC 的系数估计值 γ_2 不显著，说明随着企业融资约束程度的缓解，企业创新质量与创新速度的协调创新水平并未随之上升。产业政策 IP 的系数估计值 γ_1 均在

1%的水平上显著为正，且系数值分别小于第（1）、（2）、（3）列的系数值（即$|\gamma_1|<|\alpha_1|$），说明企业的融资约束在产业政策影响企业协调创新的过程中产生部分中介效应。为稳健起见，本书也进行了Sobel检验，Z统计量通过了1%水平的统计检验，这进一步证实了"产业政策—融资约束—企业协调创新"这一中介效应的显著性，本书的研究假设H3a得到验证。

表6-1　　　　　　　　　中介效应检验——融资约束

变量	（1）	（2）	（3）	（4）	（5）	（6）	（7）
	InnoNQ	InnoQS	InnoNQS	FC	InnoNQ	InnoQS	InnoNQS
IP	0.025***	0.021***	0.020***	−0.020***	0.024***	0.020***	0.018***
	(17.74)	(10.78)	(14.81)	(−3.19)	(18.43)	(10.79)	(15.06)
FC					−0.034***	−0.002	−0.016***
					(−16.94)	(−0.55)	(−7.77)
控制变量	Y	Y	Y	Y	Y	Y	Y
年份固定效应	Y	Y	Y	Y	Y	Y	Y
行业固定效应	Y	Y	Y	Y	Y	Y	Y
省份固定效应	Y	Y	Y	Y	Y	Y	Y
Cons	−0.544***	−0.322***	−0.386***	−22.382***	0.216***	−0.288***	−0.037
	(−23.74)	(−10.27)	(−16.98)	(−219.94)	(4.30)	(−4.14)	(−0.74)
Obs	12 400	12 400	12 400	12 400	12 400	12 400	12 400
R	0.471	0.316	0.449	0.990	0.483	0.316	0.452

注：***、**、*分别表示1%、5%、10%的显著性水平，括号内为t统计量。

6.2 基于市场竞争路径的机制分析

如前所述，在推行和实施产业政策过程中，政府为了鼓励、促进受扶持产业的发展，会放松对受扶持产业的投资项目审批程序和市场准入限制，从而使得更多的企业能够进入产业政策支持的行业，提高被扶持行业中企业的市场竞争程度（余明桂等，2016）。面对激烈的市场竞争，企业为了长远发展，会通过扩大规模、降本增效、增加研发投入等手段，改进生产技术，提高生产效率，不断提高其产品的技术含量及企业整体的技术创新水平。出于推动自身技术进步和获取竞争优势的目的，市场竞争度高的企业与市场竞争度低的企业相比，前者更愿意加快创新速度，提升创新质量，进行"高质高效"的创新活动。

6.2.1 模型构建

本节选择企业面临的市场竞争作为中介变量，构建如下计量模型：

$$InnoNQ_{it} / InnoQS_{it} / InnoNQS_{it} = \alpha_0 + \alpha_1 IP_{it} + \sum \alpha_k Control_{it} + \\ \sum Year + \sum Industry + \sum Province + \varepsilon_{it} \quad (6-4)$$

$$Hhi_{it} = \beta_0 + \beta_1 IP_{it} + \sum \beta_k Control_{it} + \sum Year + \sum Industry + \sum Province + \varepsilon_{it} \quad (6-5)$$

$$InnoNQ_{it} / InnoQS_{it} / InnoNQS_{it} = \gamma_0 + \gamma_1 IP_{it} + \gamma_2 Hhi_{it} + \sum \gamma_k Control_{it} + \\ \sum Year + \sum Industry + \sum Province + \varepsilon_{it} \quad (6-6)$$

式中：Hhi 代表市场竞争这一中介变量；$InnoNQ$、$InnoQS$、$InnoNQS$ 代表企业的协调创新水平；其他变量的定义同前文一致。

本书借鉴余明桂等（2016）的研究，采用赫芬达尔指数（HHI）

作为市场竞争的代理指标，该指数越小，表示企业面临的市场竞争程度越大。

模型（6-4）、（6-5）和（6-6）用于检验"产业政策—市场竞争—企业协调创新"这一影响路径。具体检验程序与"产业政策—融资约束—企业协调创新"的中介机制检验相同，此处不再赘述。

6.2.2 市场竞争的中介效应检验

表6-2显示了"产业政策—市场竞争—企业协调创新"的中介效应检验结果。第（1）、（2）、（3）列为不纳入中介变量的检验结果，产业政策 IP 的系数估计值 α_1 均在1%水平上显著为正，说明受产业政策支持的企业的协调创新水平获得显著提升。第（4）列为产业政策与市场竞争的检验结果，由结果可知，产业政策 IP 的系数估计值 β_1 在1%的水平上显著为负，说明产业政策加大了受支持行业中企业的市场竞争程度。本书重点关注纳入 Hhi 这一中介变量后的第（5）、（6）、（7）列的检验结果，当因变量分别为 $InnoNQ$、$InnoQS$、$InnoNQS$ 时，中介变量 Hhi 的系数估计值 γ_2 均在1%的水平上显著为负，说明随着企业所在行业市场竞争程度的加强，企业的协调创新水平在上升。产业政策 IP 的系数估计值 γ_1 均在1%的水平上显著为正，且系数值分别小于或等于第（1）、（2）、（3）列的系数值（即$|\gamma_1|<|\alpha_1|$），说明企业所在行业的市场竞争程度在产业政策影响企业协调创新的过程中产生部分中介效应。为稳健起见，本书也进行了 $Sobel$ 检验，Z 统计量通过了1%水平的统计检验，这进一步证实了"产业政策—市场竞争—企业协调创新"这一中介效应的显著性，本书的研究假设 H3b 得到验证。

表 6-2　　　　　　　　　　中介效应检验——市场竞争

变量	（1）	（2）	（3）	（4）	（5）	（6）	（7）
	InnoNQ	*InnoQS*	*InnoNQS*	*Hhi*	*InnoNQ*	*InnoQS*	*InnoNQS*
IP	0.025***	0.021***	0.020***	−0.048***	0.024***	0.020***	0.020***
	(17.74)	(10.78)	(14.81)	(−15.33)	(17.29)	(9.99)	(14.16)
Hhi					−0.009**	−0.028***	−0.015***
					(−2.13)	(−5.08)	(−3.78)
控制变量	Y	Y	Y	Y	Y	Y	Y
年份固定效应	Y	Y	Y	Y	Y	Y	Y
行业固定效应	Y	Y	Y	Y	Y	Y	Y
省份固定效应	Y	Y	Y	Y	Y	Y	Y
Cons	−0.544***	−0.322***	−0.386***	0.075	−0.54***	−0.320***	−0.39***
	(−23.74)	(−10.27)	(−16.98)	(1.49)	(−23.72)	(−10.22)	(−16.94)
Obs	12 400	12 400	12 400	12 400	12 400	12 400	12 400
R	0.471	0.316	0.449	0.297	0.471	0.318	0.450

注：***、**、*分别表示1%、5%、10%的显著性水平，括号内为*t*统计量。

6.3　基于人才集聚路径的机制分析

创新活动的实施主体是以技术、知识为核心的高素质人才，创新活动本身也需要研发人员掌握的知识达到一定水平后才可能完成（王珏、祝继高，2018）。企业创新活动能够顺畅进行的前提条件之一是资本与研发人才的配合。政府对受扶持企业采取的政府补贴、信贷支持等措施能在一定程度上吸引人才、提高研发人才待遇，进而逐渐改善高新技术产业、战略性新兴产业的人力资本错配问题。产业政策通过所得税减免、研发费用的加计扣除等税收优惠措施及各项人才资助政策的实施，对高新技术、战略性新兴产业等国家重点扶持、优先发展的产业进行税收优惠与人才资助激励，吸引更多的高素质人才到这些企业工作，形成人才集聚，促进企业创新。产业政策会通过各项扶持资助政策形成产业和人才集聚，产生"集聚效应"。总体来说，产业政策会通过各项创新计划、人才资助等手段提高研发人员待遇，形成人才集聚效应，进而吸引更多的高知识、高技术人才进入受产业政策支持的行业工作，并使得企业有能力也有动力加大对技术难度高的研发项目的投入，减少技术含量低的跟随式创新活动，选择风险更高的探索式创新项目，企业创新数量、创新质量和创新速度相应得以提升。

6.3.1　模型构建

本节选择企业人才集聚作为中介变量，构建如下计量模型：

$$InnoNQ_{it} / InnoQS_{it} / InnoNQS_{it} = \alpha_0 + \alpha_1 IP_{it} + \sum \alpha_k Control_{it} +$$
$$\sum Year + \sum Industry + \sum Province + \varepsilon_{it} \quad (6-7)$$

$$Hr_{it} = \beta_0 + \beta_1 IP_{it} + \sum \beta_k Control_{it} + \sum Year + \sum Industry + \sum Province + \varepsilon_{it} \quad (6-8)$$

$$InnoNQ_{it} / InnoQS_{it} / InnoNQS_{it} = \gamma_0 + \gamma_1 IP_{it} + \gamma_2 Hr_{it} + \sum \gamma_k Control_{it} +$$
$$\sum Year + \sum Industry + \sum Province + \varepsilon_{it} \quad (6-9)$$

式中：Hr 代表人才集聚这一中介变量；$InnoNQ$、$InnoQS$、$InnoNQS$ 代表企业的协调创新水平；其他变量的定义同前文一致。

本书借鉴刘春林和田玲（2020）的研究，采用硕士及以上学历人员占比（*Hr*）作为人才集聚的代理指标，该指数越大，表明企业的人才集聚效应越大。

模型（6-7）、（6-8）和（6-9）用于检验"产业政策—人才集聚—企业协调创新"这一影响路径，具体检验程序与"产业政策—融资约束—企业协调创新"的中介机制检验相同，此处不再赘述。

6.3.2 人才集聚的中介效应检验

表6-3显示了"产业政策—人才集聚—企业协调创新"的中介效应检验结果。第（1）、（2）、（3）列为不纳入中介变量的检验结果，产业政策 *IP* 的系数估计值 α_1 均在1%水平上显著为正，说明受产业政策支持企业的协调创新水平获得显著提升。第（4）列为产业政策对企业人才集聚的检验结果，由结果可知，*IP* 的系数估计值 β_1 在1%的水平上显著为正，说明产业政策支持增强了企业的人才集聚效应。本书重点关注纳入人才集聚 *Hr* 这一中介变量后的第（5）、（6）、（7）列的检验结果，当因变量分别为 *InnoNQ*、*InnoQS*、*InnoNQS* 时，中介变量 *Hr* 的系数估计值 γ_2 均在1%的水平上显著为正，说明随着企业人才集聚效应的增加，企业协调创新水平在上升。同时，产业政策 *IP* 的系数估计值 γ_1 也均在1%的水平上显著为正，且系数值分别小于第（1）、（2）、（3）列的系数值（即 $|\gamma_1|<|\alpha_1|$），说明企业的人才集聚效应在产业政策影响企业协调创新的过程中产生部分中介效应。为稳健起见，本书也进行了 *Sobel* 检验，*Z* 统计量通过了1%水平的统计检验，这进一步证实了"产业政策—人才集聚—企业协调创新"这一中介效应的显著性，本书的研究假设 H3c 得到验证。

表6-3　　　　　　　　　　　　中介效应检验——人才集聚

变量	（1）	（2）	（3）	（4）	（5）	（6）	（7）
	InnoNQ	InnoQS	InnoNQS	Hr	InnoNQ	InnoQS	InnoNQS
IP	0.025***	0.021***	0.020***	0.604***	0.020***	0.018***	0.017***
	(17.74)	(10.78)	(14.81)	(14.81)	(14.56)	(9.05)	(12.15)
Hr					0.008***	0.005***	0.006***
					(26.71)	(12.87)	(21.08)
控制变量	Y	Y	Y	Y	Y	Y	Y
年份固定效应	Y	Y	Y	Y	Y	Y	Y
行业固定效应	Y	Y	Y	Y	Y	Y	Y
省份固定效应	Y	Y	Y	Y	Y	Y	Y
Cons	−0.544***	−0.322***	−0.386***	−15.954***	−0.41***	−0.234***	−0.28***
	(−23.74)	(−10.27)	(−16.98)	(−24.21)	(−18.17)	(−7.37)	(−12.40)
Obs	12 400	12 400	12 400	12 400	12 400	12 400	12 400
R	0.471	0.316	0.449	0.347	0.499	0.325	0.469

注：***、**、*分别表示1%、5%、10%的显著性水平，括号内为t统计量。

综合上述分析可知，产业政策带来的政府补助、税收优惠、产业发展基金、市场准入、人才资助等政策工具和手段不仅可以弥补公司研发活动的正外部性损失，还可以缓解企业在创新过程中面临的融资约束与激励不足等问题，同时能激发更多的企业进入受产业政策支持的行业，增强被支持行业的市场竞争力，引导高素质人才在受产业政策扶持的行业和企业中聚集，这些都会激励企业不断增加研发投入，在创新方面持续作为，表现为公司的创新数量、创新质量和创新速度等创新产出增加，使企业协调创新水平得到提升，即产业政策存在"协调创新激励效应"。

中央和各级地方政府作为产业政策的制定者，通过因地制宜的措施和手段，在激发企业创新潜能、提高企业自主创新能力的同时，引导和激励企业在市场竞争环境下通过创新数量的积累，以量变推动质变，以质变提升速度，助力企业协调创新，以推动经济高质量发展。产业政策支持产生的信号传递机制表明，在政府掌握充分信息并具有一定的对未来重点发展行业决策能力的前提下，一方面，政府作为第三方主体通过政府补贴、税收优惠、市场准入等政策干预手段介入企业与债权人、外部投资者及上下游供应链企业之间的互动合作关系。另一方面，企业通过获得产业政策支持可以向外界释放受政府认可、可获得较多资源配置的积极信号，使得市场投资者基于对政府支持产业发展的信任而给予企业更高的信用认可和资金支持。企业受政策支持优先发展信息的官方传递，不仅能给企业带来资金、技术、人才等创新所需关键资源的集聚，也能给企业带来与高校、科研院所之间的联合研发合作机会，进一步提升企业创新产出能力和协调创新水平。

6.4　本章小结

本章从政府在推行产业政策过程中的直接干预手段出发，基于信号传递效应的研究视角，沿着融资约束、市场竞争和人才集聚三条路径，采用中介效应模型对产业政策影响企业协调创新进行机制检验。中介效应检验结果表明，产业政策支持会通过资源效应缓解企业面临的融资约束问题，通过竞争效应提高企业所在行业的市场竞争程度，并通过集聚效应促使高素质人才在受政策支持的行业和企业中聚集，进而促进企业协调创新水平的提升。

总体来说，政府产业政策的支持不仅能给企业带来直接的资金流入，还可以通过特定的信息传输通道，将企业获得政府支持、优先发展等信息对外传递，导致更多的外部资金、关键技术和高层次人才流入，在资金流、信息流、技术流和人才流形成的合力相助下，最终提高企业创新产出能力，提升企业协调创新水平。

第 7 章

经验检验 Ⅲ：政府创新补贴的非线性调节效应分析

如前所述，政府补贴作为政府引导和激励企业研发创新的一种普惠式工具和手段被广泛运用于国家推行的各项科技发展计划和相关领域。政府发放创新补贴的目的在于补充创新资源（Tether，2002），引导和改善企业创新动力不强、创新产出成果和创新知识的强外部性等问题（任曙明、吕镯，2014），促进和激励企业持续开展研发创新活动，推动产业发展。创新补贴能增强企业创新意愿，激励企业提高自主研发支出水平（陈玲、杨文辉，2016）。从中国的总体情况看，长期以来中央与地方各级政府都十分重视对企业创新行为的引导和鼓励，近年来为鼓励和支持制造业、新兴产业、中小企业发展，推出"智能制造""战略性新兴产业发展""专精特新"中小企业发展等一系列产业支持政策，政府对企业研发投资的激励与补贴措施正逐步走向制度化、系统化。

聚焦于政府补贴对企业研发创新的影响，现有研究尚未形成一致意见，理论界对政府补贴的"馅饼"抑或"陷阱"效应争论已久且还在持续发酵。研究结果的不一致，一定程度上可能是由于不同行业、不同地域、中央各部委和不同地方政府之间的补贴政策在制度背景、补贴规模、补贴对象选择、政企之间的信息不对称程度和补贴资金监管等多方面因素，以及样本选择存在的差异性导致的。通过对已有研究进行梳理我们发现，现有文献在研究政府补助的创新影响效应时大多都是采用政府补助总额替代创新补贴金额，这种处理方法在一定程度上也影响了政府补助对企业创新的影响效应结果。

为了准确探究政府创新补贴对产业政策支持下企业协调创新水平的影响，本书借鉴郭玥（2018）对政府补助的处理办法，通过手工搜集和数据筛选处理工作，将政府补贴明确区分为"创新补贴"和"非创新补贴"两类，在后续研究过程中既可以去除非创新补贴的影响，又能够将创新补贴作为政府引导和激励企业创新的一种普惠式工具和手段，将创新补贴、产业政策与企业协调创新放在一个研究框架中，进一步展开创新补贴对产业政策影响协调创新的非线性调节效应检验。

7.1 政府创新补贴的项目分类

表7-1是通过对中国政府历年颁布的各项政府补助项目、国家科技发展计划、星火计划、火炬计划、国家软科学研究计划和各类技术专项资金等项目进行梳理后列出的有关政府创新补贴的明细项目表。表中将政府创新补贴分为计划类创新补贴、认定类创新补贴和专项创新补贴三类，不同科技计划项目、企业资格认定办法和各专项基金项目下都有相应的规定金额的具体补贴内容。

表7-1 　　　　　　　中国政府创新补贴明细项目表

	项目名称	补贴情况
计划类创新补贴	国家高技术研究发展计划（863计划）	探索导向类课题现金补助最高100万元；目标导向类课题现金补助最高500万元
	国家重点基础研究发展计划（973计划）	农业科学等9个面向国家重大战略需求领域的基础研究，纳米研究等6个方向实施重大科学研究，现金补助50万~10亿元
	国家科技支撑计划	按课题预算给予全额或部分现金补贴
	国家自然科学基金重大研究	培育项目现金资助100万~120万元；计划重大支持项目现金资助300万~400万元
	星火计划	现金补助50万~100万元
	火炬计划	面上项目现金补助20万~200万元；重大项目现金补助200万~1 000万元
	国家重点新产品计划	重点新产品现金资助100万元；战略重点新产品现金资助不限定具体数额
	国家软科学研究计划	重大项目现金补助不受限；面上项目现金补贴可为自筹经费的50%
	国家农业综合开发项目计划	现金补助80万~160万元
	国家科技合作计划	直接费用（差旅费、会议费、专家咨询费等）现金补贴按实际情况而定；间接费用现金补贴为项目经费中直接费用扣除设备购置费后的20%、13%、10%、5%
	电子信息产业发展计划	项目预算全额或部分现金补助，不限定具体补助额

	项目名称	补贴情况
认定类创新补贴	高新技术企业认定	企业所得税减按15%税率缴纳
	高新技术成果转化项目认定	五免三减半或三免两减半；税收抵扣（享受科技创新基金、"小巨人"基金等基金支持）
	技术先进型服务企业认定	企业所得税减按15%缴纳
	软件企业、软件产品认定	企业所得税两年免除，三年减半征收
	知识产权优势企业认定	现金补助最高100万元
	专利试点企业认定	专利试点企业现金补贴最高40万元
	专利示范企业认定	专利示范企业现金补贴最高60万元
	技术合同认定登记	享受增值税优惠
	驰名商标认定	现金奖励10万~100万元
	企业技术中心认定	现金奖励10万~100万元
	企业孵化器认定	现金奖励100万~3 000万元
	"小巨人"企业认定	现金资助100万~500万元
专项创新补贴	产学研专项资助资金	现金补助最高200万元
	生物医药产业发展专项	现金补贴50万~400万元
	集成电路企业担保贷款项目	企业可享受贷款贴息为银行基准贷款利率的50%；担保费补助为担保费的1%
	专利实施资金	实用新型专利最高20万元；发明专利最高30万元
	企业自主创新科技专项	创新研发及产业化现金补贴最高200万元；产业技术联盟项目现金补贴最高200万元；企业研发中心现金补贴最高100万元；企业知识产权建设现金补贴最高50万元；企业标准化建设现金最高30万元
	创新应用自主知识产权与技术标准试点专项资金	从国外及港澳台地区引进知识产权或专有技术，消化吸收再创新，形成新的自主知识产权项目，现金奖励最高100万元
	科技型中小企业技术创新资金	一般项目现金补助35万元、45万元、55万元等；重大项目现金补助最高200万元
	高新技术成果转化	高新技术成果转化项目"两免三减半"；重大高新技术成果转化项目"五免三减半"
	科研院所技术开发专项资金	现金补贴50万~200万元
	生物医学工程技术产业化项目	项目预算全额或部分现金补贴，补贴金额超过500万元需出示项目招标内容
	国家重大产业技术开发专项	现金补贴最高2亿元
	电子信息产业发展基金	项目预算全额或部分现金补助

资料来源：龙成武. 大揭秘：企业如何获得政府财税支持［M］. 北京：人民日报出版社，2015.

7.2 政府创新补贴变量的测度

上市公司获得政府补贴的信息通过公司年报中的财务报表附注"营业外收入"科目下的政府补助明细项目进行披露。因为对于报表附注项目,相关会计准则或者会计法规并没有规定统一的披露形式,本书参考郭玥(2018)的处理方法,通过对我国政府创新补贴的具体项目名称进行汇总整理,对样本企业政府补贴明细项目中的具体项目名称进行检索,运用关键词检索的方法,最终确定属于政府创新补贴范畴的项目,然后加总得到样本公司各年度的创新补贴总额,同时对不属于创新补贴范畴的补贴项目加总得到非创新补贴总额。本书对属于创新补贴范畴的项目关键词确定标准如下:(1)有关技术创新的关键词,如"发明""科技""创新""研制""科研""技术""开发""关键技术应用"等;(2)政府科技支持创新政策关键词,如"国家高技术研究发展计划(863计划)""国家重点基础研究发展计划(973计划)""国家科技支撑计划""星火计划""火炬计划""小巨人""高新技术企业""高新技术产业""高新技术产品""示范项目""孵化器""科技合作计划"等;(3)有关创新人才及技术合作的关键词,如"引才引智""储才""技术中心认定""精英计划""产学研协同""技术引进""成果转化"等;(4)有关企业创新成果的关键词,如"知识产权""版权""软件""专利""名优产品""驰名商标"等;(5)有关高新技术产业或战略性新兴产业发展的关键词,如"电子信息技术""集成电路行业""生物医药产业""生物医学工程""新材料""新能源""新能源汽车"等。通过对样本企业政府补贴明细项目的具体项目名称进行关键词检索,在2008—2017年的研究期间，本书 12 400 个样本中共计 5 152 个样本企业获得政府创新补贴。

图 7-1 是样本企业获得政府创新补贴的年度均值，图 7-2 是样本企业获得政府非创新补贴的年度均值，全样本中共计 5 152 个企业获得政府的创新补贴，9 652 个企业获得政府的非创新补贴。从图 7-1 可以看出，企业获得创新补贴的年度均值在 2008—2015 年间稳步上升，2016 年有较大幅度下降，2017 年又有一定程度回升。2008—2017 年 10 年间，企业获得政府创新补贴的年度均值从 2008 年的 107.07 万元增加到 2017 年的 426.17 万元，年均增长率为 31%。其中，2015 年最高，达到 470.66 万元，2008 年最低，为 107.07 万元。国有企业与民营企业相比，2008 年国有企业与民营企业获得的政府创新补贴金额基本持平，2010—2011 年国有企业略低于民营企业，其余年份国有企业均显著高于民营企业，个别年度如 2016 年甚至是民营企业的两倍以上。

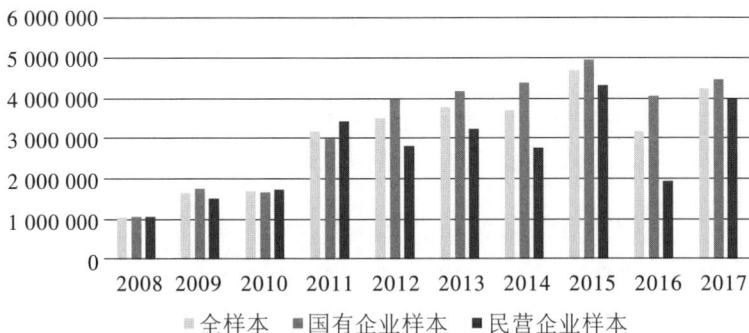

图 7-1　2008—2017 年样本企业获得政府创新补贴均值（元）

从图 7-2 我们可以看出，企业获得的非创新补贴各年变化趋势与创新补贴相似，在 2008—2015 年间稳步上升，2016 年有较大幅度下降，2017 年又有一定程度的回升。2008—2017 年这 10 年间，企业获得政府非创新补贴的金额从 2008 年的 1 052.87 万元增加到

2017年的6 683.46万元，年均增长率为59%。其中，2015年最高，达到8 701.36万元，2008年最低，为1 052.87万元。国有企业与民营企业相比，2008—2017年这10年间，国有企业获得的政府非创新补贴金额均显著高于民营企业，个别年度如2015年甚至达到民营企业的3倍左右。

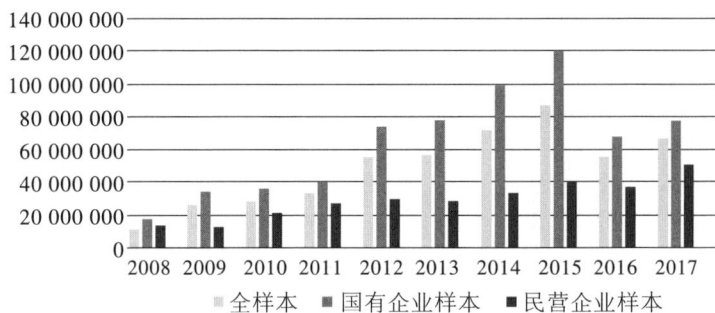

图7-2　2008—2017年样本企业获得政府非创新补贴均值（元）

表7-2为以北斗星通（股票代码：002151）为例，根据其列示的政府补贴明细项目，说明政府创新补贴变量的构造过程。2016年，北斗星通受政府补贴项目共有29项，政府补贴金额共计23 309 006.86元。按照上述创新补贴类别项目关键词确定标准，将第1～15项（如科技计划项目补助、国家重点创新团队及技术创新奖励补贴、"小巨人"市级补助、区级技术开发项目的奖励补贴等）划分为创新补贴，共计2 825 500元。第16～29项（如递延收益摊销、中介费用补贴、企业并购专项、中关村中小企业贷款专户贴息、出口信用保险保费补助等）划分为非创新补贴，共计20 483 506.86元。政府补贴总额中，创新补贴金额占比12.12%，非创新补贴金额占比87.88%，非创新补贴金额显著高于创新补贴金额。

表 7-2　　　　　　政府创新补贴变量构造实例

（股票代码：002151；会计期间：2016年）

补贴类型	政府补贴明细项目	本期金额（元）	补贴总额
创新补贴	1.科技计划项目补助 2.国家重点创新团队及技术创新奖励补贴 3."小巨人"市级补助 4.区级技术开发项目的奖励补贴 5.人社局招聘补助、引进海外工程师补助 6.第九批科技计划补助 7.浙江省名牌产品补贴 8.发明专利补贴 9.高新技术企业奖励资金 10.机电高新增量奖励 11.高企培育入库政府补助 12.中国卫星导航定位协会科学技术奖奖金 13.上海市科学技术委员会创新券补贴 14.专利奖 15.北京英才创新实践基地	400 000 400 000 306 000 437 000 221 500 200 000 200 000 141 000 100 000 100 000 100 000 100 000 51 000 39 000 30 000	合计： 2 825 500元 占比：12.12%
非创新补贴	16.递延收益摊销 17.中介费用补贴 18.企业并购专项 19.中关村中小企业贷款专户贴息 20.出口信用保险保费补贴 21.区长质量管理奖 22.先进集体奖 23.牵头制定行业标准补贴 24.社保中心稳岗补贴 25.招商引资补助 26.提升国际经营能力资助金 27.促进外贸稳定增长特别鼓励政策补助 28.中小企业财政扶持资金 29.其他	15 164 028.72 2 000 000 700 000 600 000 319 303.08 200 000 180 000 168 412.82 148 306.76 118 710 107 000 102 000 180 000 495 745.48	合计： 20 483 506.86元 占比：87.88%
政府补贴	合计	23 309 006.86	

本书对样本研究期，包括"十一五"（2008—2010年）、"十二五"（2011—2015年）、"十三五"（2016—2017年）三个五年规划时期，不同行业的样本企业受政府创新补贴的总体情况进行了细致梳

理，根据数据资料可以看出，政府对受扶持行业的企业发放创新补贴的金额逐年增长，且增长幅度较大。图7-3为2008—2017年本书样本研究期间获得政府创新补贴金额排名前六的行业。由图7-3可知，获得政府创新补贴的企业主要集中在汽车制造业，计算机、通信和其他电子设备制造业，电气机械和器材制造业，信息传输、软件和信息技术服务业，化学原料和化学制品制造业，专用设备制造业等技术含量高、研发创新要素投入密集的高新技术产业及战略性新兴产业。2008—2014年，计算机、通信和其他电子设备制造业获得的政府创新补贴一直居于各行业前列，但是自2015年开始，政府对汽车制造业的创新补贴金额大幅度增加，远高于其他行业，这与我国当前对新能源汽车产业的大力扶持政策密切相关，由此也验证了政府在制定和落实产业政策时更多是按照产业或者行业层面因素对重点产业和重点行业进行布局支持的发展逻辑。

与张杰（2020）的做法类似，本书梳理出2008—2017年除西藏之外的30个省份企业获得政府创新补贴资金总额的年度均值。从图7-4中的数据，我们不难看出，越是经济发达地区，政府给企业的创新补贴资金总额越高。此外，图7-5为各省份获得政府创新补贴的企业占行业企业总量的比重。从图7-5中我们不难看出，广西、青海、贵州、宁夏、新疆等经济不发达的省份，获得政府创新补贴资金的企业占该行业企业总量的比重显著高于浙江、江苏、上海、北京等经济发达省份。这从一定程度上说明，运用财政补贴的方式激励企业研发创新是经济发展落后省份所常用并善用的政策工具。图7-4和图7-5的各省份数据结果也在一定程度上说明，不同省份地方政府由于自身财政收入能力、财政支出现状和经济发展水平方面存在较大差异，进而影响或者导致不同地区企业获得政府创新补贴的机会和补贴金额的高低存在显著不同。

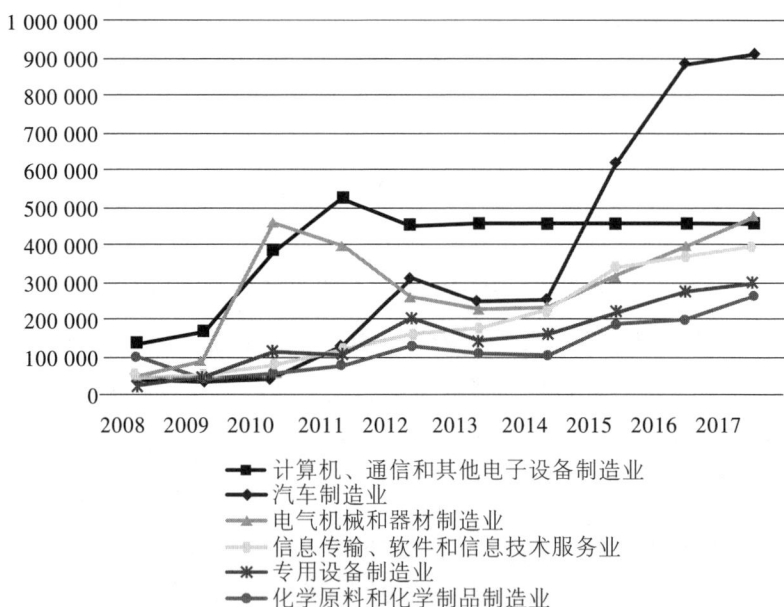

图7-3 2008—2017年获得政府创新补贴金额排名前六行业（元）

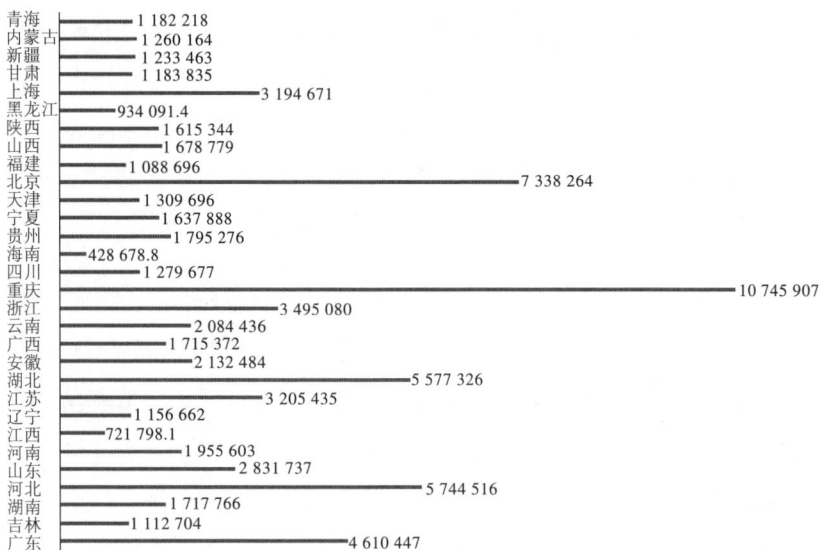

图7-4 各省份企业获得政府创新补贴总额的年度均值（元）

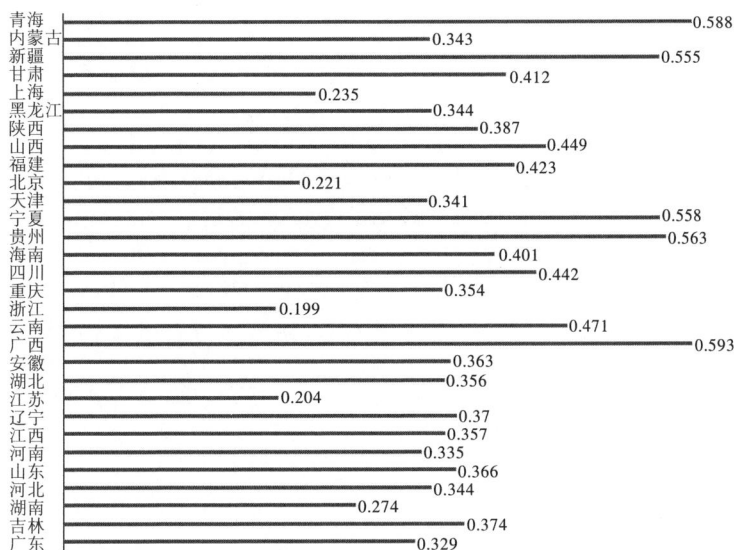

图7-5　各省份获得政府创新补贴的企业占行业企业总量比重

7.3　模型构建与门槛效应检验

7.3.1　模型构建

本章采用Hansen（1999）提出的面板门槛回归模型，将创新补贴（*RDsub*）作为门槛变量，在产业政策影响企业创新的过程中，对创新补贴作用的门槛特征进行估计和检验。假设存在两个门槛值γ_1和γ_2，将产业政策作为核心解释变量，企业创新产出作为被解释变量，构建模型（7-1）：

$$InnoN_{it}/InnoQ_{it}/InnoS_{it} = \alpha_0 + \alpha_1 RDsub_{it} \times IP_{it} \cdot I\ (RDsub_{it} \leqslant \gamma_1) +$$
$$\alpha_2 RDsub_{it} \times IP_{it} \cdot I\ (\gamma_1 < RDsub_{it} \leqslant \gamma_2) + \alpha_3 RDsub_{it} \times$$
$$IP_{it} \cdot I\ (RDsub_{it} > \gamma_2) + \alpha_4 NRDsub_{it} + \sum \alpha_k Control_{it} +$$
$$\sum Year + \sum Industry + \sum Province + \varepsilon_{it} \qquad (7-1)$$

式中：i 表示公司；t 表示年份。被解释变量分别为企业创新数量（*InnoN*）、创新质量（*InnoQ*）和创新速度（*InnoS*）。创新补贴和产业政策的交乘项（$RDsub_{it} \times IP_{it}$）前的系数可以用来识别创新补贴在产业政策影响企业创新过程中产生的调节作用的大小及方向。I（*）表示示性函数，当满足括号内的条件时，该函数取值1，不满足时则取值为0。α_1、α_2、α_3 分别表示 $RDsub_{it} \leqslant \gamma_1$、$\gamma_1 < RDsub_{it} \leqslant \gamma_2$、$RDsub_{it} > \gamma_2$ 时，创新补贴的门槛调节效应大小及方向；$NRDsub_{it}$ 表示企业收到的非创新补贴，作为控制变量加入模型。$\sum \alpha_k Controls_{it}$ 是一系列企业和地区层面的控制变量，同时，加入年份、行业和省份固定效应。

为了进一步检验创新补贴（*RDsub*）对企业协调创新的门槛效应，同样假设存在两个门槛值 γ_1 和 γ_2，将产业政策作为核心解释变量，将企业协调创新指标作为被解释变量，构建模型（7-2）：

$$InnoNQ_{it} / InnoQS_{it} / InnoNQS_{it} = \beta_0 + \beta_1 RDsub_{it} \times IP_{it} \cdot I\ (RDsub_{it} \leqslant \gamma_1)\ + \beta_2 RDsub_{it} \times$$
$$IP_{it} \cdot I\ (\gamma_1 < RDsub_{it} \leqslant \gamma_2)\ + \beta_3 RDsub_{it} \times IP_{it} \cdot I$$
$$(RDsub_{it} > \gamma_2)\ + \beta_4 NRDsub_{it} + \sum \beta_k Control_{it} +$$
$$\sum Year + \sum Industry + \sum Province + \varepsilon_{it} \qquad (7\text{-}2)$$

式中：β_1、β_2、β_3 分别表示 $RDsub_{it} \leqslant \gamma_1$、$\gamma_1 < RDsub_{it} \leqslant \gamma_2$、$RDsub_{it} > \gamma_2$ 时，创新补贴的门槛调节效应大小及方向。$\sum \beta_k Controls_{it}$ 是一系列企业和地区层面的控制变量，同时，加入年份、行业和省份固定效应。其他变量的含义同模型（7-1）。

7.3.2　政府创新补贴的门槛效应检验

根据上述模型（7-1）和（7-2），本书首先对创新补贴的门槛效应进行了存在性检验，检验结果见表7-3和表7-4。

本书在门槛效应的存在性检验中采用Bootstrap重复自抽样300次的方法，得到 F 统计值和 P 值，以及1%、5%、10%的临界值分布。

表7-3　　　政府创新补贴与企业创新产出的门槛效应检验

变量	门槛数	F 值	P 值	临界值			BS
				1%	5%	10%	次数
InnoN	单一门槛	456.58***	0	118.889	107.759	104.744	300
	双重门槛	78.65***	0	38.729	30.268	28.052	300
	三重门槛	36.16	0.987	146.916	128.093	113.515	300
InnoQ	单一门槛	118.46***	0	39.634	35.945	33.997	300
	双重门槛	17.98***	0.003	14.295	10.963	10.002	300
	三重门槛	3.75	0.74	19.309	10.740	8.542	300
InnoS	单一门槛	57.79***	0	26.025	17.651	13.847	300
	双重门槛	9.46	0.127	18.136	12.402	10.239	300
	三重门槛	3.04	0.813	26.511	15.359	12.149	300

注：*、**、***分别表示在10%、5%、1%水平上的统计显著性，BS次数是指采用Bootstrap反复抽样的次数。

表7-4　　　政府创新补贴与企业协调创新的门槛效应检验

变量	门槛数	F 值	P 值	临界值			BS
				1%	5%	10%	次数
InnoNQ	单一门槛	407.79***	0.000	172.800	162.230	154.985	300
	双重门槛	154.70***	0.000	44.393	41.076	38.635	300
	三重门槛	32.35	1.000	126.094	113.438	107.504	300
InnoQS	单一门槛	274.42***	0.000	85.335	74.855	63.569	300
	双重门槛	22.14***	0.007	21.181	16.830	14.059	300
	三重门槛	4.54	0.900	31.879	24.900	19.632	300
InnoNQS	单一门槛	384.9***	0.000	107.572	3.384	87.579	300
	双重门槛	49.09***	0.000	29.734	21.542	18.750	300
	三重门槛	25.72	0.830	54.618	47.485	44.619	300

注：*、**、***分别表示在10%、5%、1%水平上的统计显著性，BS次数是指采用Bootstrap反复抽样的次数。

表7-3的结果表明创新数量和创新质量模型的单一门槛和双重门槛均显著，三重门槛不显著；创新速度模型的单一门槛显著，双重门槛和三重门槛均不显著。表7-4的结果表明企业创新数量与创新质量的耦合协调度、创新质量与创新速度的耦合协调度和创新数量、创新质量、创新速度三者间的耦合协调度三个模型的单一门槛和双重门槛均显著，三重门槛不显著。下文中除创新速度模型采用单门槛外，其余模型均采用双重门槛进行分析，门槛估计值列于表7-5。

表7-5　　企业创新产出变量与协调创新变量的门槛估计值

模型	门槛值	估计值
InnoN	门槛一	12.612
	门槛二	16.173
InnoQ	门槛一	11.422
	门槛二	14.859
InnoS	门槛一	7.245
InnoNQ	门槛一	13.710
	门槛二	16.865
InnoQS	门槛一	7.245
	门槛二	12.922
InnoNQS	门槛一	12.938
	门槛二	16.173

政府创新补贴与企业创新产出的门槛回归结果见表7-6。基于模型（1）、（2）、（3）的估计结果我们发现，门槛模型下创新补贴变量的各区间系数均正向显著，说明创新补贴与企业创新数量、创新质量、创新速度之间均存在显著动态非线性关系，即政府创新补贴对受产业政策支持企业的创新数量、创新质量及创新速度均存在显著促进效应。

由表 7-5 中创新数量的门槛估计值和表 7-6 中门槛模型（1）的估计结果可知，当政府创新补贴值低于 12.612 时，受产业政策支持企业的创新数量系数估计值为 0.054，表明在第一门槛区间内政府创新补贴对受支持企业的创新数量具有显著的正向促进效应；当创新补贴值介于［12.612，16.173］区间时，创新补贴的促进效应增大到 0.081，说明在该门槛区间内政府创新补贴对受支持企业创新数量的促进效应依然存在且强度增大；当创新补贴值超过 16.173 时，政府创新补贴对受支持企业创新数量的促进力度提升到 0.145，说明在此门槛区间内政府创新补贴对企业创新数量的促进效应最为显著。

由表 7-5 中创新质量的门槛值和表 7-6 中门槛模型（2）的估计结果可知，当政府创新补贴值低于 11.422 时，受产业政策支持企业的创新质量系数估计值为 0.046，表明在第一门槛区间内政府创新补贴对受支持企业的创新质量具有显著的正向促进效应；当创新补贴值介于［11.422，14.859］区间时，创新补贴的促进效应增大到 0.065，说明在该门槛区间内政府创新补贴对受支持企业创新质量的促进效应依然存在且强度增大；当创新补贴值超过 14.859 时，政府创新补贴对受支持企业创新质量的促进力度提升到 0.085，说明在此门槛区间内政府创新补贴对企业创新质量的促进效应最为显著。

因为创新速度只存在单门槛，由表 7-5 中创新速度的门槛估计值和表 7-6 中模型（3）的估计结果可知，当政府创新补贴值低于 7.245 时，受产业政策支持企业的创新速度系数估计值为 0.050，表明在此门槛区间内政府创新补贴对受支持企业的创新速度具有显著的正向促进效应；当创新补贴值超过 7.245 时，政府创新补贴对受支持企业创新速度的促进力度提升到 0.077，说明在此门槛区间内政府创新补贴对企业创新速度的促进力度更大。

表7-6　　政府创新补贴与企业创新产出的门槛模型的参数估计结果

变量	（1）	（2）	（3）
	$InnoN$	$InnoQ$	$InnoS$
$IP_{it} \cdot I\ (RDsub_{it} \leqslant \gamma_1)$	0.054***	0.046***	0.050***
	（36.57）	（20.79）	（32.97）
$IP_{it} \cdot I\ (\gamma_1 < RDsub_{it} \leqslant \gamma_2)$	0.081***	0.065***	0.077***
	（42.16）	（18.39）	（41.83）
$IP_{it} \cdot I\ (RDsub_{it} > \gamma_2)$	0.145***	0.085***	
	（33.31）	（36.23）	
$NRDsub$	0.001***	0.002***	0.002***
	（10.01）	（12.58）	（13.44）
Roa	0.041***	0.072***	0.056***
	（3.79）	（5.02）	（5.22）
Age	−0.000***	−0.000***	−0.000***
	（−12.05）	（−10.10）	（−12.68）
Fix	−0.028***	−0.017***	−0.023***
	（−7.98）	（−3.48）	（−6.45）
$Inco$	0.014***	0.015***	0.015***
	（17.52）	（13.86）	（18.49）
Cen	−0.039***	−0.043***	−0.036***
	（−8.91）	（−7.35）	（−8.41）
Eco	0.004***	0.003	0.003**
	（2.59）	（1.39）	（2.13）
Gov	−0.009	−0.039***	−0.031***
	（−0.84）	（−2.66）	（−2.81）

变量	（1）	（2）	（3）
	InnoN	*InnoQ*	*InnoS*
Finc	−0.007**	0.002	−0.001
	（−2.40）	（0.51）	（−0.35）
年份固定效应	Y	Y	Y
行业固定效应	Y	Y	Y
省份固定效应	Y	Y	Y
Constant	−0.402***	−0.198***	−0.242***
	（−19.05）	（−7.00）	（−11.50）
Obs	12 400	12 400	12 400
R	0.379	0.232	0.351

注：***、**、*分别表示1%、5%、10%的显著性水平，括号内为 t 统计量。

表7-6的检验结果表明，随着政府对企业创新补贴力度的增强，政府创新补贴对受产业政策支持企业的创新数量、创新质量和创新速度均表现为显著正向且边际递增的非线性特征。以创新数量为例，本书绘制了不同创新补贴区间范围内产业政策支持对企业创新数量的影响示意图。如图7-6所示，当政府创新补贴在 $0<RDsub_{it}\leqslant\gamma_1$ 的区间范围内时，受产业政策支持企业的创新数量增加幅度较小；当政府创新补贴力度加强到 $\gamma_1<RDsub_{it}\leqslant\gamma_2$ 的区间范围内时，受产业政策支持企业的创新数量会以较大幅度增长；当政府创新补贴强度进一步增加到 $RDsub_{it}>\gamma_2$ 区间范围时，受产业政策支持企业的创新数量会产生爆发式增长，产业政策释放的激励企业创新的积极信号达到最大[①]。

① 示意图表示的是在不同的创新补贴区间范围内产业政策支持与企业创新数量的变化趋势。

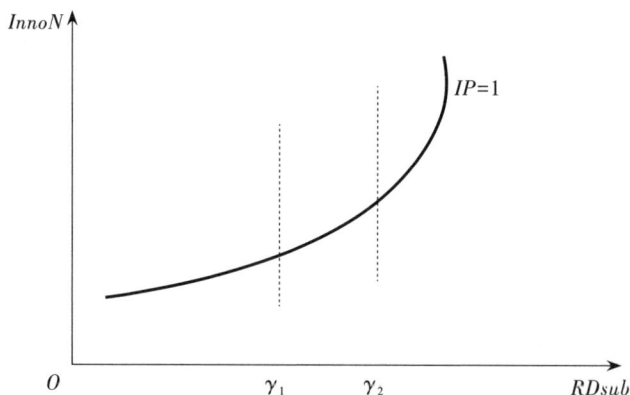

图7-6 产业政策支持下创新补贴对企业创新数量的影响示意图

政府创新补贴与企业协调创新的门槛回归结果见表7-7。基于模型（1）、（2）、（3）的估计结果我们发现，门槛模型下创新补贴变量的各区间系数均为正向显著，说明创新补贴与企业各协调创新指标之间均存在显著动态非线性关系，即政府创新补贴对受产业政策支持企业的协调创新存在显著促进效应。

由表7-5中创新数量与创新质量的耦合协调度 *InnoNQ* 的门槛估计值和表7-7中门槛模型（1）的估计结果可知，当政府创新补贴值低于13.710时，受产业政策支持企业的创新数量与创新质量的耦合协调度系数估计值为0.025，表明在第一门槛区间内政府创新补贴对受支持企业的 *InnoNQ* 具有显著的正向促进效应；当创新补贴值介于 [13.710，16.865] 区间时，创新补贴的促进效应增大到0.063，说明在该门槛区间内政府创新补贴的促进效应依然存在且强度增大；当创新补贴值超过16.865时，政府创新补贴的促进力度提升到0.134，说明在此门槛区间内政府创新补贴对创新数量与创新质量的耦合协调度的促进效应力度最大。

由表7-5中创新质量与创新速度的耦合协调度 *InnoQS* 的门槛估计值和表7-7中门槛模型（2）的估计结果可知，当政府创新补贴值低于 7.245 时，受产业政策支持企业的创新质量与创新速度的耦合协调度系数估计值为 0.014，表明在第一门槛区间内政府创新补贴对受支持企业的 *InnoQS* 具有显著的正向促进效应；当创新补贴值介于 [7.245，12.992] 区间时，创新补贴的促进效应增大到 0.046，说明在该门槛区间内政府创新补贴的促进效应依然存在且强度增大；当创新补贴值超过 12.992 时，政府创新补贴的促进力度提升到 0.068，说明在此门槛区间内政府创新补贴对创新质量与创新速度的耦合协调度的促进效应力度最大。

由表 7-5 中创新数量、创新质量及创新速度的耦合协调度 *InnoNQS* 的门槛值和表 7-7 中模型（3）的估计结果可知，当政府创新补贴值低于 12.938 时，受产业政策支持企业的创新数量、创新质量及创新速度的耦合协调度的系数估计值为 0.017，表明在此门槛区间内政府创新补贴对受支持企业的 *InnoNQS* 具有显著正向促进效应；当创新补贴值介于 [12.938，16.173] 区间时，创新补贴的促进效应增大到 0.053，说明在该门槛区间内政府创新补贴的促进效应依然存在且强度增大；当创新补贴值超过 16.173 时，政府创新补贴的促进力度提升到 0.081，说明在此门槛区间内政府创新补贴的促进效应最大。

表 7-7　政府创新补贴与企业协调创新的门槛模型的参数估计结果

变量	(1)	(2)	(3)
	InnoNQ	*InnoQS*	*InnoNQS*
$IP_{it} \cdot I\,(RDsub_{it} \leqslant \gamma_1)$	0.025^{***}	0.014^{***}	0.017^{***}
	(16.74)	(6.65)	(10.70)
$IP_{it} \cdot I\,(\gamma_1 < RDsub_{it} \leqslant \gamma_2)$	0.063^{***}	0.046^{***}	0.053^{***}
	(30.62)	(13.20)	(28.27)
$IP_{it} \cdot I\,(RDsub_{it} > \gamma_2)$	0.134^{***}	0.068^{***}	0.081^{***}
	(28.09)	(27.82)	(27.49)

变量	（1）	（2）	（3）
	InnoNQ	InnoQS	InnoNQS
NRDsub	0.002***	0.002***	0.002***
	（13.26）	（13.87）	（14.96）
Roa	0.038***	0.068***	0.051***
	（3.38）	（4.62）	（4.60）
Age	−0.000***	−0.000***	−0.000***
	（−16.26）	（−13.32）	（−16.50）
Fix	−0.037***	−0.023***	−0.030***
	（−9.71）	（−4.60）	（−7.82）
Inco	0.018***	0.018***	0.018***
	（21.04）	（16.37）	（21.68）
Cen	−0.051***	−0.053***	−0.047***
	（−11.09）	（−8.85）	（−10.26）
Eco	0.007***	0.005***	0.006***
	（4.90）	（2.68）	（4.26）
Gov	0.008	−0.006	−0.001
	（0.64）	（−0.36）	（−0.08）
Finc	−0.003***	−0.004***	−0.003***
	（−5.10）	（−5.47）	（−6.67）
年份固定效应	Y	Y	Y
行业固定效应	Y	Y	Y
省份固定效应	Y	Y	Y
Constant	−0.364***	−0.157***	−0.212***
	（−18.50）	（−6.07）	（−10.78）
Obs	12 400	12 400	12 400
R	0.314	0.193	0.287

注：***、**、*分别表示1%、5%、10%的显著性水平，括号内为 t 统计量。

表7-7的检验结果表明，随着政府对企业创新补贴力度的增强，政府创新补贴对受产业政策支持企业的协调创新指标 *InnoNQ*、*InnoQS* 和 *InnoNQS* 表现为显著正向且边际递增的非线性特征。以创新数量、创新质量及创新速度三者间的耦合协调度为例，本书绘制了不同创新补贴区间范围内政府产业政策支持对企业协调创新的影响示意图。如图7-7所示，当政府创新补贴在 $0<RDsub_{it}\leqslant\gamma_1$ 的区间范围内时，受产业政策支持企业的协调创新水平增加幅度较小；当政府创新补贴力度加强到 $\gamma_1<RDsub_{it}\leqslant\gamma_2$ 的区间范围内时，受产业政策支持企业的协调创新水平会以较大幅度增长；当政府创新补贴强度进一步增加到 $RDsub_{it}>\gamma_2$ 的区间范围时，受产业政策支持企业的企业协调创新水平增长幅度更大，产业政策释放的促进企业协调创新的积极信号达到最大。

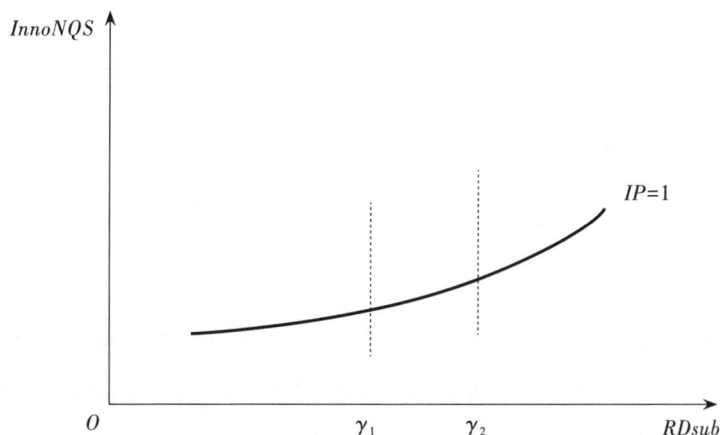

图7-7 产业政策支持下创新补贴对企业协调创新的影响示意图

如前所示，2013年11月，财政部与科技部出于提高政府创新补贴资金利用效率的目的，发布了《国家科技计划及专项资金后补助管理规定》。该规定中明确提出，对于政府引导企业开展的科研项目，应先由企业提出需求、立项并开展研发活动，然后再由政府根据企业研发成果的技术先进性及项目取得的经济效益，采用"研发后补助"的方式发放补贴资金，以期形成由市场决定创新项目和资金分配、评价成果的补贴机制设计模式。在该项政策的推动下，中央、省级、市级政府科技创新项目逐步开始采用"研发后补助"的形式，使政府创新补贴资金的发放与企业创新质量相挂钩，引导企业和科研机构逐渐形成一个从"重数量、轻质量"的策略性创新行为转变为"重数量，也重质量"的实质性创新行为，进而从制度设计的源头上减少企业以骗补为目的的补贴申请。应千伟和何思怡（2021）对高新技术企业样本的研究也验证了2013年开始的"研发后补助"政策设计，能够有效缓解政府研发补贴对企业创新行为的扭曲现象。

总体来看，获得政府产业政策支持和创新补贴的企业更能向外界传递企业"受支持"的积极信号。随着企业获得的创新补贴数量的增加，企业会进行更多的研发创新活动，增加企业创新产出，政府创新补贴对企业创新表现为挤入效应；当企业有大量的研发创新活动和创新产出时，企业又会获得更多的政府创新补贴，也就是说政府创新补贴和企业研发创新之间是一种相互补充、相互促进的关系。当政府对企业创新补贴的规模达到一定临界值之后，会对企业创新产生更强的挤入效应。本章的研究结果表明，随着政府对企业创新补贴力度的增强，政府创新补贴对受产业政策支持企业的创新产出 $InnoN$、$InnoQ$ 和 $InnoS$，以及协调创新 $InnoNQ$、$InnoQS$ 和 $InnoNQS$ 均表现为显著正向且边际递增的非线性特征。这一检验结果支持了前文的研究假设 H5。

此外，还有一点需要说明的是，本章研究发现随着政府对企业创新补贴力度的增强，政府创新补贴对受产业政策支持企业创新产出和协调创新水平的促进效应均表现为显著正向且边际递增的非线性特征这一研究结论，并不意味着出现当政府创新补贴规模无限大，对企业创新和协调创新的正向激励效应就无限大的"无边界"难题。本书认为，由于中央及各级地方政府财力存在相对限制和规模约束，政府对企业创新补贴资金数额会存在一个财力负担的约束边界，与之相应，补贴资金规模也必然会被限制在一个相对理性的约束边界范围内。因此，在现实约束背景下，本章研究得出的政府创新补贴对企业创新产出和协调创新表现出显著正向且边际效应递增的特征，并不代表政府创新补贴规模无限大，对企业创新产出和协调创新的正向激励效应就无限大这一研究逻辑的存在。

7.4　本章小结

本章通过手工搜集和数据筛选处理，将政府补贴区分为创新补贴（*RDsub*）和非创新补贴（*NRDsub*）两类，以创新补贴作为政府引导和激励企业创新的一种普惠式工具，将创新补贴、产业政策与企业协调创新放在一个研究框架中，进一步展开创新补贴对产业政策支持下企业的创新产出和协调创新水平的非线性调节效应检验。

为此，本章采用 Hansen（1999）提出的面板门槛回归模型，将创新补贴 *RDsub* 作为门槛变量，在产业政策影响企业协调创新的过程中，对政府创新补贴的调节效应进行估计和检验。本章研究发现，获得政府创新补贴和产业政策支持的企业更能向外界传递企业"受支持"的积极信号。随着企业获得的创新补贴数量的增加，受产业政策支持的企业的创新产出和协调创新水平均获得显著提升，政府创新补贴对企业创新产生挤入效应；当企业有更多的研发创新活动和创新产出时，政府又会给予企业更多的创新补贴，这意味着政府创新补贴和企业研发创新之间是一种相互补充、相互促进的关系。当政府对企业创新补贴的规模达到一定临界值之后，会对企业创新产生更强的挤入效应。通过对政府创新补贴的门槛回归检验，本书认为，随着政府对企业创新补贴力度的增强，创新补贴这一普惠式创新激励工具对产业政策支持下企业的创新产出和协调创新水平均表现为显著正向且边际递增的非线性影响特征。

第 8 章

研究结论、政策建议与未来研究展望

8.1 主要研究结论

依靠科技创新解决我国经济循环中的"卡脖子"问题，对于构建双循环新发展格局至关重要。产业政策作为一项重要的政策工具，其对创新的影响一直是学界关注的热点。本书在理论分析的基础上，利用国民经济和社会发展五年规划中政府鼓励支持的行业构造产业政策变量，基于2008—2017年中国A股上市公司的微观数据，采用OLS回归、双重差分法、倾向得分匹配法和门槛回归等计量方法，从创新数量、创新质量和创新速度三者耦合互动、协调发展的研究视角刻画企业协调创新水平，系统考察了政府产业政策对企业协调创新的影响；并从政府推行产业政策过程中的直接干预手段出发，基于信号传递效应，沿着融资约束、市场竞争和人才集聚三条路径构建产业政策影响企业协调创新的机制分析框架；最后，本书将创新补贴、产业政策与企业协调创新放在一个研究框架中，探索创新补贴对产业政策支持下企业创新产出和协调创新影响的非线性调节效应，本书的主要结论包括以下几个方面：

8.1.1 现状分析结论

2008—2017年这10年间，企业创新数量、创新质量和创新速度均值分别由"十一五"时期的28.95件、0.258和0.813，上升到"十二五"时期的70.70件、0.310和1.074，进而再上升到"十三五"时期的111.43件、0.339和1.143，"十二五"时期与"十一五"时期相比，增长幅度分别为144%、20.16%和32.10%，"十三五"时期与"十二五"时期相比，增长幅度分别为58%、9.35%和6.42%；企业协调创新均值 *InnoNQ*、*InnoQS* 和 *InnoNQS* 分别由"十一五"时期的

0.086、0.122和0.147，上升到"十二五"时期的0.116、0.138和0.172，进而再到"十三五"时期的0.126、0.132和0.173，"十二五"时期与"十一五"时期相比，增长幅度分别为34.88%、13.11%和17.01%，"十三五"时期与"十二五"时期相比，增长幅度分别为8.62%、−4.35%和4.07%。总体来看，样本期内企业创新产出变量中，创新数量增长幅度最大，其次是创新质量，最后是创新速度。与此同时，创新数量、创新质量和创新速度三者间的相互提升效果在增强，耦合协调度在持续增加，企业协调创新水平呈现出在波动中增长、逐年增强的趋势，但总体处于 [0, 0.3) 的低度耦合区间。受产业政策支持企业的各项创新产出和协调创新水平均显著高于不受产业政策支持的企业，且二者间的差距逐渐拉大。

2008—2017年这10年间，不同产权性质的企业中，国有企业创新数量显著高于民营企业，民营企业创新质量高于国有企业，民营企业创新速度略优于国有企业。国有企业和民营企业的协调创新水平差别不大，$InnoNQ$、$InnoQS$ 和 $InnoNQS$ 这三个耦合协调度指标均值国有企业略高于民营企业。相对来说，民营企业中受产业政策支持的企业与不受产业政策支持的企业的协调创新水平差距大于国有企业。不同生命周期企业中，处于成长期企业的创新数量、创新质量和创新速度最高，其次是成熟期企业，创新表现最差的是衰退期企业。成长期和成熟期企业的协调创新水平差别不大，但显著高于衰退期企业的协调创新水平。相对而言，成长期企业的 $InnoNQ$、$InnoQS$ 和 $InnoNQS$ 三个协调创新指标均值均略高于成熟期企业，在三类企业中最高。总体来说，2008年以来，国有企业和民营企业的创新产出水平得到显著提升，协调创新水平也在稳步上升，总体表现趋于稳定。受产业政策支持企业的创新产出和协调创新水平均显著高于不受产业政策支持的企业，两类企业间的差距在逐年拉大。

2008—2017年这10年间，不同地区企业中，东部地区企业创新产出表现和协调创新水平均最好，其次是中部地区企业，最差的是西部地区企业，其创新数量均值只达到东部地区企业的45%左右。总体来说，2008年以来东、中、西部地区企业创新产出显著提升，协调创新水平也在稳步上升，但各地区差距越发凸显。各地区受产业政策支持的企业与不受产业政策支持的企业相比，创新产出和协调创新水平均存在很大差异，且两类企业间的差距在逐年拉大。2016—2017年这两年，东部地区受产业政策支持企业的 *InnoNQ* 不断加人，超过0.15，逐渐向0.2靠近，但尚未达到中度耦合状态，仍处于 [0，0.3) 的低度耦合区间。三大经济带中，环渤海经济带企业创新表现最佳，创新质量和创新速度均显著领先于珠三角经济带，创新数量二者基本持平，长三角经济带企业的创新表现相对落后，创新数量均值不到环渤海经济带和珠三角经济带的一半。环渤海经济带企业的协调创新表现也最好，*InnoNQ*、*InnoQS*、*InnoNQS* 均值分别为 0.123、0.140 和0.174，然后是珠三角经济带、长三角经济带。这也从另外一个角度说明北京作为我国高校、科研院所、央企总部的集中地，较好地发挥了产学研协同效应，进而成为我国的创新高地。2015—2017年，三大经济带中受产业政策支持企业的协调创新水平均不断提升，逐渐向0.25靠近，但尚未达到中度耦合状态。总体来说，2008年以来，长三角、珠三角和环渤海三大经济带企业的创新产出水平显著提升，协调创新水平也在稳步上升，总体差距逐步趋小。

8.1.2 经验分析结论

产业政策对企业创新的检验结果表明，产业政策不仅能激励受支持企业的创新数量，也能提高其创新质量和创新速度。进一步对"十一五"至"十三五"三个五年规划时期分期回归结果进行检验，我们发现，这三个五年规划时期产业政策支持显著促进了企业创新数量的增加，且影响程度不断增强；对企业创新质量的提升作用呈先增强后减弱的趋势；对创新速度呈正向影响但影响程度逐期下降，且由显著到不显著。总体而言，本书发现，受产业政策支持企业的创新表现并不仅仅只是一种追求"数量"的策略性创新行为，同时也是追求"质量"的实质性创新行为，企业在不断推进技术创新的过程中最终实现从量变到质变的技术飞跃。在利用耦合协调模型计算企业协调创新指标的基础上，进一步检验产业政策对企业协调创新的影响。检验结果表明，*InnoNQ*、*InnoQS*和*InnoNQS*的回归系数分别为0.025、0.021和0.020，且均通过了1%的统计显著性检验，表明产业政策支持能显著提高企业的协调创新水平。在采用替换被解释变量、替换核心解释变量、剔除创新数量为0值的样本、排除十大产业振兴规划的影响、替换样本为制造业样本及更换不同固定效应的设定等一系列方法后，本书的稳健性检验结果依然支持上述结论，同时利用Logit模型进行反向因果关系检验后，认为本书的基准检验不存在明显的内生性问题。

基于信号传递效应的研究视角，沿着融资约束、市场竞争和人才集聚三条路径，采用中介效应模型构建产业政策影响企业协调创新的机制分析框架。研究发现，产业政策支持会通过资源效应、竞争效应和集聚效应，缓解企业面临的融资约束、竞争不充分、激励不足、人才缺乏等问题，促进企业提高协调创新水平。此外，企业自身产权性质、规模大小、所处生命周期等特征的不同，地区经济发展、金融科技发展水平的不同，以及市场化程度、要素市场扭曲程度和营商环境等制度环境的差异会影响企业在面对产业政策支持时的不同行为表现，继而使得企业的协调创新水平呈现出非均衡性特征。

获得政府创新补贴和产业政策支持的企业更能向外界传递企业"受支持"的积极信号。随着政府创新补贴数量的增加，对企业R&D

产生挤入效应，带来创新产出的增加；当企业有更多的研发创新活动和创新产出时，企业又会获得更多的政府创新补贴，也就是说，政府创新补贴和企业研发创新之间是一种相互补充、相互促进的关系。当政府创新补贴规模达到一定临界值之后，会对企业创新产生更强的挤入效应。通过创新补贴的门槛回归检验，我们发现随着政府创新补贴力度的增加，政府创新补贴对受产业政策支持企业协调创新的影响表现为显著正向且边际递增的非线性特征。

8.2 政策建议

在我国的创新驱动发展战略及中央与地方政府广泛实施产业政策的情境下，面对微观层面策略性创新和宏观层面"数量长足、质量跛脚""重数量、轻质量"的创新困境，一方面，从政策制定者的角度分析，政府应深刻认识到技术创新活动特有的前瞻性和不确定性，在制定相应政策制度时，对企业创新的评估应逐步引入激励机制和试错机制，引导和激励企业从事能引领行业未来发展方向但技术外溢和失败风险相对较大的研发创新项目，不断激发企业"攻难关、补短板、追前沿"的创新精神，进行破坏式、颠覆性的创新活动，提升自主创新能力，在增加创新数量的同时，提升创新质量，深刻认识到只有高质量的创新才能驱动高质量的发展。另一方面，从企业的角度分析，企业应恰当利用政府提供的土地、信贷资源、政府补贴、税收优惠、人才资助等各项政策工具，从全局出发，从长远考虑，制定和实施切实有效的创新发展战略，持续高效地进行研发创新活动，以量变推动质变，以质变提升速度，实现协调创新水平的提升。

本书提出如下五个方面的政策建议：

第一，由于不同地区、不同制度环境、不同行业和不同类型的企业存在异质性特征，政府在进行顶层设计时需要"因地制宜"。针对不同类型产业和微观主体，政府要注意采用不同的政策工具和手段，持续有效地增强企业的创新活力。政府应逐步减少对受扶持行业市场准入资格的行政干预和所有制歧视行为，完善市场竞争机制，提高市场竞争程度，激发企业创新活力。在企业创新过程中实现从追求数量向提高质量转变，以量变推动质变，以质变提升速度，让产业政策成为事半功倍的有效政策，而不是事倍功半的无效政策。

第二，中央、省级、市级政府创新补贴资金的发放应与企业创新质量相挂钩，引导企业和科研机构逐渐从"重数量、轻质量"的策略性创新行为转变为"重数量，也重质量"的实质性创新行为，进而从制度设计的源头上减少企业以骗补为目的的补贴申请，减少政企双方的寻租空间。政府创新补贴资金的发放与企业创新质量相挂钩，调整和完善科技创新资金的补助方式和验收制度，从以数量、形式为主的验收制度转向以质量、内容为主的验收制度，采用"研发后补助"的方式发放补贴资金，以期形成由市场决定创新项目和资金分配、评价成果的补贴机制设计模式。

第三，产业政策在制定和实施过程中，不能仅仅凭政府的判断和选择来代替市场的选择，而应该充分维护和发挥市场竞争机制，利用市场竞争的"优胜劣汰"法则，筛选出真正有创新能力的企业给予其持续的政策支持。政府要改善制度环境，通过政府的"有形之手"来帮助市场的"无形之手"更好地运行。有效的产业政策的制定和实施应当基于政府和企业的"合作之手"，消除所有制歧视，保护市场主体公平竞争，对民营企业、中小企业、处于成长期的企业应不断激发其创新潜能，引导其在市场竞争环境下通过创新数量的积累和创新质量的提高，改进生产方式，实现技术进步，推动产业转型升级。

第四，中央及地方政府应加强对知识产权的保护，推动和激励企业加大研发创新力度，提升自主创新能力和协调创新水平，推动我国从知识产权引进大国向创造大国转变。我国是专利申请大国，但不是专利质量强国。国家知识产权局为进一步推动和促进专利高质量发展，调整了专利申请的资助政策，专利申请阶段的资助于2021年6月底全面取消，专利授权阶段的资助将于2025年以前全面取消。

第五，应进一步确立竞争政策在国家经济发展中的基础性地位，以竞争政策为推手加快推动产业政策的转型，加快产业政策从干预竞争模式向"竞争友好"模式转变。在产业政策向普惠化、功能性政策转型的基础上，政府应赋予市场主体更多自主权，让企业在市场中进行公平竞争，逐步减少行政权力对资源配置和竞争秩序的干扰。产业政策的背后是"政府直接干预的手"，竞争政策的背后是"市场看不见的手"。在市场失灵的领域，政府应利用产业政策进行有效弥补，在其他领域则将竞争政策置于基础地位，发挥市场的决定性作用，促使产业政策成为促进市场竞争、提升市场功能的辅助手段，实现产业政策与竞争政策之间的协同互补。

8.3 未来研究展望

如前所述，本书首先从我国产业政策在执行过程中导致受支持与不受支持企业在资源配置、税收优惠、政府补贴等方面存在较大差异，进而造成企业在创新数量、创新质量和创新速度等创新行为表现方面不同这一研究视角出发，在理论分析的基础上，利用国民经济和社会发展五年规划中政府鼓励支持的行业构造产业政策变量，基于中国A股上市公司的微观数据，采用不同计量方法，从创新数量、创新质量和创新速度三者耦合互动、协调发展的研究视角刻画企业协调创新水平，系统考察了政府产业政策对企业协调创新的影响；并从政府在推行产业政策过程中的直接干预手段出发，基于信号传递效应，沿着融资约束、市场竞争和人才集聚三条路径构建产业政策影响企业协调创新的机制分析框架；最后，本书将创新补贴、产业政策与企业协调创新放在一个研究框架中，考察政府创新补贴的实施效果差异，探究政府创新补贴对产业政策支持下企业协调创新影响的非线性调节效应。然而，囿于作者本人的学识水平，本书仍然存在一些不足之处和未来需要进一步研究探讨的方面：

首先，本书由于数据来源所限，对创新质量的衡量采用专利的申请或者授权数量中发明专利的数量占比代表，今后可考虑利用专利的被引用数据或者利用专利的授权率和续期率来衡量创新质量，也可以考虑利用专利自身 IPC 分类号的相关信息，构造专利知识宽度指标来代表创新质量。对创新速度的衡量采用本期专利申请数量与上期专利申请数量之比来衡量，未来可以考虑采用企业新产品的平均研发周期等指标来测度企业的创新速度。

其次，可以进一步对普惠性和竞争性等不同产业政策实施工具进行比较分析，包括研究不同政策工具的内在机理、在战略性新兴产业的实施应用和不同地域的实施效果分析等工作。

最后，由于我国存在独特的中央与地方财政分权的制度背景，产业政策的制定与执行过程必然会与央—地分权这一体制产生联系，今后可以考虑进一步从央—地产业政策协同的视角对产业政策的实施效果进行分析。这些都是未来值得进一步探究的方向。

参考文献

[1] 孙早，席建成. 中国式产业政策的实施效果：产业升级还是短期经济增长 [J]. 中国工业经济，2015（7）：52-67.

[2] 林毅夫，蔡昉，李周. 比较优势与发展战略——对"东亚奇迹"的再解释 [J]. 中国社会科学，1999（5）：4-20；204.

[3] 林毅夫. 新结构经济学——反思经济发展和政策的理论框架 [M]. 北京：北京大学出版社，2012：38-56.

[4] STIGLITZ J E. Industrial policy, learning, and development [Z]. Wider Working Paper，2015：149.

[5] KRUEGER A O, TUNCER B. Growth of factor productivity in Turkish Manufacturing Industries [J]. Journal of Development Economics，1982，11（3）：307-325.

[6] 黎文靖，郑曼妮. 实质性创新还是策略性创新？——宏观产业政策对微观企业创新的影响 [J]. 经济研究，2016（4）：60-73.

[7] 龙小宁，王俊. 中国专利激增的动因及其质量效应 [J]. 世界经济，2015（6）：115-142.

[8] 张杰，郑文平. 创新追赶战略抑制了中国专利质量么？[J]. 经济研究，2018（5）：28-41.

［9］　CHANG H J. The political economy of industry policy ［J］. Macmillan Press，1994，62（2）：503-565.

［10］　NORTON R D. Industrial policy and American renewal ［J］. Journal of Economic Literature，1986，24（1）：1-40.

［11］　LERNER J. The Government as venture capitalist：the long-run impact of the SBIR program ［J］. The Journal of Private Equity，1999，3（2）：55-78.

［12］　布坎南. 自由、市场和国家 ［M］. 吴良健，桑伍，曾获，译. 北京：北京经济学院出版社，1988.

［13］　PELTZMAN S. Toward a more general theory of regulation ［J］. Journal of Law and Economics，1976，19（2）：211-240.

［14］　MALONEY W，NAYYAR G. Industrial policy，information and government capital ［J］. World Bank Research Observer，2018，3（2）：189-217.

［15］　HATTA T. Competition policy vs industrial policy as a growth strategy ［J］. China Economic Journal，2017，10（2）：162-174.

［16］　江小涓. 论我国产业结构政策的实效和调整机制的转变 ［J］. 经济研究，1991（2）：9-15.

［17］　江飞涛，李晓萍. 直接干预市场与限制竞争：中国产业政策的取向与根本缺陷 ［J］. 中国工业经济，2010（9）：26-36.

［18］　RODRIK D. Industrial policy：don't ask why，ask how ［J］. Middle East Development Journal，2009，1（1）：1-29.

［19］　STIGLITZ J E. Industrial policy，learning and development：government-business coordination in Africa and East Asia ［J］. Oxford：Oxford University Press，2017.

［20］　AGHION P，DEWATRIPONT M. Industrial policy and competition ［R］. NBER Working Paper，2012.

［21］　HOFF K. Bayesian learning in an infant industry model ［J］. Journal of International Econmics，1997，43（3-4）：409-436.

［22］　韩永辉，黄亮雄，王贤彬. 产业政策推动地方产业结构升级了吗？——

基于发展型地方政府的理论解释和实证检验 [J]. 经济研究，2017（8）：33-48.

[23] 邵敏，包群. 政府补贴与企业生产率——基于我国工业企业的经验分析 [J]. 中国工业经济，2012（7）：70-82.

[24] BALDWIN R，KRUGMAN P. Industrial policy and international competitionin wide-bodied jet aircraft [M] // BALDW，R.Trade Policy Issues and Empirical Analysis.Chicago：University of Chicago Press，1988：45-78.

[25] BEASON R，WEINSTEIN D E. Growth，economics of scale，and targeting in Japan（1955-1990）[J]. Review of Economics and Statistics，1996，78（2）：286-288.

[26] CRISCUOLO C，MARTIN R，OVERMAN H. The Effect of industrial policy on corporate performance：evidence from panel data [R]. Center for Economic Performance，London School of Economics，2007.

[27] MELITZ M J.When and how should infant industries be protected [J]. Journal of International Economics，2005，66（1）：177-196.

[28] HAUSMANN R，RODRIK D. Economic development as self-discovery [J]. Journal of Development Economics，2003，72（2）：603-633.

[29] 赵婷，陈钊. 比较优势与中央、地方的产业政策 [J]. 世界经济，2019（10）：98-119.

[30] 杨瑞龙，侯方宇. 产业政策的有效性边界——基于不完全契约的视角 [J]. 管理世界，2019（10）：82-96.

[31] 戴小勇，成力为. 产业政策如何更有效：中国制造业生产率与加成率的证据 [J]. 世界经济，2019（3）：69-93.

[32] 叶光亮，程龙，张晖. 竞争政策强化及产业政策转型影响市场效率的机理研究——兼论有效市场与有为政府 [J]. 中国工业经济，2022（1）：74-92.

[33] 舒锐. 产业政策一定有效吗？——基于工业数据的实证分析 [J]. 产业经济研究，2013（3）：45-63.

[34] 黄先海，宋学印，诸能君. 中国产业政策的最优实施空间界定——补贴效应、竞争兼容与过剩破解 [J]. 中国工业经济，2015（4）：57-69.

[35] AGHION P，CAI J，DEWATRIPONT M，et al. Industrial policy and competition [J]. American Economic Journal：Macroeconomics，2015，7（4）：1-32.

[36] 王克敏，刘静，李晓溪. 产业政策、政府支持与公司投资效率研究 [J]. 管理世界，2017（3）：113-124；145.

[37] 沈鸿，顾乃华. 产业政策、集聚经济与异质性企业贸易方式升级 [J]. 国际贸易问题，2017（3）：120-130.

[38] 黎文靖，李耀淘. 产业政策激励了公司投资吗 [J]. 中国工业经济，2014（5）：122-134.

[39] 宋凌云，王贤彬. 重点产业政策、资源重置与产业生产率 [J]. 管理世界，2013（12）：63-77.

[40] 余明桂，范蕊，钟慧洁. 中国产业政策与企业技术创新 [J]. 中国工业经济，2016（12）：5-22.

[41] 张莉，朱光顺，李夏洋，等. 重点产业政策与地方政府的资源配置 [J]. 中国工业经济，2017（8）：63-80.

[42] 杨继东，罗路宝. 产业政策、地区竞争与资源空间配置扭曲 [J]. 中国工业经济，2018（12）：5-22.

[43] 蔡庆丰，田霖. 产业政策与企业跨行业并购：市场导向还是政策套利 [J]. 中国工业经济，2019（1）：81-97.

[44] 吴意云，朱希伟. 中国为何过早进入再分散：产业政策与经济地理 [J]. 世界经济，2015（2）：140-166.

[45] 钱雪松，康瑾，唐英伦. 产业政策、资本配置效率与企业全要素生产率——基于中国2009年十大产业振兴规划自然实验的经验研究 [J]. 中国工业经济，2018（8）：44-61.

[46] 周叔莲，吕铁，贺俊. 新时期我国高增长行业的产业政策分析 [J]. 中国工业经济，2008（9）：46-57.

［47］ 韩乾，洪永淼. 国家产业政策、资产价格与投资者行为［J］. 经济研究，2014（12）：143-158.

［48］ 张新民，张婷婷，陈德球. 产业政策、融资约束与企业投资效率［J］. 会计研究，2017（4）：12-18.

［49］ 祝继高，陆峣，岳衡. 银行关联董事能有效发挥监督职能吗？——基于产业政策的分析视角［J］. 管理世界，2015（7）：143-157.

［50］ 何熙琼，尹长萍，毛洪涛. 产业政策对企业投资效率的影响及其作用机制研究——基于银行信贷的中介作用与市场竞争的调节作用［J］. 南开管理评论，2016（5）：161-170.

［51］ 陆正飞，韩非池. 宏观经济政策如何影响公司现金持有的经济效应？——基于产品市场和资本市场两重角度的研究［J］. 管理世界，2013（6）：43-60.

［52］ 陈信元，黄俊. 政府干预、多元化经营与公司业绩［J］. 管理世界，2007（1）：92-98.

［53］ 杨兴全，尹新强，孟庆玺. 谁更趋多元化经营：产业政策扶持企业抑或非扶持企业？［J］. 经济研究，2018（9）：133-150.

［54］ 梁琦，李晓萍，吕大国. 市场一体化、企业异质性与地区补贴——解释中国地区差距的新视角［J］. 中国工业经济，2012（2）：16-25.

［55］ 吴利华，申振佳. 产业生产率变化：企业进入退出、所有制与政府补贴——以装备制造业为例［J］. 产业经济研究，2013（4）：30-39.

［56］ 任曙明，吕镯. 融资约束、政府补贴与全要素生产率——来自中国装备制造企业的实证研究［J］. 管理世界，2014（11）：10-24.

［57］ 毛其琳，许家云. 政府补贴对企业新产品创新的影响——基于补贴强度"适度区间"的视角［J］. 中国工业经济，2015（6）：94-107.

［58］ 李骏，刘洪伟，万君宝. 产业政策对全要素生产率的影响研究——基于竞争性与公平性视角［J］. 产业经济研究，2017（4）：115-126.

［59］ 张莉，朱光顺，李世刚，等. 市场环境、重点产业政策与企业生产率差异［J］. 管理世界，2019（3）：114-126.

[60] 钟宁桦，温日光，刘学悦. "五年规划"与中国企业跨境并购 [J]. 经济研究，2019（4）：149-164.

[61] FENG F. Does industrial policy play an important role in enterprise innovation? [J]. Emerging Markets Finance and Trade，2019，55（15）：3490-3512.

[62] 张杰. 政府创新补贴对中国企业创新的激励效应——基于 U 形关系的一个解释 [J]. 经济学动态，2020（6）：91-108.

[63] ARROW K J. The economic implications of learning by doing [J]. The Review of Economic Studies，1962，29（3）：155-173.

[64] 李汇东，唐跃军，左晶晶. 用自己的钱还是用别人的钱创新——基于中国上市公司融资结构与公司创新的研究 [J]. 金融研究，2013（2）：170-183.

[65] 张璇，刘贝贝，汪婷，等. 信贷寻租、融资约束与企业创新 [J]. 经济研究，2017（5）：161-174.

[66] MEYER L H. The present and future role of banks in small business finance [J]. Journal of Banking and Finance，1998，22（6-8）：1109-1116.

[67] 鞠晓生，卢荻，虞义华. 融资约束、营运资本管理与企业创新可持续性 [J]. 经济研究，2013（1）：4-16.

[68] BHAGAT S，WELCH I. Corporate research & development investments international comparisons [J]. Journal of Accounting and Economics，1995，19（2-3）：443-470.

[69] 王玉泽，罗能生，刘文彬. 什么样的杠杆率有利于企业创新 [J]. 中国工业经济，2019（3）：138-155.

[70] 吴尧，沈坤荣. 资本结构如何影响企业创新——基于我国上市公司的实证分析 [J]. 产业经济研究，2020（3）：57-71.

[71] 熊彼特. 经济发展理论 [M]. 精华本. 郑丽萍，杜贞旭，刘昱岗，译. 北京：中国商业出版社，2009.

[72] ROTHWELL R，ZEGVELD W. Innovation and the small and medium sized

firm ［J］. Social Science Electronic Publishing, 1982, 62（11）: 3734-3743.

［73］ DODGSON M. Technological collaboration in industry ［M］. London: Routledge, 1993: 37-74.

［74］ AKCIGIT U. Firm size, innovation dynamics and growth ［C］. Meeting Papers, Society for Economic Dynamics, 2009: 12-67.

［75］ 周黎安, 罗凯. 企业规模与创新: 来自中国省级水平的经验证据 ［J］. 经济学（季刊）, 2005（2）: 623-638.

［76］ 冯根福, 郑明波, 温军, 等. 究竟哪些因素决定了中国企业的技术创新——基于九大中文经济学权威期刊和 A 股上市公司数据的再实证 ［J］. 中国工业经济, 2021（1）: 17-35.

［77］ 姚洋, 章奇. 中国工业企业技术效率分析 ［J］. 经济研究, 2001（10）: 13-19.

［78］ 吴延兵. 中国哪种所有制类型企业最具创新性？［J］. 世界经济, 2012（6）: 3-25.

［79］ 李文贵, 余明桂. 民营化企业的股权结构与企业创新 ［J］. 管理世界, 2015（4）: 112-126.

［80］ RONG Z, WU X, BOEING P. The effect of institutional ownership on firm innovation: evidence from Chinese listed firms ［J］. Research Policy, 2017, 46（9）: 1533-1551.

［81］ 李春涛, 宋敏. 中国制造业企业的创新活动: 所有制和 CEO 激励的作用 ［J］. 经济研究, 2010（5）: 55-67.

［82］ COAD A, SEGARRA A, TERUEL M. Innovation and firm growth: does firm age play a role ［J］. Research Policy, 2016, 45（2）: 387-400.

［83］ HUERGO E. The role of technological management as a source of innovation: evidence from Spanish manufacturing firms ［J］. Research Policy, 2006, 35（9）: 1377-1388.

［84］ 刘诗源, 林志帆, 冷志鹏. 税收激励提高企业创新水平了吗？——基于

企业生命周期理论的检验［J］. 经济研究，2020（6）：105-121.

［85］ 陈岩，张斌. 基于所有权视角的企业创新理论框架与体系［J］. 经济学动态，2013（9）：50-59.

［86］ HILL C W L，SNELL S A. External control，corporate strategy，and firm performance in research-intensive industries ［J］. Strategic Management Journal，2010，9（6）：577-590.

［87］ HIRSHLEIFER D，HSU P H，LI D. Innovative efficiency and stock returns ［J］. Journal of Financial Economics，2013，107（3）：632-654.

［88］ 冯根福，温军. 中国上市公司治理与企业技术创新关系的实证分析［J］. 中国工业经济，2008（7）：91-101.

［89］ AGHION P，VAN REENEN J，ZINGALES L. Innovation and institutional ownership ［J］. American Economic Review，2013，103（1）：277-304.

［90］ SATTAYARAKSA T，BOON-ITT S. The roles of CEO transformational leadership and organizational factors on product innovation performance ［J］. European Journal of Innovation Management，2018，21（2）：227-249.

［91］ JIA X，CHEN J，MEI L，et al. How leadership matters in organizational innovation：a perspective of openness ［J］. Management Decision，2018，56（1）：6-25.

［92］ BARKER V L，MUELLER G C. CEO characteristics and firm R&D spending ［J］. Management Science，2002，48（6）：782-801.

［93］ 虞义华，赵奇锋，鞠晓生. 发明家高管与企业创新［J］. 中国工业经济，2018（3）：136-154.

［94］ 陈宝杰. 女性参与高管团队对企业创新绩效的影响——来自中国中小板上市公司的实证分析［J］. 科技进步与对策，2015（5）：146-150.

［95］ BOONE C，LOKSHIN B，GUENTER H，et al. Top management team nationality diversity，corporate entrepreneurship，and innovation in multinational Firms ［J］. Strategic Management Journal，2019，40（2）：277-302.

［96］ 何瑛，于文蕾，戴逸驰，等. 高管职业经历与企业创新［J］. 管理世界，
2019（11）：174-192.

［97］ 田轩，孟清扬. 股权激励计划能促进企业创新吗［J］. 南开管理评论，
2018（3）：176-190.

［98］ 赵息，林德林. 股权激励创新效应研究——基于研发投入的双重角色分
析［J］. 研究与发展管理，2019（1）：87-96；108.

［99］ 牛彦秀，马婧婷，李昊坤. 高管薪酬激励对企业自主创新影响研究——
基于高新技术上市公司的经验数据［J］. 经济与管理评论，2016（4）：
67-78.

［100］ 徐长生，孔令文，倪娟. A股上市公司股权激励的创新激励效应研究
［J］. 科研管理，2018（9）：93-101.

［101］ 徐宁，姜楠楠，张晋. 股权激励对中小企业双元创新战略的影响研究
［J］. 科研管理，2019（7）：163-172.

［102］ HALL B H，LERNER J. The financing of R&D and innovation ［J］.
Handbook of the Economics of Innovation，2010（1）：609-639.

［103］ 谢家智，刘思亚，李后建. 政治关联、融资约束与企业研发投入［J］.
财经研究，2014（8）：81-93.

［104］ 陈希敏，王小腾. 政府补贴、融资约束与企业技术创新［J］. 科技管理
研究，2016（6）：11-18.

［105］ BROWN J R，MARTINSSON G，PETERSEN B C.Do financing constraints
matter for R&D? ［J］. European Economic Review，2012，56（8）：1512-
1529.

［106］ 马光荣，刘明，杨恩艳. 银行授信、信贷紧缩与企业研发［J］. 金融研
究，2014（7）：161-174.

［107］ 何玉润，林慧婷，王茂林. 产品市场竞争、高管激励与企业创新——基
于中国上市公司的经验证据［J］. 财贸经济，2015（2）：125-135.

［108］ 聂辉华，谭松涛，王宇锋. 创新、企业规模和市场竞争——基于中国企
业层面的面板数据分析［J］. 世界经济，2008（7）：57-66.

[109] MEIERRIEKS D. Financial development and innovation: is there evidence of a Schumpeterian finance innovation nexus? [J]. Annals of Economics and Finance, 2014, 15 (2): 171-183.

[110] 解维敏, 方红星. 金融发展、融资约束与企业研发投入 [J]. 金融研究, 2011 (5): 171-183.

[111] BROWN J R, MARTINESSON G, PETERSEN B C.Law, stock markets and innovation [J]. The Journal of Finance, 2013, 68 (4): 1517-1549.

[112] BERNSTEIN S. Does going public affect innovation? [J]. The Journal of Finance, 2015, 70 (4): 1365-1403.

[113] RONG Z, WU X, BOEING P.The effect of institutional ownership on firm innovation: evidence from Chinese listed firms [J]. Research Policy, 2017, 46 (9): 1533-1551.

[114] 权小锋, 尹红英. 中国式卖空机制与公司创新——基于融资融券分步扩容的自然实验 [J]. 管理世界, 2017 (1): 128-144; 187-188.

[115] 郝项超, 梁琪, 李政. 融资融券与企业创新: 基于数量与质量视角的分析 [J]. 经济研究, 2018 (6): 127-141.

[116] 杨亭亭, 段军山. 股票流动性与上市公司创新质量 [J]. 云南财经大学学报, 2019 (6): 63-71.

[117] 万佳彧, 周勤, 肖义. 数字金融、融资约束与企业创新 [J]. 经济评论, 2020 (1): 71-83.

[118] 聂秀华, 吴青. 数字金融对中小企业技术创新的驱动效应研究 [J]. 华东经济管理, 2021 (3): 132-150.

[119] 贾俊生, 刘玉婷. 数字金融、高管背景与企业创新——来自中小板和创业板上市公司的经验证据 [J]. 财贸研究, 2021 (2): 65-77.

[120] 谢雪燕, 朱晓阳. 数字金融与中小企业技术创新——来自新三板企业的证据 [J]. 国际金融研究, 2021 (1): 87-96.

[121] ALOINI D, LAZZAROTTI V, MANZINI R, et al. Ip, openness, and innovation performance: an empirical study [J]. Management Decision,

2017，55（6）：1307-1327.

[122] ENGEL C，KLEINE M. Who is afraid of pirates？ an experiment on the deterrence of innovation by imitation［J］. Research Policy，2015，44（1）：20-33.

[123] 吴超鹏，唐茜. 知识产权保护执法力度、技术创新与企业绩效——来自中国上市公司的证据［J］. 经济研究，2016（11）：125-140.

[124] IM H J，SHON J. The effect of technological imitation on corporate innovation：evidence from US patent data［J］. Research Policy，2019，48（9）：221-245.

[125] LI X. Behind the recent surge of Chinese patenting：an institutional view［J］. Research Policy，2012，41（1）：236-249.

[126] 冯泽，陈凯华，戴小勇. 研发费用加计扣除是否提升了企业创新能力？——创新链全视角［J］. 科研管理，2019（10）：73-86.

[127] 陈强远，林思彤，张醒. 中国的技术创新激励政策：激励了数量还是质量［J］. 中国工业经济，2020（4）：79-96.

[128] 黄德春，刘志彪. 环境规制与企业自主创新——基于波特假设的企业竞争优势构建［J］. 中国工业经济，2006（3）：100-106.

[129] 蒋伏心，王竹君，白俊红. 环境规制对技术创新影响的双重效应——基于江苏制造业动态面板数据的实证研究［J］. 中国工业经济，2013（7）：44-55.

[130] 陶锋，赵瑾瑜，周浩. 环境规制实现了绿色技术创新的"增量提质"吗？——来自环保目标责任制的证据［J］. 中国工业经济，2021（2）：136-154.

[131] 孟庆斌，师倩. 经济政策不确定性对企业研发的影响：理论与经验研究［J］. 世界经济，2017（9）：75-98.

[132] 顾夏铭，陈勇民，潘士远. 经济政策不确定性与创新——基于我国上市公司的实证分析［J］. 经济研究，2018（2）：109-123.

[133] 阳镇、凌鸿程、陈劲. 经济政策不确定性、企业社会责任与企业技术创

新［J］. 科学学研究，2021（3）：544-555.

［134］ 杨昊昌，温军，陈学招. 经济政策不确定性与家族企业创新——融资约束及政府补助视角［J］. 科技进步与对策，2021（6）：1-9.

［135］ 张倩肖，冯雷. 宏观经济政策不确定性与企业技术创新——基于我国上市公司的经验证据［J］. 当代经济科学，2018（4）：48-59.

［136］ 潘凌云，董竹. 宏观经济不确定性与公司研发［J］. 经济与管理研究，2021（3）：3-20.

［137］ 徐子喧. 产业政策是否促进企业创新？［D］. 杭州：浙江大学，2018.

［138］ 蔡绍洪，俞立平. 创新数量、创新质量与企业效益——来自高技术产业的实证［J］. 中国软科学，2017（5）：30-37.

［139］ 张杰，周晓艳，李勇. 要素市场扭曲抑制了中国企业R＆D？［J］. 经济研究，2011（8）：78-91.

［140］ 杨国超，芮萌. 高新技术企业税收减免政策的激励效应与迎合效应［J］. 经济研究，2020（9）：174-191.

［141］ SCHANKERMAN，PAKES A. Estimates of the value of patent rights in European countries during the post-1950 period［J］. Economic Journal，1986，96（384）：1052-1076.

［142］ GRILICHES Z. Patent statistics as economic indicators：a survey［J］. Journal of Economic Literature，1990，28（4）：1661-1707.

［143］ CORNELLI F，SCHANKEMAN M. Patent renewals and R&D incentives［J］. The Rand Journal of Economics，1999，30（2）：197-213.

［144］ HANER U. Innovation quality：a conceptual framework［J］. International Journal of Production Economics，2002，80（1）：31-37.

［145］ 张古鹏，陈向东. 基于专利的中外新兴产业创新质量差异研究［J］. 科学学研究，2011（12）：1813-1820.

［146］ 康志勇. 政府补贴促进了企业专利质量提升吗？［J］. 科学学研究，2018（1）：69-80.

［147］ 张古鹏，陈向东，杜华东. 中国区域创新质量不平等研究［J］. 科学学

研究，2011（11）：1709-1719.

[148] 袁胜军，俞立平，钟昌标，等. 创新政策促进了创新数量还是创新质量？——以高技术产业为例 [J]. 中国软科学，2020（3）：32-45.

[149] 俞立平，邱栋，彭长生，等. 高技术产业创新效率对创新质量作用机制研究 [J]. 宏观质量研究，2021（2）：29-42.

[150] MANISFIEL E. Industrial R&D in Japan and the United States：a comparative study [J]. American Economic Review，1988，78（2）：223-228.

[151] STALK G. Time — the next source of competitive advantage [J]. Harvard Business Review，1988，66（4）：41-51.

[152] KESSLER E H，CHAKRABARTI A K. Innovation speed：a conceptual model of context，antecedents and outcomes [J]. Academy of Management Review，1996，21（4）：1143-1491.

[153] WANG Z，WANG N. Knowledge sharing，innovation and firm performance [J]. Expert Systems with Applications，2012，39（10）：8899-8908.

[154] 古继宝，王冰，吴剑琳. 双向开放式创新、创新能力与新产品市场绩效 [J]. 经济与管理研究，2017（11）：134-145.

[155] 俞立平，孙建红. 产业创新速度作用机制与门槛特征——以高技术产业为例 [J]. 中国科技论坛，2018（7）：35-42.

[156] 俞立平，钟昌标，王作功. 高技术产业创新速度与效益的互动机制研究 [J]. 科研管理，2018（7）：1-8.

[157] 俞立平. 效率视角下创新数量、质量与速度互动机制研究 [J]. 经济与管理研究，2020（11）：58-76.

[158] GRILICHES Z. Market value，R&D and patents [J]. Economic letters，1981，7（2）：183-187.

[159] MEEGNA P，KLOCY M. The impact of intangible capital on Tobin's Q in the semiconductor industry [J]. Aemican Economic Review，1993，83（2）：265-269.

[160] LEE J，SHIM E. Moderating effects of R&D on coporate growth in US and

Japanese hi-teth industries: an empricl study [J]. Journal of High Technology Management Research, 1995, 6 (2): 179-191.

[161] 李诗，洪涛，吴超鹏. 上市公司专利对公司价值的影响——基于知识产权保护视角 [J]. 南开管理评论，2012 (6): 4-13.

[162] 杨中环. 研发投入对企业价值影响的相关性研究——基于我国上市公司实施新会计准则后的实证检验 [J]. 科技管理研究，2013 (10): 49-52.

[163] 唐玮，崔也光. 政府控制、创新投入与公司价值——基于投资者信心的中介效应分析 [J]. 财贸研究，2017 (6): 101-110.

[164] 周铭山，张倩倩. "面子工程"还是"真才实干"？——基于政治晋升激励下的国有企业创新研究 [J]. 管理世界，2016 (12): 116-132.

[165] ROMER P M. Endohenous technological change [J]. Journal of Political Economy, 1990, 98 (5): 71-102.

[166] GROSSMAN G M, ELHANAN H. Quality ladders in the theory of growth [J]. The Review of Economic Studies, 1991, 58 (1): 43-61.

[167] AGHION P, HOWITT P. A model of growth through creative destruction [J]. Econometrica, 1992, 60 (2): 323-351.

[168] JEFFERSON G H, HUAMAO B, XIAOJING Q. R&D performance in Chinese industry [J]. Economics of Technology, 2006, 15 (5): 345-366.

[169] VOGEL J. The two faces of R&D and human capital: evidence from western European regions [J]. Papers in Regional Science, 2015, 94 (3): 525-551.

[170] 李宾. 国内研发阻碍了我国全要生产率的提高吗？[J]. 科学学研究，2010 (7): 1035-1042.

[171] 黄阳华，夏良科. 为什么R&D投资没能有效促进中国工业TFP快速提升？[J]. 经济管理，2013 (3): 12-25.

[172] 罗雨泽，罗来军，陈衍泰. 高新技术产业TFP由何而定？——基于微观数据的实证分析 [J]. 管理世界，2016 (2): 8-18.

[173] 严成樑，龚六堂. R&D规模、R&D结构与经济增长 [J]. 南开经济研

究，2013，（2）：3-19.

[174] AUDETSCH D B，F SLDMAN M P. R&D spilloversand the geography of innovation and production [J]. American Economic Review，1996，86（3）：630-640.

[175] KELLER W. International technology diffusion [J]. Journal of Economic Literture，2004，42（3）：752-782.

[176] ANSELIN L，VARGA A，ACE Z J.Geographic and sectoral characteristics of academic knowledge extemalities [J]. Papers in regional Science，2000，79（4）：435-443.

[177] 王立平. 我国高校R&D知识溢出的实证研究——以高技术产业为例 [J]. 中国软科学，2015（12）：54-59.

[178] ERIKSSON R H. Localized spillovers and knowledge flows：how does proximity influence the performance of plants? [J]. Economic Geography，2011，87（2）：127-152.

[179] 余泳泽，刘大勇. 我国区域创新效率的空间外溢效应与价值链外溢效应——创新价值链视角下的多维空间面板模型研究 [J]. 管理世界，2013（7）：6-20.

[180] 赵增耀，章小波，沈能. 区域协同创新效率的多维溢出效应 [J]. 中国工业经济，2015（1）：32-44.

[181] 白俊红，王钺，蒋伏心. 研发要素流动、空间知识溢出与经济增长 [J]. 经济研究，2017（7）：109-123.

[182] 郝凤霞，陈洁婷. 产业政策与民营企业创新——基于A股民营上市公司的实证研究 [J]. 当代经济，2018（1）：20-25.

[183] 逯东，朱丽. 市场化程度、战略性新兴产业政策与企业创新 [J]. 产业经济研究，2018（2）：65-77.

[184] 陈文俊，彭有为，胡心怡. 战略性新兴产业政策是否提升了创新绩效 [J]. 科研管理，2020（1）：22-34.

[185] 王桂军，张辉. 促进企业创新的产业政策选择：政策工具组合视角 [J].

经济学动态，2020（10）：14-30.

[186] 孟庆玺，尹新强，白俊. 产业政策扶持激励了企业创新吗？[J]. 南方经济，2016（12）：75-88.

[187] 李凤梅，柳卸林，高雨辰，等. 产业政策对我国光伏企业创新与经济绩效的影响[J]. 科学学与科学技术管理，2017（11）：47-60.

[188] 冯飞鹏. 产业政策、信贷配置与创新效率[J]. 财经研究，2018（7）：142-153.

[189] 白旭云，王砚羽，苏欣. 研发补贴还是税收激励——政府干预对企业创新绩效和创新质量的影响[J]. 科研管理，2019（6）：9-18.

[190] 杨继东，刘诚. 产业政策经验研究的新进展——一个文献综述[J]. 产业经济评论，2021（6）：31-45.

[191] 金宇，王培林，富钰媛. 选择性产业政策提升了我国专利质量吗？——基于微观企业的实验研究[J]. 科研管理，2019（6）：39-49.

[192] SCHUMPETER J A.Theories der wirtschaftlichen entwicklung[M]. Leipzig: Duncker & Humblot，1912.

[193] SCHUMPETER J A.The theories of economic development[M]. Cambridge，MA：Harvard University Press，1934.

[194] FREEMAN C.The Economics of industrial innovation[M]. Harmondsworth：Penguin Books，1974.

[195] 安同良，姜妍. 中国特色创新经济学的基本理论问题研究[J]. 经济学动态，2021（4）：15-26.

[196] 洪银兴，安同良，孙宁华. 创新经济学[M]. 南京：江苏人民出版社，2017.

[197] MYERS S C，MARQUIS N S.Corporate financing decisions when firms have information investors do not have[J]. Journal of Financial Economics，1969，13（2）：187-221.

[198] FEEEMAN C. Technology policy and economic performance：lessons from Japan[M]. London：Pinter Publishers，1987.

[199] 吴玉鸣，张燕. 中国区域经济增长与环境的耦合协调发展研究 [J]. 资源科学，2008（1）：25-30.

[200] 吴文恒，牛叔文，郭晓东，等. 中国人口与资源环境耦合的演进分析 [J]. 自然资源学报，2006（6）：853-861.

[201] 徐玉莲，王玉冬，林艳. 区域科技创新与科技金融耦合协调度评价研究 [J]. 科学学与科学技术管理，2011（12）：116-122.

[202] 熊勇清. 战略性新兴产业与传统产业互动耦合发展研究 [M]. 北京：经济科学出版社，2013.

[203] 逯进，周惠民. 中国省域人力资本与经济增长耦合关系的实证分析 [J]. 数量经济技术经济研究，2013（9）：3-19；36.

[204] 唐晓华，张欣珏，李阳. 中国制造业与生产性服务业动态协调发展实证研究 [J]. 经济研究，2018（3）：79-93.

[205] 葛鹏飞，韩永楠，武宵旭. 中国创新与经济发展的耦合协调性测度与评价 [J]. 数量经济技术经济研究，2020（10）：101-117.

[206] 陈劲，阳银娟. 协同创新的理论基础与内涵 [J]. 科学学研究，2012（2）：161-165.

[207] 苏东水. 产业经济学 [M]. 北京：高等教育出版社，2010.

[208] JOHNSON C. MITI and Japanese miracle：the growth of industrial policy. [J]. Standford University Press，1982.

[209] 周振华. 产业政策的经济理论系统分析 [M]. 北京：中国人民大学出版社，1991.

[210] 刘鹤，杨伟民. 中国的产业政策——理念与实践 [M]. 北京：中国经济出版社，1999.

[211] 江飞涛，沈梓鑫. 全球产业政策实践与研究的新进展——一个基于演化经济学视角的评述 [J]. 财经问题研究，2019（10）：3-10.

[212] 下河边淳，管家茂. 现代日本经济事典 [M]. 北京：中国社会科学出版社，1982.

[213] 伊藤元重. 产业政策的经济分析 [M]. 东京：东京大学出版社，1988.

[214] 小宫隆太郎，奥野正宽，铃村兴太郎.日本的产业政策 [M].黄晓勇，
韩铁英，吕文忠，等译.北京：国际文化出版公司，1988.

[215] PACK H，SAGGI K.Is there a case for industrial policy? A critical survey
[J]. World Bank Research Observer，2006，21（2）：267-297.

[216] WARWICK K.Beyond industrial policy: emerging issues and new trends
[Z]. OECD Science，Technology and Industry Policy Papers，2013：
325-258.

[217] NOMAN A，STIGLITZ J E.Efficiency，finance and varieties of industrial
policy [M]. New York：Columbia University Press，2017.

[218] ROBINSON J A.Industrial policy and development: a political economy
perspective [M]. Washington，DC：The World Bank，2009.

[219] LEE J W.Industrial policy as an engine of economic growth: a framework of
analysis and evidence from South Korea [J]. Business History，2012，54
（5）：713-740.

[220] MEYER F V，PINDER J.National Industrial Strategies and the World
Economy [J]. International Affairs，1982，59（1）：101.

[221] BAILEY D，COWLING K，TOMLINSON P.New perspectives on industrial
policy for a modern Britain [M]. Oxford：Oxford University Press，2015.

[222] LALL S.Industrial Policy: the role of government in promoting industrial and
technological development [J]. Unctad Review，1994.

[223] 李晓萍，罗俊.走出创新"舒适区"：欧盟产业政策的发展与启示 [J].
学习与探索，2017（10）：105-113.

[224] 杨伟民.对"八五"产业政策纲要的建议 [R]. 1988.

[225] 刘鹤，杨焕昌，梁钧平.我国产业政策实施的总体思路 [J]. 经济理论
与经济管理，1989（2）：14-19.

[226] 江飞涛，李晓萍.改革开放四十年中国产业政策演进与发展——兼论中
国产业政策体系的转型 [J]. 管理世界，2018（10）：73-85.

[227] 李平，江飞涛，王宏伟.重点产业调整振兴规划评价与政策取向探讨

［J］. 宏观经济研究，2010（10）：3-12；48.

［228］ RODICK D. Coordination failures and government policy：a model with application to East Asia and Eastern Europe ［J］. Journal of International Economics，1996，40（1-2）：1-21.

［229］ CABRAL L.Sunk costs，firm size and firm growth ［J］. Journal of Indurstrial Economics，1995，43（2）：161-172.

［230］ KLEPPER S.Entry，exit growth and innovation over the product life cycle ［J］. The American Economic Review，1996，86（3）：562-582.

［2314］ STIGLITZ J E，GREENWALD B C.Creating a learning society：a new approach to growth，development and social progress ［M］. New York：Columbia University Press，2014.

［232］ 波特. 竞争优势 ［M］. 陈丽芳，译. 北京：中信出版社，2014.

［233］ 波特. 国家竞争优势 ［M］. 李明轩，邱如美，译. 北京：中信出版社，2007.

［234］ SOLOW R M.Technical change and the aggregate production function ［J］. The Review of Economics and Statistics，1957，39（3）：312-320.

［235］ MEGGINSON W L，WEISS K A.Venture capitalist certification in initial public offerings ［J］. The Journal of Finance，1991，46（3）：879-903.

［236］ CHOI B，KUMAR M V S，ZAMBUTO F.Capital structure and innovation trajectory：the role of debt in balancing exploration and exploitation ［J］. Organization Science，2016，27（5）：1183-1201.

［237］ 郭玥. 政府创新补助的信号传递机制与企业创新 ［J］. 中国工业经济，2018（9）：98-116.

［238］ 白俊红，李婧. 政府R&D资助与企业技术创新——基于效率视角的实证分析 ［J］. 金融研究，2011（6）：181-193.

［239］ 刘春林，田玲. 人才政策"背书"能否促进企业创新 ［J］. 中国工业经济，2021（3）：156 -173.

［240］ 王珏，祝继高. 劳动保护能促进企业高学历员工的创新吗？——基于A

股上市公司的实证研究［J］. 管理世界，2018（3）：139-152；166.

［241］ FUEST C，PEICHL A，SIEGLOCH S. Do higher corporate taxes reduce wages? Micro Evidence from Germany［J］. American Economic Review，2018，108（2）：393-418.

［242］ CHEN J，HENG C S，TAN B C Y，et al. The distinct signaling effects of R&D subsidy and non-R&D subsidy on IPO performance of IT entrepreneurial firms in China［J］. Research Policy，2018，47（1）：108-120.

［243］ 袁建国，后青松，程晨. 企业政治资源的诅咒效应——基于政治关联与企业技术创新的考察［J］. 管理世界，2015（2）：139-155.

［244］ URBAN G L，CARTER T，GASKIN S. Market share rewards to pioneering brands：an empirical analysis and strategic implications［J］. Management Science，1986，32（6）：645-659.

［245］ 孙卫，徐昂，尚磊. 创新速度理论研究评述与展望［J］. 科技进步与对策，2010，（4）：156-160.

［246］ JANSSEN O. Job demands，perceptions of effort-reward fairness and innovative workbehaviour［J］. Journal of Occupational and Organizational Psychology，2000，73（3）：287-302.

［247］ ALLOCCA K R. Innovation speed in small and medium-sized enterprises［J］. Creativity and Innovation Management，2006，15（3）：279-295.

［248］ FELDMAN M P，KELLEY M R. The exante assessment of knowledge spillovers government R&D policy，economic incentives and private firm behavior［J］. Research Policy，2006（35）：1509-1521.

［249］ KLEER R. Government R&D subsidies as a signal to private investors［J］. Research Policy，2010，（39）：1361-1374.

［250］ 王刚刚，谢富纪，贾友. R&D 补贴政策激励机制的重新审视——基于外部融资激励机制的考察［J］. 中国工业经济，2017（2）：60-78.

［251］ 陈冬华，李真，新夫. 产业政策与公司融资——来自中国的经验证据［C］. 中国会计与财务研究国际研讨会论文集，2010.

[252] 姜国华，饶品贵. 宏观经济政策与微观企业行为——拓展会计与财务研究新领域 [J]. 会计研究，2011（3）：9-18.

[253] 李静，楠玉，刘霞辉. 中国经济稳增长难题：人力资本错配及其解决途径 [J]. 经济研究，2017（3）：18-31.

[254] 寇宗来，刘学悦. 中国企业的专利行为：特征事实以及来自创新政策的影响 [J]. 经济研究，2020（3）：83-99.

[255] 高楠，于文超，梁平汉. 市场、法治环境与区域创新活动 [J]. 科研管理，2017，38（2）：26-34.

[256] 叶祥松，刘敬. 政府支持与市场化程度对制造业科技进步的影响 [J]. 经济研究，2020（5）：83-100.

[257] 郭飞，马睿，谢香兵. 产业政策、营商环境与企业脱虚向实——基于国家五年规划的经验证据 [J]. 财经研究，2022（2）：33-47.

[258] TETHER B S.Who cooperates for innovation，and why：an empirical analysis [J]. Research Policy，2002（31）：947-967.

[259] 陈玲，杨文辉. 政府研发补贴会促进企业创新吗？——来自中国上市公司的实证研究 [J]. 科学学研究，2016（3）：433-442.

[260] CZARNITZKI D，HANEL P，ROSA J M.Evaluating the impact of R&D tax credits on innovation：a microeconometric study on Canadian firms [J]. Research Policy，2011（40）：217-229.

[261] ROMANO R E.Aspects of R&D subsidization [J]. Quarterly Journal of Economics，1989，104（4）：863-873.

[262] CARBONI O A.R&D subsidies and private R&D expenditures：evidence from Italian manufacturing dataInternational [J]. Review of Applied Economics，2011，（25）：419-439.

[263] 解维敏，唐清泉，陆姗姗. 政府 R&D 资助，企业 R&D 支出与自主创新——来自中国上市公司的经验证据 [J]. 金融研究，2009（6）：86-99.

[264] 陆国庆，王舟，张春宇. 中国战略性新兴产业政府创新补贴的绩效研究

[J]. 经济研究，2014（7）：

[265] 张杰，陈志远，杨连星，等. 中国创新补贴政策的绩效评估：理论与证据 [J]. 经济研究，2015（10）：4-17；33.

[266] 杨洋，魏江，罗来军. 谁在利用政府补贴进行创新？——所有制和要素市场扭曲的联合调节效应 [J]. 管理世界，2015（1）：75-86.

[267] MAMUNEAS T P, NADIRI M I. Public R&D policies and cost behavior of the US manufacturing industries [J]. Journal of Public Economics, 1996, 63（1）：57-81.

[268] 章元，程郁，佘国满. 政府补贴能否促进高新技术企业的自主创新——来自中关村的证据 [J]. 金融研究，2018（10）：123-140.

[269] 安同良，周绍东，皮建才. R&D 补贴对中国企业自主创新的激励效应 [J]. 经济研究，2009（10）：87-98.

[270] 肖兴志，王伊攀. 政府补贴与企业社会资本投资决策——来自战略性新兴产业的经验证据 [J]. 中国工业经济，2014（9）：148-160.

[271] 戴小勇，成力为. 研发投入强度对企业绩效影响的门槛效应研究 [J]. 科学学研究，2013（11）：1708-1716；1735.

[272] 刘子諝，周江华，李纪珍. 过犹不及：财政补贴对企业创新的多重作用机制分析 [J]. 科学学与科学技术管理，2019（1）：61-78.

[273] 尚洪涛，黄晓硕. 中国医药制造业企业政府创新补贴绩效研究 [J]. 科研管理，2019（8）：32-42.

[274] 吴伟伟，张天一. 非研发补贴与研发补贴对新创企业创新产出的非对称影响研究 [J]. 管理世界，2021（3）：137-161.

[275] 安同良，千慧雄. 中国企业 R&D 补贴策略：补贴阈限、最优规模与模式选择 [J]. 经济研究，2021（1）：122-137.

[276] ZÚÑGA-VICENTE J Á, ALONSO-BORREGO C, FORCADELL F J, et al. Assessing the effect of public subsidies on firm R&D investment: a survey [J]. Journal of Economic Sueveys, 2014, 28（1）：36-67.

[277] 应千伟，何思怡. 政府研发补贴下的企业创新策略："滥竽充数"还是

"精益求精"？[J]. 南开管理评论，2021（8）：1-35.

[278] CLAUSEN T H. Do subsidies have a positive impactson R&D and innovation activitiesat the firm level？[J]. Structural Change and Economic Dynamics，2009（20）：239-253.

[279] 傅利平，李小静. 政府补贴在企业创新过程的信号传递效应分析——基于战略性新兴产业上市公司面板数据[J]. 系统工程，2014（11）：50-58.

[280] 周燕，潘遥. 财政补贴与税收减免——交易费用视角下的新能源汽车产业政策分析[J]. 管理世界，2019（10）：133-149.

[281] TAKALO T，TANAYAMA T. Adverse selection and financing of innovation：is there a need for R&D subsidies？[J]. Journal of Technology Transfer，2010（35）：16-41.

[282] 王晓鲁，樊纲，胡李鹏. 中国分省份市场化指数报告（2018）[M]. 北京：社会科学文献出版社，2019.

[283] 王晓鲁，樊纲，马光荣. 中国分省企业经营环境指数2020年报告[M]. 北京：社会科学文献出版社，2021.

[284] 潘士远，金戈. 发展战略、产业政策与产业结构变迁——中国的经验[J]. 世界经济文汇，2008（1）：64-76.

[285] ANTHONY J H，RAMESH K. Association between accounting performance measures and stock prices：a test of the life cycle hypothesis[J]. Journal of Accounting and Economics，1992，15（2），203-227.

[286] DICKINSON V. Cash flow patterns as a proxy for firm life cycle[J]. Accounting Review，2011，86（6），1969-1994.

[287] 王峤，刘修岩，李迎成. 空间结构、城市规模与中国城市的创新绩效[J]. 中国工业经济，2021（5）：114‐132.

[288] 陈爱贞，陈凤兰，何诚颖. 产业链关联与企业创新[J]. 中国工业经济，2021（9）：80-98.

[289] 曹春方，张超. 产权权利束分割与国企创新——基于中央企业分红权激

励改革的证据 [J]. 管理世界，2020 (9)：155-167.

[290] 陈经伟，姜能鹏. 资本要素市场扭曲对企业技术创新的影响：机制、异质性与持续性 [J]. 经济学动态，2020 (12)：106-124.

[291] 张金清，李柯乐，张剑宇. 银行金融科技如何影响企业结构性去杠杆？[J]. 财经研究，2022 (1)：64-77.

[292] 白重恩，杜颖娟，陶志刚，等. 地方保护主义及产业地区集中度的决定因素和变动趋势 [J]. 经济研究，2004 (4)：29-40.

[293] 盛明泉，张敏，马黎珺，等. 国有产权、预算软约束与资本结构动态调整 [J]. 管理世界，2012 (3)：151-157.

[294] HAYES A E. Beyond Baron and Kenny: statistical mediation analysis in the new millenium [J]. Communication Monographs, 2009, 76 (4): 408-420.

[295] 温忠麟，叶宝娟. 中介效应分析：方法和模型发展 [J]. 心理科学进展，2014 (5)：731-745.

[296] HADLOCK C, PIERCE J. New evidence on measuring financial constraints: moving beyond the KZ index [J]. Review of Financial Studies, 2010, 23 (5): 1909-1940.

[297] HANSEN B E. Threshold effects in non-dynamic panels: estimation, testing, and inference [J]. Journal of Econometrics, 1999, 93 (2): 345-368.

索引